Fritz E. Giese

Kleine Geschichte des deutschen Schiffbaus

Fritz E. Giese

Kleine Geschichte des deutschen Schiffbaus

Von der Hansekogge zum Atomschiff

BECHTERMÜNZ VERLAG

Unveränderter Nachdruck der Ausgabe von 1969

Genehmigte Lizenzausgabe für
Weltbild Verlag GmbH, Augsburg 1998

Gesetzt aus der Borgis Linotype Garamond auf 11 Punkt
Umschlaggestaltung: Georg Lehmacher, Friedberg
Umschlagmotive: Schiffsschraube (oben links; The Image Bank/Bosche),
MAN-Motor (oben rechts; Albrecht Franz, Taufkirchen),
Bau der „Edith Essberger“ (unten; Albrecht Franz, Taufkirchen)
Gesamtherstellung: Bercker Graphischer Betrieb GmbH, Kevelaer
Printed in Germany
ISBN 3-8289-5320-4

INHALTSVERZEICHNIS

EINLEITUNG

Der deutsche Schiffbau ist, an ausländischen Vorbildern gemessen, ein verhältnismäßig junger Industriezweig. Bis ins 19. Jahrhundert hinein gab es zwar schon eine ganze Reihe von Betrieben, in denen Schiffe und Fahrzeuge der verschiedensten Art gebaut wurden. Aber sie alle waren reine Handwerksbetriebe, die von „Schiffszimmermeistern“ und „Schiffsbaumeistern“ gegründet und geleitet wurden. Diese Meister hüteteten ihre Erfahrungen und Kenntnisse wie ein großes Geheimnis und vererbten sie zumeist nur an ihre direkten Nachkommen. Fast nichts wurde schriftlich niedergelegt und wenn, so verschwand es in Familienarchiven oder an anderen Stellen, an die niemand heran konnte.

Das ist auch der Grund, weshalb es bis heute zwar eine Reihe von Darstellungen über Einzelgebiete des Schiffsbaus in Deutschland in früher Zeit gibt, aber keine geschlossene Schilderung des Gesamtkomplex „Deutscher Schiffbau“.

Das vorliegende Buch soll deshalb diese Gesamtdarstellung geben. Es ist kein technisches Buch, wenngleich der Titel vielleicht manchen Interessenten zu dieser Annahme verleiten könnte. Gewiß bringt es auch technische Daten, aber der Schwerpunkt liegt in der Schilderung der historischen Ereignisse. Die „Kleine Geschichte des deutschen Schiffbaus“ will die Entwicklung dieses heute so bedeutsamen Industriezweiges von seinen Anfängen in der Zeit der Deutschen Hanse bis zur Gegenwart aufzeigen. Wir brauchen heute mehr denn je das Wissen um die volkswirtschaftliche Bedeutung der Seefahrt, nicht weniger aber das Wissen um ihre Grundlagen.

Ich möchte nochmals allen öffentlichen und privaten Institutionen und besonders den Werften meinen Dank sagen für die Unterstützung, die sie mir gewährt haben. Sie alle werden sich

in dieser kleinen Arbeit, in der ich versucht habe, auch ihren Leistungen ein Denkmal zu setzen, wiederfinden. Mein besonderer Dank gilt dabei Herrn *Fante* vom *Verband Deutscher Schiffswerften,* den Geschäftsleitungen der *Flensburger Schiffbau-Gesellschaft,* der *Lübecker Flender-Werke,* der *Rickmers Werft,* der *Schiffswerft D. W. Kremer Sohn,* der Werft *Blohm & Voss,* der *Meidericher Schiffswerft,* der *Fr. Lürssen-Werft,* der *Bayerischen Schiffbaugesellschaft,* dem *Historischen Archiv* der *Gutehoffnungshütte,* der *Schiffswerft Jos. L. Meyer,* der *Howaldtswerke-Deutsche Werft,* der *Rheinstahl-Nordsee-Werke,* der *Werft Nobiskrug,* dem *Archiv für Gesamtdeutsche Fragen* und der Direktion der *Köln-Düsseldorfer Dampfschiffahrtsgesellschaft.* Zu herzlichem Dank für ihre sachverständige Unterstützung bin ich auch verpflichtet meinen alten Freunden und Bekannten aus dem Kreis der Marineschriftsteller, Herrn *Albert Röhr* in Gräfelfing b. München, Herrn *Bodo Herzog* von der Gutehoffnungshütte und Herrn Oberstudienrat *K. J. Baum* aus Köln.

Möge diese kleine Arbeit dazu beitragen, dem vorzüglichen Ruf des deutschen Schiffbaus weiteres internationales Ansehen zu verschaffen.

Band Honnef, im Frühjahr 1969

Fritz E. Giese

DIE ANFÄNGE

Schiffbau in der Zeit der Deutschen Hanse

Die geschichtlichen Wurzeln deutscher Seefahrt und damit auch eines deutschen Schiffbaues reichen weit in die Vergangenheit zurück. Man könnte sie, wenn man wollte, bis in die Zeit der alten Germanen und der Wikinger verfolgen. Aber es wäre fraglich, ob eine solche Schilderung auch ernsthaften historischen Forschungen standhalten könnte. Zudem würde sie den Rahmen dieser Arbeit weit überschreiten. Tatsächlich gibt es nur sehr wenige Beschreibungen und Unterlagen aus diesen Epochen und auch keine zusammenfassenden Darstellungen, wie wir sie in Memoiren und Denkwürdigkeiten damals handelnder Persönlichkeiten auf anderen Gebieten haben. Wirklich sichtbar werden die Wurzeln erst mit der Zeit der Deutschen Hanse. Sie war die „Hohe Zeit“ deutscher Schiffahrt im Mittelalter. Aber auch sie war nur ein Vorläufer und Wegweiser in die Zukunft.

Die Grundlagen für einen Schiffbau waren in damaliger Zeit in deutschen Landen überreich gegeben. Besonders an den Ostseeküsten gab es riesige Wälder, die das notwendige Holz lieferten. Auch gab es Pech, Teer, Hanf und das übrige Rohmaterial, das für den Bau von Schiffen benötigt wurde, in ausreichendem Umfang. Es gab zwar noch keine Werften im heutigen Sinne, aber in den einzelnen Seestädten, die jede für sich arbeiteten, lebten genügend Handwerker und Fachleute, die sich auf den Bau von Schiffen gut verstanden. So kommt es auch, daß die Ursprünge einer deutschen Schiffbaukunst zuerst in den Ostseehäfen zu finden sind. Erst später kamen dann auch die Häfen an der Nordsee hinzu.

Der eigentliche hansische Schiffbau begann mit der Gründung

Lübecks im Jahre 1143. Im Jahre 1158 verlieh Heinrich der Löwe der Niederlassung die Stadtrechte. 1226 wurde sie Reichsstadt, und seit Ende des 13. bis zum 15. Jahrhundert war Lübeck Vorort und Hauptstadt der Deutschen Hanse. Ihre Bedeutung und Macht überragte lange Zeit die der anderen Mitglieder dieses mächtigen Städtebundes.

Die Zeit der Hanse bedeutet zugleich den wohl wichtigsten Wendepunkt in der damaligen Schiffbaukunst. Das bis dahin verwendete Ruderschiff, das noch aus der Wikingerzeit bekannt war, wurde durch die *Hansakogge* ersetzt. Mit ihr kam das reine Segelschiff in die Seeschiffahrt und mit ihm wurde auch die Schiffahrt über die Ozeane überhaupt erst ermöglicht.

Wo wurden diese Hansakoggen gebaut und wie sahen sie aus? Zu beiden Fragen gibt es, da sichtbare Beispiele wie Wracks und Modelle aus damaliger Zeit fehlen, eine Reihe von Unklarheiten. Immerhin weiß man, daß die Koggen ein völlig anderer und neuerer Schiffstyp waren als die bisherigen Ruderschiffe. Diese letzteren waren langgestreckt, von geringer Breite und hatten einen langen, spitzen Bug. Sie besaßen dementsprechend auch eine erhebliche Geschwindigkeit und konnten sowohl als Handels- wie als Kriegsschiffe Verwendung finden. Ganz im Gegensatz hierzu waren die Koggen kurz und breit gebaut, wobei sich die Länge zur Breite wie etwa 3 zu 1 verhielt. Der Tiefgang entsprach der größten Breite des Schiffes. Vorn und besonders achtern war ein hochragendes Kastell aufgesetzt. Die Schiffe waren dadurch vielfach toplastig, wodurch die Möglichkeit eines Kenterns relativ groß war. Man suchte dieser Gefahr dadurch zu begegnen, daß man den Koggen einen künstlichen Ballast beigab. Die Takelage bestand aus drei Masten, an denen viereckige Segel befestigt waren. Eine sehr wichtige Neuerung war die Einführung eines fest eingebauten Steuerruders, mit dessen Hilfe die Koggen überhaupt im eigentgichen Sinne erst seefähig wurden.

Die durchschnittliche Größe der hansischen Koggen betrug im 14. Jahrhundert wahrscheinlich rund 100 Tonnen. Sie wurden aber bald größer, ihre Maße schwankten schließlich zwischen 300 und 700 Tonnen. Verschiedene Kriegskoggen waren noch erheblich größer. Die Größe der damaligen Schiffe wurde nach

ihre Tragfähigkeit berechnet, die für den hansischen Kaufmann das Wichtigste war. Er maß sie nach dem Umfang und Gewicht der Güter, die er verladen wollte. Das waren in erster Linie Heringe und Getreide. Da als Größenmaß die sogenannte „Danziger Roggenlast" galt, die etwa 2000 Kilogramm betrug, werden auch die damaligen Begriffe „Heringslast" und „Getreidelast" verständlich.

Der Schiffbau selbst war kein Werftbetrieb im heutigen Sinne, sondern ein einfacher Handwerksbetrieb. Man kann annehmen, daß die verschiedenen Hafenstädte Schiffe zunächst nur für den eigenen Bedarf bauten. Erst später wurde das anders. Die Hellinge befanden sich an einem vom Rat der betreffenden Stadt zur Verfügung gestellten Ort, den man die „Lastadie" nannte. Diese Bezeichnung hat sich bis heute noch an den Küsten als Straßenname erhalten. Wie schon erwähnt, waren die Voraussetzungen für den Schiffbau an den deutschen Küsten damals sehr günstig. Die umfangreichen Wälder lieferten das notwendige Eichenholz. Das Eisen kaum aus Schweden. In verschiedenen Hansestädten gab es auch schon besondere Ankerschmieden. Das Tauwerk lieferten die „Reepschläger".

In der Nordsee kam lange Zeit nur Hamburg als Schiffbauhafen in Betracht. In der Ostsee dagegen gab es schon früh zahlreiche Häfen dieser Bestimmung, so z. B. neben Lübeck noch Danzig, Rostock, Stralsund und Elbing, um nur die bekanntesten zu nennen.

Wirtschaftlich wichtig ist noch, daß die Hanse ihren Mitgliedern schon frühzeitig verbot, Schiffe für fremde Länder zu bauen. Auch ein Verkauf an diese war untersagt.

In dem Buch von Walter Vogel „Geschichte der deutschen Seeschiffahrt", das im Jahre 1915 in Berlin erschien, heißt es in Band I., „es könne als feststehende Tatsache betrachtet werden, daß die hansische Reederei ihre Schiffe, von Ausnahmen abgesehen, nur im Inland bauen ließ, und daß das Bewußtsein ihrer Unabhängigkeit in dieser Beziehung seit Beginn des 15. Jahrhunderts ganz im Einklang mit der bekannten hansischen Abschließungspolitik zu Bestrebungen geführt habe, den Schiffbau für Nichtmitglieder der Hanse in den Hansestädten zu untersagen."

In dem Statutenentwurf vom Jahre 1412 findet sich ein Verbot, Schiffe an Fremde zu verkaufen. Diese Bestimmung wurde jedoch noch nicht in die endgültige Redaktion der hansischen Statuten augfenommen. Erst der wachsende Gegensatz gegen Flanderer und Holländer führte dazu, daß 1426 und 1434 ein solches Verbot ausgesprochen wurde. Es richtete sich namentlich gegen Danzig, dessen Schiffbau für fremde Rechnung, wohl wegen des schon erwähnten billigen Bezuges der Schiffbaumaterialien, einen großen Aufschwung genommen hatte. Danzig hat sich lange gegen diese Maßregel gesträubt, dann aber seit 1441 selbst für die strenge Beachtung dieses Verbotes gesorgt. Später allerdings hat Danzig seine entsprechenden Maßnahmen wieder aufgehoben, was nicht zuletzt dazu beitrug, seinen Ruf als eine der vornehmsten Schiffbaustätten zu erhöhen. Allmählich wurde dann auch von der Hanse diese Einschränkung des heimischen Schiffbaues mehr und mehr fallengelassen. Hansische Schiffe wurden nach und nach auch nach Genua, Venedig, England und Holland geliefert und trugen dort zum weiteren Ansehen des deutschen Schiffbaues erheblich bei.

Abgesehen von der allmählich wachsenden Größe der hansischen Schiffe, hat sich – wie übrigens allgemein im Schiffbau bemerkbar – die Art der Schiffe nur sehr langsam geändert. Das hohe Kastell der Koggen hat sich zum Bespiel noch lange erhalten. Wir finden es noch in etwas abgeänderter Form auch bei den Seeschiffen im 17. und sogar teilweise noch im 18. Jahrhundert, ganz gleich, in welchem Land die Neubauten entstanden. Der Typ des größeren Hanseschiffes existiert sogar heute noch in der friesischen und holländischen „Tjalk“ oder „Kuff“. Auch sie sind plump und rund gebaut, was nicht wenig zu ihrer Seefestigkeit beiträgt.

Ein paar Worte noch zu der Namensgebung und Flaggenführung der damaligen hansischen Koggen. Erst im 13. Jahrhundert erhielten die Schiffe besondere Namen. Bei den letzteren wählte man der Zeit entsprechend häufig die Namen von Heiligen der Kirche. Es gab Schiffe, die nach der Jungfrau Maria, den Aposteln oder auch Märtyrern benannt waren. Aber auch andere Bezeichnungen, oftmals absonderlicher Art, tauchen auf. So hieß z. B. das Flaggschiff des Hamburger

Schiffsführer Simon von Utrecht, der den bekannten Seeräuberkapitän Klaus Störtebecker zur Strecke brachte, die „Bunte Kuh". Ein anderer Seeräuberjäger war der „Peter von Danzig", der nicht weniger berühmt wurde.

Auch die Flaggen wurden erst zu dieser Zeit eingeführt. Sie waren allerdings mehr Wimpel als Fahnen und stets von beachtlicher Größe und Länge. Die Hanse hatte keine eigene Flagge, vielmehr führten die Koggen die Wappen der Städte, zu denen sie gehörten. So zeigten die hamburgischen Schiffe ursprünglich eine einfache rote Fahne ohne jedes Wappenzeichen. Erst im 15. Jahrhundert wurde dieser Fahne das Stadtwappen beigefügt: die rote Burg im weißen Feld. Im 17. Jahrhundert ist das weiße Wappenschild mit quadratischem Feld in der linken oberen Ecke in der roten Flagge fortgefallen. Es blieb die einfache rote Flagge mit weißer Burg, wie man sie noch heute kennt. Die Flaggen wurden nicht nur an den drei Masten, sondern auch am Heck, und hier in besonders großer Aufmachung, und am Bug als Gösch in kleinerer Ausführung gezeigt.

Allgemein gesehen war die Lebensdauer der Koggen verhältnismäßig kurz. Der Schiffbau hatte dadurch und durch die vielen Schiffsverluste durch Seeräuber zeitweilig einen Aufschwung nehmen können, der sich für die Schiffbauer sehr günstig auswirkte. Aber diese Blütezeit erlosch mit dem Niedergang der Hanse zu Ausgang des 17. Jahrhunderts und in Auswirkung des Dreißigjährigen Krieges. Der Handel ging seit dieser Zeit rapide zurück. Hunderte von Schiffen mußten aufgelegt werden und verrotteten. Trotzdem blieb der Geist der Hanse und damit auch des deutschen Schiffbauhandwerkes, besonders in Lübeck, Hamburg und Bremen erhalten. Er führte nach langen Jahren des Stillstandes zu einer Wiederbelebung und war schließlich die Wurzel eines neuen Aufstieges, der den deutschen Schiffbau in der zweiten Hälfte des 19. Jahrhunderts zu neuer Blüte führte. Ehe wir auf diese Entwicklung eingehen, sollen noch einige bemerkenswerte Schiffsneubauten der nachhansischen Zeit geschildert werden, von denen im Gegensatz zu ihren Vorgängern nähere Einzelheiten über die Bauweise, die Abmessungen, die Takelage und die Ausrüstung bekannt sind.

Im Frühjahr 1667 wurde auf dem Bauplatz am Deichtor in Hamburg der Kiel für ein Schiff gestreckt, das in seiner Bauweise beispielhaft für die großen Seeschiffe der damaligen Zeit war. Die Aufgabe dieser Schiffe war er in erster Linie, den hamburgischen Überseehandel gegen die Übergriffe der immer übermütiger werdenden Seeräuber, besonders der Araber der Barbareskenstaaten, zu schützen. Die früher bedeutende Macht der Deutschen Hanse war schon im vorhergehenden Jahrhundert zurückgegangen. Im Jahre 1669 war zum letzten Mal in Lübeck ein Hansetag abgehalten worden, an dem aber nur noch die heutigen drei Hansestädte, Hamburg, Bremen und Lübeck, teilgenommen hatten. Diese hatten sich bereits 1630 zu einem engeren Bund zusammengeschlossen, um mit eigener Kraft ihre Interessen zu schützen, da es einen Schutz durch das damalige Reich nicht gab. Sie hatten ihre Handelsschiffe notgedrungen zu Geleitzügen vereinigt, die sie durch besonders gebaute Schiffe sichern ließen. Wie notwendig diese Maßnahme war, geht daraus hervor, daß in diesen Jahren Hunderte von hamburgischen Schiffen den Korsaren in die Hände gefallen waren, wobei unzählige Seeleute in die Sklaverei verschleppt wurden. Im Jahre 1662 hatte daher der Hamburger Senat beschlossen, bewaffnete Begleitschiffe auszurüsten, die den ein- und ausfahrenden Kauffahrteischiffen als Schutz beigegeben wurden. Sie erhielten ihrer Aufgabe entsprechend die Bezeichnung „Konvoyschiffe". Das erste dieser Schiffe war der eingangs erwähnte Neubau, der den Namen „Leopoldus Primus" erhielt. Ihm folgten dann in kurzen Abständen eine Reihe weiterer Einheiten dieser Gattung nach. Von einigen von ihnen sind Unterlagen über ihre Abmessungen und ihre Ausrüstung erhalten geblieben, aus denen man sich heute noch ein ungefähres Bild von diesen Schiffen machen kann. Die bekanntesten von ihnen sind neben der „Leopoldus Primus", die „Wappen von Hamburg I und II". Im Nachfolgenden sollen diese Schiffe näher geschildert werden. Sie zeigen den bereits damals beachtlichen Stand deutscher Schiffbaukunst.

Die „Leopoldus Primus", die nach dem damaligen Deutschen

Kaiser Leopold benannt war, wurde, wie schon erwähnt, im Frühjahr 1667 auf Stapel gelegt. Sie wurde unter der Aufsicht eines unbekannten holländischen Schiffbaumeisters gebaut. Das Schiff wurde Ende 1667 „bielfertig“, d. h. im Holzwerk vollendet. Im Februar 1668 konnte man mit der Ausrüstung beginnen und schon im April des gleichen Jahres war das Schiff startbereit. Zur ersten Fahrt „nach Westen“ lief die „Leopoldus Primus“ im November 1668 aus. Sie hat ihren Dienst bis zum Jahre 1705 durchgeführt und wurde dann später, wahrscheinlich in Hamburg, abgebrochen. Zum etwa gleichen Zeitraum wurde auch das zweite Konvoyschiff, die „Wappen von Hamburg I“ vollendet. Baumeister war derselbe holländische Schiffbaumeister, der auch die „Leopoldus Primus“ hergestellt hatte. Daß es auch diesmal noch ein Ausländer war, ist durch die Tatsache erklärlich, daß die Holländer im Schiffbau damals an führender Stelle standen.

Über beide Schiffe gibt es leider nur sehr wenige Unterlagen. Wir können uns von ihnen nur ein ungefähres Bild nach zeitgenössischen Gemälden machen, die heute noch im „Museum für Hamburgische Geschichte“ vorhanden sind. Es gibt auch einige, wenn auch technisch kaum einwandfreie Modelle, die sich aber zumeist in Privatbesitz befinden. Im Jahre 1908 wurde von dem bekannten Marinemaler Professor Hans Bohrdt, ein sehr gutes und technisch richtiges Gemälde der „Wappen von Hamburg I“ gefertigt. Der Senat der Hansestadt Hamburg vermachte es dann dem Kleinen Kreuzer „Hamburg“ der alten Kaiserlichen Marine.

Weit günstiger als bei den vorgenannten beiden Konvoyschiffen liegen die Dinge bei der im Jahre 1686 in Dienst gestellten „Wappen von Hamburg II“. Bemerkenswert ist, daß die Verantwortung und Aufsicht beim Bau dieses Schiffes von einem deutschen Schiffbaumeister, dem Hamburger Gerd Gerdes, getragen wurde. Das Schiff wurde auf dem Teerhof in Hamburg gebaut. Im Juli 1686 konnte es in Dienst gestellt werden. Bis zum Jahre 1719 oblagen der „Wappen von Hamburg II“ die gleichen Aufgaben wie ihren Vorgängern. In diesem Jahr stellte sich aber die Notwendigkeit umfangreicher Reparaturen heraus, die u. a. die Vergrößerung des Tiefganges

des Schiffes bedingt hätten. Sie hätten außerdem einen Kostenaufwand von ca. 14 000 Talern erfordert. Da das Schiff aber bereits nach damaligen Begriffen recht veraltet war, wurde auf den Umbau verzichtet. Die „Wappen von Hamburg II" diente noch mehrere Jahre als Quarantäneschiff und war am Köhlbrand verankert. Später wurde es verkauft oder verschrottet. Näheres darüber ist nicht bekannt. Immerhin ist man über ihre ungefähren Abmessungen einigermaßen im Bilde.

Die „Wappen von Hamburg II" war nach dem damals geltenden hamburgischen Fußmaß etwas über 40 Meter lang, 36,5 Meter breit und hatte einen Tiefgang von rund 4 Metern. Andere Angaben sprechen von einer Länge von rund 44 Metern, einer Breite von 11,3 Metern und einem Tiefgang von 4,5 Metern. Man muß dabei bedenken, daß die Vermessung der Schiffe um 1650 recht unterschiedlich war. Teilweise ging man von der Länge des Kiels aus, teilweise aber auch von der Länge zwischen den Steven oder der des Geschützdecks. Einen allgemein gültigen Grundsatz dafür gab es noch nicht.

Die Bauweise war nach heutigen Begriffen recht primitiv. Die Schiffe wurden rein handwerklich gebaut. Bauzeichnungen gab es nicht. Schiffbaumeister war ein sehr angesehener Beruf, der sich zumeist in Familien vererbte, die aber ihrerseits die bei ihren Arbeiten gemachten Erfahrungen wie Staatsgeheimnisse hüteten. Sie wurden nur mündlich weitergegeben und sehr selten schriftlich festgelegt.

Die drei Konvoyschiffe waren Zweidecker und als Dreimaster getakelt. Wie die früheren Koggen waren sie dickbauchig und rund gebaut. Das Vorschiff lag erheblich tiefer im Wasser als das Achterschiff, das von einem hochgelegenen Spiegelheck gekrönt war. Die Back hatte einen vierkantigen Aufbau. An sie schloß sich die sogenannte „Kuhl" an, dann folgte das Halbdeck oder die „Kampanje", auf der sich die Kommandozentrale, die „Hütte", befand. Zwischen allen Deckteilen wurde der Verkehr der Besatzung durch Laufbrücken ermöglicht. In der Oberseite der einzelnen Decks waren Grätings eingebaut, die der Ventilation dienten. Entgegen heutigen Gepflogenheiten waren diese Grätings nicht durch Sülls erhöht, die einen Wassereinbruch verhindern sollen. Wie man sich da-

1.–2. Die Hamburger Konvoischiffe „Leopold Primus“ (oben), 1668, und „Wappen von Hamburg II“, 1686.
Ausschnitte aus zeitgenössischen Stichen.

3.–5. Die Werft *D. W. Kremer Sohn* in Elmshorn, auf der schon 1764 Schiffe zu Wasser gelassen wurden, ist eine der ältesten Werften an der Unterelbe.

mals gegen einen solchen abschirmte, ist nicht mehr festzustellen. Bei schwerem Seegang konnte das natürlich erhebliche Gefahren hervorrufen. Immerhin lagen die Schiffe ziemlich hoch.

Die Räume für die Offiziere waren recht primitiv. Sie waren oftmals nur durch Segelleinwand vom eigentlichen Deck abgeschlossene Kammern, die nach Belieben abgeschlagen werden konnten. Die Unterbringung der Mannschaften war noch kümmerlicher. In vielen Fällen mußten sich die Leute mit freien Plätzen in den verschiedenen Decks begnügen, was nicht gerade zur Ruhe und Bequemlichkeit beitrug. Lediglich der Kapitän hatte achtern eine geräumige Kabine. Sanitäre Anlagen gab es kaum. Die Erledigung solcher Bedürfnisse mußte sich in kleinen Verschlägen „außenbords“ abspielen.

Die damaligen Schiffe waren reich mit Schnitzereien verziert. Sie hatten auch zumeist beachtliche und künstlerisch gestaltete Gallionsfiguren. Die Schnitzereien wurden von Bildhauern hergestellt. Sie waren teils einfarbig, teils mehrfarbig bemalt. Vielfach wurde hierzu eine goldgelbe Ölfarbe benutzt. Diese Arbeiten wurden auf den vorgenannten Konvoyschiffen von dem Bremer Bildschnitzer Christian Precht ausgeführt, der sich auch bei der Verzierung von Kirchen in Hamburg und anderen Städten einen Namen gemacht hatte.

Die Takelage entsprach einem Dreimaster mit Rahbesegelung. Im Gegensatz zu den späteren Rahschiffen war auf den Hamburger Konvoyschiffen das Bugspriet mit zwei Rahsegeln versehen. Auf der Nock des Bugspriets befand sich ein sogenannter Sprietmast, der das eine Rahsegel trug. Während Fockmast und Großmast etwa gleiche Höhe hatten, war der Besanmast, also der achtere Mast, erheblich niedriger. Er führte auch kein Bramsegel, sondern nur den dreikantigen Besan, der nach beiden Seiten ausgeholt werden konnte. Die Rahen der beiden vorderen Masten waren zum Heißen und Fieren eingerichtet. Die Fallen führten über Scheiben und Blöcke. Die Masten selbst waren geteert.

An Rettungsmittel bei Schiffsunfällen hat man damals anscheinend nur wenig gedacht. Es gab zumeist nur zwei Ruderboote, von denen das größere für Lande- und Ankermanöver

und für den Transport von Lebensmittel und Wasserfässern bestimmt war. Ein kleineres Ruderboot vermittelte den Verkehr zwischen Schiff und Land. Beide Boote waren mittschiffs in Klampen festgezurrt. Notfalls wurden sie mit einem am Großmast angebrachten Takel aus- oder eingesetzt, manchmal auch nachgeschleppt. Interessant ist, daß auch die Arreststrafen für Übeltäter in so einem nachgeschleppten Boot abgebüßt werden mußten, was sicherlich bei schlechter Witterung und hoher See kein besonderes Vergnügen war.

Mittschiffs befand sich die Schiffsglocke, die zumeist einen erheblichen Umfang hatte. Sie zeigte nicht nur die Wachen durch „Glasen" an, sondern wurde auch bei Alarm angeschlagen und rief die Mannschaft zu dem täglichen Gottesdienst.

Gekocht wurde in der Kombüse, die im Vorschiff lag und aus Ziegeln aufgebaut war. Die Lebensmittel lagen, in Fässer verpackt, in einer besonderen Last. Die Kost war, wie auch später auf Segelschiffen, alles andere als vielseitig. Es gab in der Hauptsache Graupen und Erbsen, Hartbrot, Stockfisch und zumeist übelriechendes Salzfleisch. Auch das Trinkwasser wurde in Fässern aufbewahrt. Hin und wieder gab es aber auch etwas Bier, um das oft verdorbene Trinkwasser zu ersetzen.

Der Kompaß befand sich nicht wie heute vor dem Ruderstand, sondern war an Deck in einem kleinen Verschlag untergebracht. Das Ruder dagegen lag unter Deck. Die Ruderpinne führte von außen unter dem Heck durch eine Öffnung dorthin. Das war einer der kritischsten Punkte des damaligen Schiffbaues, denn durch diese Öffnung konnte bei achterlichem Sturm sehr leicht Wasser ins Schiff strömen und dieses unter Umständen zum Kentern bringen. Durch einen am Ende der Pinne angebrachten, senkrecht stehenden Stock konnte das Ruder bewegt werden.

Ein Problem waren auch die Anker, von denen die damaligen Konvoyschiffe teilweise nicht weniger als acht besaßen. Sie waren aus Eisen geschmiedet und sehr schwer. Die Ankertaue bestanden aus Hanf und waren auf den großen Schiffen teilweise bis zu 20 Zoll dick.

An Beleuchtung schließlich gab es nur ein oder mehrere Hecklaternen, die mit Talg oder Walöl gespeist wurden.

Das also waren die Schiffe, die im Mittelalter und bis in das 17. Jahrhundert hinein das Bild des damaligen Schiffbaues bestimmten. Von einem eigentlichen *deutschen* Schiffbau konnte man noch nicht sprechen, da sich dieser ganz nach ausländischen Vorbildern ausrichten mußte. Führend waren in erster Linie holländische Schiffbaumeister, daneben Engländer, Franzosen, Spanier und Portugiesen. Hinzu kam, daß sich das deutsche Schiffbauhandwerk nur in wenigen Städten an der Ostsee und der Nordsee konzentrierte. Das änderte sich, wie wir noch sehen werden, auch in dem kommenden Jahrhundert nur wenig. Deutschland blieb in kontinentale Wirren und Kriege verstrickt. Für Seefahrt und Handel, die einen eigenen Schiffbau überhaupt erst hätten fördern können, war kein Platz. Es fehlte auch die einheitliche Reichsmacht, die eine Grundlage hierfür hätte geben können. So mußten auch die Versuche versickern, die von einzelnen deutschen Landesfürsten und Seestädten zur Belebung des Schiffbaues gemacht wurden. Von ihnen soll im nachfolgenden Kapitel kurz berichtet werden.

Schiffbau im 17. und 18. Jahrhundert

Über den deutschen Schiffbau im 17. und 18. Jahrhundert liegen nur wenige zuverlässige Angaben vor. Wohl wurden damals in vielen Ostsee- und Nordseehäfen Schiffe gebaut. Aber die Tätigkeit war durch die noch immer bestehenden harten Zunftbeschränkungen begrenzt. Auch jetzt durften in den meisten der früheren Hansestädte nur Schiffe für den Eigengebrauch und auch nur von ortsansässigen Schiffszimmerleuten erstellt werden. Wer dagegen handelte, mußte mit schweren Strafen rechnen. Hinzu kam, daß es überall an Fachkräften mangelte. Zentren waren wie schon früher Danzig und Lübeck sowie Hamburg und Bremen. Später kamen in Pommern noch Stettin und Barth hinzu. Auch Königsberg gewann gewisse Bedeutung. Eine nennenswerte Konjunktur gab es während des Dreißigjährigen Krieges, während der großen Seekriege zu Ende des 17. Jahrhunderts und im amerikanischen Befreiungskrieg in den Jahren von 1775–1783. Die napoleonischen Kriege brachten dann einen allgemeinen Rückgang mit sich.

Die Vermutung liegt nahe, daß die Flottenpläne des Großen

Kurfürsten zu einer starken Belebung des Schiffbaus, zumindest in den brandenburgischen Herrschaftsgebieten, geführt hätten. Das war aber nur in sehr beschränktem Umfange der Fall. Brandenburg errichtete zwar in der zweiten Hälfte des 17. Jahrhunderts eigene Schiffswerften in Pillau, Kolberg und Königsberg, aber sie dienten vorwiegend Reparaturzwecken. Nur in Pillau sollen zwischen 1676 und 1681 mehrere große Schiffe ausgerüstet worden sein, darunter auch die große Fregatte „Friedrich Wilhelm zu Pferde". Einwandfreie Unterlagen darüber fehlen. Der Mangel an erfahrenen Schiffszimmerleuten war überall so groß, daß Schiffsneubauten nur unter der Leitung oder Mitwirkung ausländischer Fachleute gefertigt werden konnten. Tatsache ist, daß fast alle Schiffe des Großen Kurfürsten im Ausland gebaut oder dort gekauft wurden. In den Jahren von 1678–1679 soll ein Schiffbaumeister mit Namen Peckelhering in Kolberg eine seegängige kurfürstliche Yacht gebaut haben. Unter dem Nachfolger des Großen Kurfürsten lag der Schiffbau ganz darnieder.

Friedrich der Große war im Gegensatz zu seinem Vater, dem „Soldatenkönig", für Handel und Schiffahrt, hatte aber keine Möglichkeiten zur finanziellen Förderung.

Die eigentlichen Träger des deutschen Schiffbaus hätten naturgemäß die früheren Hansestädte sein müssen. Sie hatten wohl eine nicht unerhebliche Reederei, aber um den Schiffbau bei ihnen war es dürftig bestellt. Erst nach Fortfall der verschiedenen früheren hansischen Beschränkungen und Verbote kam es an manchen Orten zu einem zeitweiligen Aufschwung. Hatte es bis dahin nur eine negative Schiffbaupolitik gegeben, so suchten Staat und Obrigkeiten jetzt den Schiffbau zu fördern, sei es durch Schiffbauprämien oder durch die Erteilung von Baufreiheiten. Es fehlte aber an einer kontinuierlichen Tradition. Ein weiteres Hindernis war, daß sich manche Städte nur sehr schwer dazu entschließen konnten, den Schiffbaumeistern auch geeignete Arbeitsstätten zuzuweisen. Wie ungünstig sich das auswirkte, ist aus zahlreichen erhalten gebliebenen Dokumenten aus jener Zeit ersichtlich.

Nachträglich für einen gesunden Aufschwung des Schiffbaus war schließlich noch der üble Zustand eines Teiles der deutschen

Küstengewässer. Die Zufahrten zu den Häfen waren versandet, die Häfen selbst besaßen nicht die notwendigen Einrichtungen zum Beladen und Löschen der sie anlaufenden Schiffe. Im 17. und 18. Jahrhundert versuchte eine Reihe von Hafenstädten diesen Mißständen abzuhelfen, aber es waren und blieben Ausnahmen. Erst im 19. Jahrhundert ging es mit dem deutschen Schiffbau langsam, aber sicher aufwärts. Trotzdem dauerte es noch Jahrzehnte, ehe sich der deutsche Schiffbau ganz vom Ausland unabhängig machen konnte.

DER SCHRITT IN DIE NEUZEIT

Deutsche Werften schalten sich ein

Zu Ausgang des 18. Jahrhunderts war England die führende Schiffahrtsnation der Welt. Es nahm, entsprechend seiner ständig wachsenden Kriegs- und Handelsflotte, auch im Schiffbau der damaligen Zeit den führenden Platz ein. Englische Schiffe dominierten auf allen Weltmeeren. Auch die anderen Schiffahrtsländer jener Jahre, besonders Frankreich, Spanien, Holland und Italien besaßen mehr oder weniger ansehnliche Flotten, die sich zum Bau wie zu Reparaturen auf leistungsfähige eigene Werften stützen konnten. In Deutschland dagegen sahen die Dinge in dieser Hinsicht weit weniger günstig aus. Es gab keine einheitliche Reichsmacht. Die am Seehandel interessierten Länder und Städte waren durch zahlreiche Kriege geschwächt, so daß sich ihre Kräfte zunächst ganz auf den inneren Wiederaufbau konzentrieren mußten. An der Ostsee und Nordsee gab es alte Schiffbauplätze, aber die Schiffszimmerei wurde noch fast überall ganz handwerksmäßig und nach uralten Zunftgebräuchen betrieben. Einen gewissen Aufschwung nahmen Hamburg und Bremen, während der Schiffbau in Danzig völlig darniederlag. Auch die beiden erstgenannten Hansestädte, die noch in den Jahren zwischen 1795 und 1800 eine gewisse Aufwärtsentwicklung im Handel mit überseeischen Ländern verzeichnen konnten, bekamen sehr bald die schweren Auswirkungen der napoleonischen Kriege zu spüren. Die Kontinentalsperre legte jeglichen Handel lahm. Häfen und Schiffbauplätze verödeten. Erst ab 1815 kündigte sich eine Wiederbelebung an. Sie erfaßte nicht nur die großen Hafenplätze, sondern auch eine Reihe kleinerer, in denen seit altersher der Schiffbau von eingesessenen Schiffszimmererfamilien betrieben wurde.

Bereits im 17. Jahrhundert war in Husum an der schleswig-holsteinischen Westküste die „Husumer Schiffswerft“ gegründet worden. Schon vorher gab es in Emden die „Kurbrandenburgische Werft“, aus der später die „Werft zum Preußischen Adler“ wurde. Sie wurde 1875 von den Schiffbaumeistern Cassen Cassens und Klattendorf übernommen und besteht heute noch als *Cassens Schiffswerft und Maschinenfabrik* in Emden. Unter den Hamburger Schiffbaubetrieben ist aus dieser Zeit die *Schiffswerft J. J. Sietas* zu nennen, die ihren Ursprung auf das Jahr 1635 zurückführen kann. Als eine der ältesten Werften im Gebiet der Unterelbe gilt die Werft *D. W. Kremer Sohn* in Elmshorn. Auf ihr liefen nach erhaltenen Urkunden schon 1764 auf dem Gelände „Krückaus“ in Elmshorn Schiffe vom Stapel. Nach den heute noch vorhandenen Kontrakten verkaufte 1793 der Schiffszimmermeister Johann Flügge die Werft mit allem Zubehör für 52 000 Mark damaliger Währung an den Schiffszimmermeister Matthias Döhrns. Es war damals ein Zimmerplatz mit Eichenrundhölzern, aus denen Spanten und Planken für Ewer und andere Fischereifahrzeuge hergestellt wurden. Döhrns mußte im Jahre 1806 in Auswirkung der Kontinentalsperre Konkurs anmelden. Käufer war der Schiffszimmermeister Claus Kruse. Auch er hatte nur wenig Glück. Immerhin konte er die Werft in den 26 Jahren, in denen er ihr Besitzer war, erheblich vergrößern. Er baute auch schon kleine Segelschiffe, deren Fahrbereich über die engen Küstengewässer hinausging. Im Jahre 1833 übernahm Johann Hinrich Kremer die Werft, die er 1850 durch den Erwerb weiteren Geländes vergrößern konnte. Auf ihm wurden neue Hellinge erstellt, auf denen neben Schunerbriggs auch Dreimastschuner gebaut wurden. Von ihnen waren besonders die „Rebekka Kremer“ und die „Johanna Kremer“ bekannt, die bis nach Westindien fuhren.

Ein anderer dieser alten Schiffbaubetriebe ist die Schiffswerft von *Jos. L. Meyer* in Papenburg an der Ems. Schon im Jahre 1696 waren die Vorfahren des späteren Gründers als Schiffszimmerleute auf Papenburger Werften tätig. 1795 errichtete Willm Rolf Meyer eine eigene Werft. In Papenburg gab es damals acht Werften, auf denen Segelschiffe wie Kuffs, Schuner,

Briggs und ähnliche Fahrzeuge gebaut wurden. Diese Schiffe befuhren nicht nur die Ostsee und die Nordsee, sondern bedienten auch die mittel- und südamerikanischen Küsten und erreichten auf ihren Fahrten sogar Australien.

In der Reihe der schon im 18. Jahrhundert und zu Beginn des 19. Jahrhunderts bestehenden deutschen Schiffbaubetriebe ist auch die in Cuxhaven beheimatete *Mützelfeldtwerft* zu nennen. Sie ging aus einer Schmiede am Schleusenspiegel von Cuxhaven hervor, der bereits sechs Hellinge angegliedert waren. Besitzer war im Jahre 1802 J. J. Dürels, der den ganzen Betrieb im Jahre 1821 an den Schiffbaumeister J. C. Bufe zum Preise von 6200 Mark „in Golde“ verkaufte. Im Jahre 1855 beschäftigte Bufe bereits über 100 Handwerker und Arbeiter. In dieser Zeit entstand hier das damals größte Vollschiff auf der Elbe, die „Möwe“, und das größte in Hamburg beheimatete Segelschiff, die Bark „Europa“. Die Werft, die 1895 von Franz Mützelfeldt aus Lauenburg erworben wurde, hat alle späteren Krisen überwunden und ist heute eine bekannte Werft und Schiffsreparaturstätte.

Noch eine weitere Werft, die seit etwa 1900 Weltruf als einer der leistungsfähigsten internationalen Schiffbaubetriebe genießt, soll hier kurz erwähnt werden: der *Bremer Vulkan.* Anfang des vorigen Jahrhunderts, im Jahre 1805, begann der Schiffbaumeister Johann Lange auf dem Gelände der bereits 1784 bestehenden Werft von Cord Cöper in Grohn bei Vegesack mit dem Bau von Schiffen auf eigene Rechnung. Im Jahre 1817 wurde auf der Werft das erste brauchbare deutsche Dampfschiff, die „Weser“, erbaut. Sie versah 16 Jahre lang einen Passagier- und Frachtdienst auf der Weser. Bis zur Mitte des vorigen Jahrhunderts entstanden bei dem *Bremer Vulkan* insgesamt 190 Segelschiffe aus Holz und 330 Flußfahrzeuge. Der weitere Aufstieg der Werft zu einer Großwerft im wahren Sinne des Wortes wird noch in späteren Kapiteln geschildert werden.

Dies sind einige Beispiele aus der Vorgeschichte des deutschen Schiffbaues, aus der Zeit also, in der es noch keine Werften im heutigen Sinne gab, in der vielmehr der Schiffbau noch ein Handwerk war wie jedes andere. Es ist hier kein Platz, um die Schwierigkeiten zu schildern, mit denen die Schiffbaumeister

der damaligen Jahre beim Bau ihrer Erzeugnisse zu kämpfen hatten. Schriftliche Baupläne oder Bauskizzen, die den Schiffszimmerleuten als Vorlage hätten dienen können, gab es nicht. Es gab auch keine Maschinen, mit denen das notwendige Baumaterial bearbeitet werden konnte. Alles mußte „von Hand“ geschehen. Der Schiffbau war in Deutschland noch bis in die Mitte des vorigen Jahrhunderts hinein, von wenigen Ausnahmen abgesehen, ein reiner Holzschiffbau. Der Eisenschiffbau, der in England und am Rhein längst blühte, kam im deutschen Schiffbau erst spät zur Geltung. Die deutschen Schiffbaumeister hatten auch im eigenen Land nur sehr dürftige Möglichkeiten, auf den vorhandenen Schiffbauschulen, die noch ganz auf den Holzschiffbau zugeschnitten waren, die notwendigen Grundlagen für ihre Tätigkeit zu erwerben. Noch in den fünfziger Jahren des vorigen Jahrhunderts studierten daher zahlreiche deutsche Schiffbauer und Schiffbauingenieure in England den dortigen Schiffbau und verwendeten ihre Erfahrungen bei der Gründung eigener Werften. Unter ihnen seien hier nur als die bekanntesten *H. Blohm, Fr. Schichau, E. Voss* und *K. Ziese* genannt. Doch das geschah erst in der zweiten Hälfte des 19. Jahrhunderts. Greifen wir noch einmal kurz in die Jahre nach Beendigung der napoleonischen Kriege zurück, die eine Wiederbelebung des deutschen Schiffbaues mit sich brachten.

Es ist erstaunlich, wie schnell sich nach Beendigung der Kontinentalsperre in ganz Europa Handel und Schiffahrt wieder belebten. In den Häfen wurde es wieder rege und von den Schiffbauplätzen ertönte wieder der Klang der Hammerschläge und das Zischen der Sägen. Naturgemäß hatte diese günstige Wirtschaftsentwicklung die Neugründung von Werften und Schiffbauwerkstätten zur Folge. Um 1845 herum gab es in den verschiedenen Nordsee- und Ostseehäfen rund 500 Betriebe dieser Art. Die meisten von ihnen waren kleine Handwerksbetriebe, die sich mit dem Bau von Schaluppen, Hafenfahrzeugen, Fischereibooten und ähnlichen befaßten; daneben entstand eine Reihe größerer Betriebe, die in der zweiten Hälfte des vorigen Jahrhunderts zu erheblicher Bedeutung im Schiffbau gelangten. Neben den bereits erwähnten Werften seien hier u. a. noch genannt: die *Beckmannwerft* in Cuxhaven, die Bootswerft

und Schiffszimmerei *Hinrich van Cölln* in Hamburg-Finkenwerder, die *Rheinwerft Walsum der Gutehoffnungshütte* am Niederrhein, die noch heute bedeutende *Rickmers-Werft* in Bremerhaven, die Schiffswerft *Fr. Schweers* in Bardenfleth an der Weser, die *Schichau Werft* in Bremerhaven, die *Kieler Howaldtswerke,* die Werft *H. C. Stülcken Sohn* in Hamburg, die Schiffs- und Bootswerft *Gebr. Schürenstedt* in Bardenfleth und die *AG „Weser"* in Bremen.

Sie und zahlreiche andere und hier nicht besonders aufgeführte Schiffbaubetriebe sorgten für die Wiederbelebung und den Fortschritt der deutschen Schiffahrt und des deutschen Schiffbaues, wenngleich die Entwicklung sich in Deutschland langsamer vollzog als im Ausland. Die Gründe hierfür waren, wie erwähnt, in erster Linie politischer Art. Sie lagen auch in der konservativen Struktur dieses Wirtschaftszweiges. Erst mit der Verwendung des Dampfes als Antriebskraft und der Wandlung vom Holzschiff zum Eisenschiff gewann auch der deutsche Schiffbau neue Impulse.

Wie sahen die Schiffe aus, die in den ersten Jahrzehnten des 19. Jahrhunderts auf den damaligen deutschen Schiffbauplätzen entstanden? In der Mehrzahl waren es kleinere Fahrzeuge, die verschiedenen Zwecken im Hafen-, Fluß- und nahen Küstenbereich dienten. Wenige größere Schiffe wurden für die große Küstenfahrt und den Überseeverkehr gebaut. Sie waren, der Zeit entsprechend, noch aus Holz und als Segler getakelt.

Bis in die achtziger Jahre des 18. Jahrhunderts herrschten Typen der holländischen, französischen und englischen Schiffbaukunst vor. Erst dann setzte der deutsche Schiffbau mit eigenen Typen ein, die sich aber auch teilweise noch stark an ausländische Vorbilder anlehnten.

Die *Pommersche Galeass,* die als erstes Schiff ausschließlich an den deutschen Ostseeküsten gebaut wurde, hatte mit den Galeeren und Ruderschiffen des Mittelmeeres nur die Ähnlichkeit der Bezeichnung gemein. Daß sie reindeutschen Ursprungs war, bezeugt das bekannte Werk des schwedischen Admirals Chapman, das 1768 unter dem Titel „Architectura navalis mercatoria" herauskam. In ihm wird sie als „Galeasse d'Allemagne" bezeichnet. Die „Pommerschen Galeassen" waren

breite und schwere Schiffe mit einem weitausladenden Vorschiff. Auch das Heck war breit und reich verziert. An ihm hing ein Ruderboot, das zum Proviantholen und Verkehr mit dem Land bestimmt war. Das Schiff hatte zwei Masten, von denen der vordere Großmast mit Rahesegeln getakelt war, während der achtere Mast nur Gaffel- und Toppsegel führte.

Ein typischer Küstenfahrer war die *Deutsche Kuff*, die im Frachtvrekehr in der Nordsee und der Ostsee eingesetzt wurde. Auch bei ihr machten sich holländische Vorbilder bemerkbar. Der Rumpf war schwerfällig und wirkte füllig. Die Takelage war unterschiedlich: teils wurden die Kuffs als Toppsegelschuner, teils als Schunerbriggs gefahren. Das Bugsprit ragte weit nach vorne hinaus und trug zumeist einen „Jager“ und zwei „Klüversegel“. Das Ruder hing achtern frei am Heck.

Bremer Schunerbark 1841

Der Ruderkopf war oft kunstvoll geschnitzt und bunt bemalt.

In der zweiten Hälfte des 19. Jahrhunderts nahm der holländische Einfluß im deutschen Schiffbau sichtlich ab. Vorbilder lieferten jetzt die Amerikaner, die damals lange und schnelle Schiffe bauten. Der neue deutsche Schiffstyp war die *Bremer Schunerbark*, die besonders auf den Werften an der Weser gebaut wurde. Sie wurde auch *Barkentine* genannt und war ein Drei- oder Viermaster. Nur der erste Mast war vollgetakelt, während die übrigen Gaffel- und Toppsegel führten. Obwohl die „Bremer Schunerbark" viel Ähnlichkeit mit den späteren amerikanischen Schnellseglern, den *Klippern*, hatte, war sie doch erheblich kürzer und gedrungener gebaut als diese. Sie waren zumeist Glattdecker, bei denen die sogenannte „Poop" fehlte. Das gesamte stehende und laufende Gut war aus Hanftauwerk. Drahttauwerk gab es erst in den fünfziger Jahren.

Hamburger Bark 1830

In diesem Zusammenhang müssen noch zwei Schiffstypen genannt werden, die besonders auf Hamburger Werften entstanden. Die *Hamburger Bark* war im Grunde genommen ein Vollschiff, sie unterschied sich von ihm nur durch die Takelung des achteren Mastes. Währnd Vormast und Großmast Rahtakelung führten, trug der Besanmast ein Gaffeltoppsegel. Die „Hamburger Bark“ war konservativ gebaut, was schon auf ihre eigentliche Bestimmung, die Beförderung von Fracht, schließen läßt. Die Aufbauten fehlten fast völlig. Die Kajüten und Kabinen lagen im Zwischendeck. Das Kabelgatt, in dem die Ankertrossen gelagert waren, mußte besonders geräumig sein, denn damals gab es nur die fast 12 Zoll dicken Hanftrossen, die weit mehr Platz zur Unterbringung beanspruchten als die späteren Ankerketten. In der äußeren Bauart erkannte man das amerikanische Vorbild. Die Barken waren füllig mit weit ausbauchenden Kurven.

Das *Hamburger Fregattschiff* wurde vielfach in den vierziger Jahren des vorigen Jahrhunderts in norddeutschen Werften gebaut. Wie schon aus der Bezeichnung hervorgeht, kommt diese Schiffsart ursprünglich aus dem damaligen Kriegsschiffbau. Bis zum 17. Jahrhundert waren Handels- und Kriegsschiff fast identisch. Das Seeräuberunwesen und die unsicheren Verhältnisse auf See, zu denen nicht zuletzt die von den einzelnen Seemächten eingesetzten „Kaperschiffe“ beitrugen, zwangen die Reeder, ihre Handelsschiffe mit Geschützen zu bestücken. Erst allmählich ergab sich dann eine deutliche Trennung. Die Sicherung der Handelsschiffahrt übernahmen nunmehr die eigentlichen Kriegsflotten. Für sie schuf man, besonders bei den Franzosen, den schnellen und überaus seetüchtigen Typ der „Fregatten“. Sie waren zumeist vollgetakelte Dreimaster, die neben der Rahtakelung am achteren Mast nur noch ein Gaffelsegel führten. Das Heck war breit, das Schiff selbst aber schlank und schnittig. Im Vorschiff lag die geräumige Back, im Achterschiff die den Offizieren vorbehaltene Schanze. Die Fregatten besaßen zudem vier Beiboote, die seitlich in Davits hingen und ausgeschwungen werden konnten. Diese Bauart führte deutlich zu den kommenden Segelschiffen der zweiten Hälfte des vorigen Jahrhunderts.

Hamburger Fregattschiff 1848

Die Ära der Segelschiffe geht zu Ende

Die großen Segelschiffe symbolisieren für viele Menschen die ganze Romantik der Seefahrt. Wer jemals einem der großen weißen Vollschiffe auf dem Meer begegnet ist, bewahrt sich die Erinnerung daran für sein ganzes Leben. Jahrhundertelang hat das Segelschiff das Weltmeer beherrscht. Es beförderte Frachten und Reisende, ermöglichte erst die großen Entdeckungen anderer Erdteile, war lange Zeit noch der einzige Übermittler wichtiger Nachrichten und begründete, auch das sei erwähnt, die wechselseitige Seeherrschaft ganzer Nationen. Heute gibt es kaum noch Segelschiffe, die die Ozeane durchstreifen. Es sind nur noch wenige Schulschiffe, die einzelne Marinen zur Ausbildung ihres seemännischen Nachwuchses im Dienst halten.

Und es gibt auch noch ein paar sorgsam konservierte Vertreter dieser unvergeßlichen Schiffsgattung, die gewissermaßen als Denkmäler oder schwimmenende Museen in den großen Häfen am Kai festgemacht sind und dort die Erinnerung an eine frühere Zeit wachhalten sollen. Die Welt der großen Segelschiffe ist schon vor Jahrzehnten zu Ende gegangen. Sie hat den nüchternen Erzeugnissen der modernen Technik Platz machen müssen.

Die ozeanische Segelschiffahrtzeit begann im 16. Jahrhundert. Sie währte bis zur Mitte des 19. Jahrhunderts. Mit der Erfindung des Dampfschiffes ging sie allerdings nicht sofort zu Ende, sondern erlebte sogar noch eine zeitweilige Blüte. Wir werden später noch darauf zurückkommen.

Nach der Beendigung der Befreiungskriege nahmen auch in deutschen Landen Handel und Gewerbe einen starken Aufschwung. Der zunehmende Verkehr mit Übersee führte zur Gründung zahlreicher Reedereien, die, soweit das damals möglich war, ihre Schiffe auf deutschen Werften bauen ließen. Eine deutsche Handelsflotte, wenn sie auch unter verschiedenen Flaggen fuhr, nahm langsam Gestalt an. Schon im Jahre 1825 waren rund 300 Segelschiffe mit etwa 300 000 BRT in Fahrt, Im Jahre 1850 hatte sich ihre Zahl mehr als verdoppelt. Ein großer Teil von ihnen war auf deutschen Werften gebaut worden.

Unter den deutschen Schiffbaubetrieben der damaligen Zeit nahm die *Rickmers-Werft* in in Bremerhaven einen ersten Platz ein. Ihr Gründungstag ist der 15. Juni 1834. Zunächst ein recht primitiver, kleiner Bauplatz, auf dem nur Boote hergestellt werden konnten, wuchs sich die Werkstatt sehr schnell zu einer echten Werft aus, auf der schon fünf Jahre später größere Segelschiffe gebaut werden konnten. (Über den Gründer der Werft, Rickmer Clasen Rickmers, findet sich Näheres in meinem Buch „Kleine Geschichte der deutschen Handelsschiffahrt“, das im gleichen Verlag erschien.) Im Jahre 1839 wurde auf dem neuen Bauplatz am Geesteufer der Kiel zu der Bark „Maria Franziska“ für H. Visser in Bremen gelegt. Das Schiff war 92 Fuß lang und hatte eine Ladefähigkeit von 3700 Tonnen. Die Größe der Schiffe, die jetzt auf der Rick-

mers-Werft gebaut wurden, nahm von Jahr zu Jahr zu. Auch der Kundenkreis wuchs. Es waren nicht mehr wie früher Kapitäne aus den benachbarten Hafenplätzen, sondern auch Kaufleute und Reeder aus Bremen und Hamburg und bald auch aus dem Ausland. Die Rickmers-Bauten hatten sich in Schiffahrtskreisen einen ausgezeichneten Ruf erworben, nicht nur durch ihre kräftige und zuverlässige Bauart, sondern vor allem durch ihre Schnelligkeit. Besonders traf dies für das im Jahre 1843 gebaute Vollschiff „Bremen“ der Südsee-Compagnie zu, das eine Tragfähigkeit von 850 Tonnen hatte. Mit seiner Länge von 120 Fuß war die „Bremen“ für die damalige Zeit schon ein „Riesenschiff“. Weitere Bauten dieser Zeit waren die Vollschiffe „Maria Louise“ und „Gellert“, die als besonders schnelle Segler sogar von den Amerikanern, die damals im Schiffbau an führender Stelle standen, anerkannt wurden. Die Kriegsjahre 1848 und 1849 legten die Schiffahrt fast still, was sich naturgemäß auch auf den Schiffbau auswirkte. Aber schon Anfang der fünfziger Jahre besserte sich die Lage. Da man Neubauten nicht schnell genug fertigstellen konnte, suchte man sich in den Reedereien zunächst durch den Umbau älterer Segelschiffe zu helfen. Auch Rickmers hatte an diesen Aufträgen einen guten Anteil. Aber schon 1851 setzte eine neue Konjunktur im Schiffbau ein. Die Kiellegungen folgten jetzt schnell aufeinander. Immer neue Auftraggeber kamen hinzu, nicht nur aus Deutschland, sondern auch aus Holland, Frankreich und sogar aus England. Um die Mitte des vorigen Jahrhunderts zählte die Rickmers-Werft bereits zu den ersten unter den deutschen Schiffbaubetrieben. Sie beschäftigte nicht weniger als 300 Zimmerleute. Gebaut wurden nun in erster Linie Vollschiffe und Barkschiffe, daneben auch Dreimastschuner und sogar die Privatjacht des Königs Georg V. von Hannover, die „Königin Marie“. Aber nicht nur die Zahl der ozeangängigen Segelschiffe, sondern auch ihre Größe nahm ständig zu. So hatte das 1889 erbaute Viermast-Vollschiff „Peter Rickmers“ eine Tragfähigkeit von 4500 Tonnen und die 1892 fertiggestellte „Maria Rickmers“, ein Fünfmast-Auxiliarsegler, sogar von 6000 Tonnen.

Obwohl sich die in der zweiten Hälfte des vorigen Jahrhun-

6.–8. Zu den ältesten deutschen Schiffbaubetrieben zählt die Werft *Jos. L. Meyer* in Papenburg an der Ems. Ihr Gründer war Willm Rolf Meyer (1797 – 1847; links); Dr. Ing. h. c. Joseph L. Meyer (1872 – 1920) gab ihr den Namen. Querstapellauf des Autotransporters „Undine“ (3400 tdw) bei *Jos. L. Meyer*.

9.–10. Rickmer Clasen Rickmers (1807 – 1886) gründete 1834 die *Rickmers-Werft* in Bremerhaven, die es zu beachtlichen Schiffbauleistungen brachte. Unten eine alte Geschäftsanzeige.

derts noch junge Dampfschiffahrt auf dem verkürzten Weg durch den Suezkanal nach Ostasien als recht unangenehme Konkurrenz für die Groß-Segler entwickelte, konnten sich diese noch geraume Zeit gut behaupten, da ihre Transportkosten erheblich niedriger lagen. Dies traf besonders für Massengut wie Reis, Salpeter und anderes zu. Deshalb wurden auch noch bis zur Jahrhundertwende Segelschiffe gebaut.

Neben der *Rickmers-Werft*, die besondere Erwähnung verdient, da sie neben ihren Schiffbauleistungen eine sehr beachtliche eigene Reedereiflotte unterhält, waren die bekanntesten Segelschiffwerften die Werft *Blohm & Voss*, die *Tecklenborg-Werft* und die *Stülcken-Werft*. Neben ihnen bauten aber auch noch andere Werften der damaligen Zeit Segelschiffe, jedoch mit wenigen Ausnahmen nur kleinere und mittelgroße Fahrzeuge. So hatten z. B. Segelschiffe in den Anfangsjahren der *Flensburger-Schiffbau-Gesellschaft* den Vorrang im Bauprogramm. Im Februar 1875 wurde dort der Kiel für den ersten Dreimasterschuner, die „Doris Brodersen", gelegt. Wenig später folgte der zweite Dreimastschuner, die „Margarete Geier".
Der erste von *Blohm & Voss* erstellte Neubau war die mit 970 BRT vermessene eiserne Dreimastbark „National".

Auf der für den Bau großer Segelschiffe bekannten *Tecklenborg-Werft* wurde nach vielen anderen bekannten Groß-Seglern im Jahre 1927 die als Dreimast-Vollschiff getakelte „Deutschland" gebaut, die heute als stationäres Schulschiff für den nautischen Nachwuchs der Handelsmarine bei der Seemannsschule in Bremen liegt.
Blohm & Voss hat noch die drei Segelschulschiffe der ehemaligen Kriegsmarine in den Jahren zwischen 1936 und 1938 gebaut. Sie waren als Dreimastbarken getakelt. Auch die *Stülcken-Werft* ist für den Bau ihrer Segelschiffe bekannt. Sie baute 1953 die Schunerbark „Dewarutji", die heute noch der Indonesischen Marine als Schulschiff dient.

In aller Welt bekannt als schnelle und vorzügliche Segler waren die großen Viermastbarken der Hamburger Reederei *Fr. Laeisz*, die in die Schiffahrtsgeschichte als die „Flying P-Liner" eingegangen sind. Sie entstanden auf den Hellingen von *Blohm & Voss*, *Stülcken* und *Tecklenborg*. Die Bezeichnung

rührt daher, daß diese Schiffe ihre überseeischen Dienste nicht nur sehr schnell, sondern auch so regelmäßig wie die späteren Linienfrachter versahen. Zum anderen fingen ihre Namen alle mit einem „P“ an. Die bekanntesten von ihnen waren die „Parma“, „Pamir“, „Passat“, „Padua“, „Peking“, „Pelikan“, „Penang“, „Pommern“, „Preußen“ und „Priwall“. Einige dieser Namen sind mit den schwersten Schiffskatastrophen der deutschen Handelsflotte verbunden. Als letzte ging 1957 die „Pamir“ im Orkan bei den Azoren verloren. Heute existiert nur noch die „Passat“, die als stationäres Schulschiff in Travemünde verankert ist.
Wir können hier nicht alle Werften und Schiffbaubetriebe aufzählen, die in der zweiten Hälfte des vorigen Jahrhunderts Segelschiffe bauten. Sie werden später im Rahmen der Werften-Liste erwähnt. Das mindert aber nicht die Bedeutung, die sie für die Entwicklung der deutschen Handelsschiffahrt gehabt haben. Sie haben jede für sich die Achtung für den deutschen Schiffbau in aller Welt vermehrt. Nicht unerwähnt darf bleiben, daß eine ganze Reihe der noch heute existierenden deutschen Reedereien zuerst in ihren Gründungsjahren ihre Überseedienste mit in Deutschland gebauten Segelschiffen versahen. Dies trifft u. a. für die *Hamburg-Amerika-Linie* zu, die schon 1848 den Liniendienst mit Amerika mit drei Segelschiffen aufnahm, von denen das größte zwanzig Fahrgäste in der 1. Klasse und zweihundert Passagiere im Zwischendeck außer der Fracht befördern konnte. Auch die Reedereien *Laeisz*, *Woermann*, *H. M. Gehrckens*, *Amsinck* und nicht zuletzt *Robert M. Sloman*, um nur einige von ihnen zu nennen, führten ihre ersten Dienste mit Segelschiffen aus, die sämtlich auf deutschen Werften entstanden.

Von etwa 1870 bis zur Jahrhundertwende verschob sich das Verhältnis zwischen Segelschiffen und Dampfern auch in der deutschen Handelsflotte grundlegend. Zwar waren auch damals noch die deutschen Groß-Segler denen der anderen Schiffahrtsnationen sowohl an Geschwindigkeit als auch an Transportvermögen überlegen, aber der Siegeslauf des Dampfers ließ sich nicht mehr aufhalten. Das spiegelt sich deutlich in der Statistik: Im Jahre 1870 gab es noch 4320 Segelschiffe

und nur 127 Dampfschiffe. Fünf Jahre später standen bereits 330 Dampfer 1317 Segelschiffen gegenüber. Im Jahre 1904 waren es sogar nur noch 225 Segelschiffe mit einem Raumgehalt über 1000 BRT, aber schon 786 Dampfschiffe in der gleichen Größenordnung.

Auch die Zahlen über die Bautätigkeit im Jahre 1904 zeigen den Rückgang des Segelschiffbaus. Im Bau waren auf deutschen Werften in diesem Jahr nur drei Segelschiffe, und zwar ein Viermaster von 3109 BRT und zwei Dreimaster von je etwa 2000 BRT. Dagegen befanden sich auf den Hellingen 45 Dampfschiffe, davon ein Gigant von 22 500 BRT.

Die allgemeine Lage des deutschen Schiffbaus war um die Jahrhundertwende infolge der starken ausländischen Konkurrenz nicht besonders günstig. Allerdings war der Segelschiffbau von der sinkenden Tendenz weniger betroffen. Der Segelschiffbetrieb erlebte immer dann einen Aufschwung, wenn es in der Wirtschaft mehr auf die Kosten als auf höchste Leistungsfähigkeit ankommt. Gefragt waren in dieser Zeit große Segelschiffe, darunter in erster Linie die damals modernen Vier- und Fünfmaster. Bei kleineren Seglern war das Ausland besonders stark. Eine Ausnahme bildete in Deutschland nur eine Werft, und zwar die von *C. Lühring* in Kirchhammelwarden bei Brake, die kleine Segelschiffe in größerer Zahl herstellte.

Im Jahre 1908 hatte sich das Verhältnis zwischen Dampfer und Segelschiff weiter verschoben. Die deutsche Handelsflotte zählte 968 Dampfschiffe über 1000 BRT, aber nur noch 169 Segelschiffe. Bemerkenswert ist, daß zu diesem Zeitpunkt kein einziges größeres Segelschiff im Bau war. (Genannt sind immer nur die Schiffe mit einem Raumgehalt von 1000 BRT und darüber. Die Gesamtzahl einschließlich der kleineren Fahrzeuge war natürlich größer.)

Dennoch erzielten die Segelschiffe im Überseeverkehr nach Südamerika und Australien noch gute Ergebnisse. Noch ergaben sich innerhalb der Segelschiffreedereien keine besonderen Verschiebungen. Lediglich die Hamburger Reederei *N. H. P. Schuldt* wurde damals an die große Segelschiffreederei, die *„Reederei-Aktien-Gesellschaft von 1896"*, verkauft. Daß es sogar wieder aufwärts ging, zeigen die folgenden Zahlen für

das Jahr 1914: Die deutsche Handelsflotte verfügte noch über 136 Segelschiffe über 1000 BRT, unter denen zwei Fünfmastvollschiffe und 65 Viermaster waren. Im Bau waren wieder sechs Viermastbarken für die Reederei *Fr. Laeisz*, die diese Schiffe auf den schon früher genannten Werften bauen ließ. Noch vorher waren, wieder auf der *Rickmers-Werft*, die beiden schnellen Segelschulschiffe „Herzogin Cecilie“ und „Herzogin Sophie Charlotte“ vom Stapel gelaufen.

Wie sahen die Segelschiffe zu Ausgang des 19. Jahrhunderts und um die Jahrhundertwende aus? Die großen Segelschiffe wurden in Vollschiffe, Barks, Briggs und Schuner unterteilt. Ein Vollschiff hat drei vollgetakelte Masten und außerdem einen vollen Klüverbaum. Die Bark hat ebenfalls drei Masten, von denen aber nur zwei vollgetakelt sind, während der achtere Mast nur Gaffelsegel führt. Vollschiff wie Bark können auch als Viermaster und Fünfmaster getakelt sein. Die Brigg ist ein Zweimaster mit vollgetakelten Masten. Der Rahschuner führt am Vormast Rahsegel, am achteren Mast nur Gaffel- und Gaffeltoppsegel. Der Dreimastschuner hat ebenfalls einen vollgetakelten Mast, an den beiden anderen aber nur Gaffel- und Gaffeltoppsegel.

Schließlich gibt es noch den Gaffelschuner, der nur Gaffel- und Gaffeltoppsegel führt. Er hat zwei oder drei Masten.

Die Zeit, in der die großen Segelschiffe einen maßgeblichen Anteil am Gütertransport über See hatten, ist heute vorbei. Es gibt heute nur noch wenige Vertreter ihrer Art, die aber auch nur als fahrende oder stationäre Schulschiffe in verschiedenen Kriegsmarinen Dienst tun. In den dreißiger Jahren und sogar bis in das letzte Jahrzehnt sind auf deutschen Werften noch große Segler entstanden, die an das Ausland geliefert wurden. So erhielt die indonesische Marine 1953 von der *Stülcken-Werft* die Schunerbark „Dewarutji“. Auf der gleichen Werft war auch die „Jadran“ zu Wasser gelassen worden, die heute der jugoslawischen Marine als Schulschiff dient.

Bei *Blohm & Voss* sind im Laufe der Jahre mehrere große Segelschiffe vom Stapel gelaufen, die ebenfalls fremden Marinen als Schulschiffe dienen. Hierzu zählen die „Tovarish“ der sowjetischen Marine (ex „Gorch Fock“), die „Sagres“ der por-

tugiesischen und die „Mircea“ der rumänischen Marine. Auch die polnische Marine besitzt ein bei *Blohm & Voss* gebautes ehemaliges deutsches Schulschiff, die frühere „Prinzess Eitel Friedrich“ der deutschen Handelsmarine.

Der letzte auf einer deutschen Werft gebaute Vertreter dieser Gattung ist die heutige „Gorch Fock“ der Bundesmarine, die ebenfalls von *Blohm & Voss* gebaut wurde. Sie dürfte der letzte Vertreter der großen „Windjammer“ sein, die deutscher Schiffbaukunst ihr Dasein verdanken.

Vom hölzernen zum eisernen Schiff

Wir sind in unserer Schilderung etwas vorausgeeilt und müssen wieder in die Jahre um die Mitte des vorigen Jahrhunderts zurückgehen. Schon vorher hatten sich im Weltschiffbau zwei Wandlungen angekündigt, die bald ausschlaggebende Bedeutung für den gesamten Schiffbau haben sollten. Es waren einmal der Übergang vom hölzernen zum eisernen Schiff, zum anderen die Verwendung von Dampf als Antriebskraft für Schiffe. Beide haben das bisherige Bild des Schiffbaus grundlegend geändert. Allerdings vollzogen sich diese Wandlungen, besonders in Deutschland, verhältnismäßig langsam. Ihnen standen nicht nur technische Schwierigkeiten im Wege, sondern auch die Abneigung der Seeleute gegen alle Bestrebungen, das Althergebrachte zu verändern. Das mag sich etwas verwunderlich anhören, aber es ist nun einmal so. Der Seemann ist traditionsverbunden und hält zäh an den überlieferten Gegebenheiten seines Berufes fest. Es gibt eine nette Geschichte aus jenen Tagen. Einem alten Segelschiffkapitän wurde von seiner fortschrittlichen Reederei das Kommando eines ihrer neuen Eisenschiffe angeboten. Er weigerte sich entschieden, dieses an sich verlockende Angebot anzunehmen und gab als Begründung an, er sei in seinem ganzen Leben noch nie auf einem eisernen Schiff gewesen und wolle auch nichts mit ihnen zu tun haben. Man wisse bei einem solchen Schiff nie, wie der Kompaß sich einstelle, und wenn es sogar bei schlechtem Wetter einmal leck springe, dann bekomme man es womöglich gar nicht wieder dicht. Bei hölzernen Schiffen sei das ganz etwas anderes.

Nun, die Reederei fand einen Mittelweg. Sie tauschte ein-

fach den mißtrauischen Kapitän gegen einen anderen aus, der sich schon mit der neuen technischen Erfindung vertraut gemacht hatte, zur Zeit aber ein hölzernes Vollschiff befehligte.

In Deutschland gab es lange solche Widerstände; in England war das anders. Die Engländer waren seeverbundener als die Deutschen, und gerade in Deutschland, das in viele Kleinstaaten zerrissen war, erschwerten auch noch andere Hindernisse die Entwicklung. So war in England schon um 1784 das erste Walzwerk entstanden und schon in den Jahren 1822 und 1837 waren dort die ersten eisernen Flußdampfer und Seedampfer gebaut worden. Im Jahre 1843 hatte auch bereits eine englische Werft den ersten eisernen Schraubendampfer, die 3443 BRT große „Great Britain", zu Wasser gelassen, die allerdings später wieder zum Segelschiff umgewandelt wurde. Aber sie hatte auf ihren Fahrten den Beweis geliefert, daß ein aus Eisen gebautes Schiff erheblich größeren Belastungen gewachsen war als seine hölzernen Vorgänger.

Der tiefere Grund, weshalb man überhaupt im Schiffbau zu der Verwendung von Eisen anstelle von Holz überging, war der sich in der ersten Hälfte des vorigen Jahrhunderts immer stärker bemerkbar machende Mangel an Holz. Es wurde damals nötig, größere Holzmengen aus Übersee zu importieren, da es in Europa nicht mehr genügend gab. Man mußte sie also aus Amerika, Afrika und Rußland beziehen, was naturgemäß erhebliche Mehrkosten verursachte. Besonders fehlte es an gewachsenem Krummholz, das man für die sogenannten „Kniee" benötigte, die die Spanten mit den Decksplanken verbanden. Daher griff man auch zuerst auf diesem Gebiet zur Verwendnug von Eisen. In Deutschland standen, wie schon gesagt, die politischen Verhältnisse der Neuerung entgegen. Hinzu kamen die Erschwernisse durch die damals umständliche Zollgesetzgebung in deutschen Landen. Wegbereiter waren nicht zuletzt die großen deutschen Reedereien, die um die Mitte des vorigen Jahrhunderts gegründet wurden, so z. B. die *Hamburg-Amerika Linie* und der *Norddeutsche Lloyd*. Aber auch sie mußten ihre ersten eisernen Schiffe vorwiegend in England bauen lassen. Die überwiegende Zahl der deutschen Werften war noch geraume Zeit ganz auf den Holzschiffbau eingestellt.

Erst im Jahre 1851 entstand bei uns die erste reine Eisenschiffwerft, aus der später der *Stettiner Vulcan* hervorging. Drei Jahre später baute *Schichau* in Elbing den ersten eisernen Seedampfer, die „Borussia", die zwischen St. Petersburg, Königsberg, Rotterdam und London verkehrte. 1855 baute auch die Werft *Klawitter* zwei eiserne Frachter und im gleichen Jahr *Godefroy* in Hamburg (später *Reiherstieg* in Kiel) seinen ersten eisernen Seedampfer.

Es waren noch Ausnahmen. In Deutschland überwog zunächst auch in den ersten Jahrzehnten der zweiten Hälfte des vorigen Jahrhunderts der handwerksmäßige Holzschiffbau. Die Einfuhrzölle auf Schiffbaumaterial aus dem Ausland erschwerten die Wettbewerbsfähigkeit. Zudem fehlte es auch an einer leistungsfähigen Zuliefererindustrie. So waren die deutschen Walzwerke noch lange nicht in der Lage, die Forderungen der Werften zu erfüllen. Das meiste Schiffbaumaterial mußte aus England bezogen werden. Erst Ende der siebziger Jahre wurde das besser. Im Jahre 1879 fiel die Entscheidung, daß künftig die Einfuhr von Schiffbaumaterial jeder Art zollfrei sein sollte. Damit war die Grundlage gegeben, auf der auch die deutschen Werften aussichtsreich mit den ausländischen konkurrieren konnten. Die Folge war die Neugründung zahlreicher Schiffbaubetriebe (Zeitraum etwa 1845–1890):
Beckedorf & Co., Hamburg, *Norddeutscher Lloyd*, Werftbetrieb Bremerhaven, *N. u. J. Lührs*, Hamburg, *Gustav Wolkau*, Hamburg, *Heinrich Grube*, Hamburg, *Norddeutsche Schiffbau-AG*, Kiel (später *Germania-Werft*), *Ewald Berninghaus*, Duisburg, *Hilgers AG*, Rheinbrohl, *Schiffswerft F. Clausen*, Oberwinter, *C. Lühring*, Brake, *Eckmanns-Werft*, Hamburg, *M. A. Flint*, Hamburg, Schiffswerft *Hugo Peters*, Wewelsfleth, *Flensburger Schiffbau-Gesellschaft*, *Jos. L. Meyer*, Papenburg, *Orenstein & Koppel*, *Lübecker-Maschinenbau-AG*, *C. Cassens Schiffswerft*, Emden, *Fr. Lürssen*, Bremen-Vegesack, *Howaldt*-Kiel, *AG Weser*, Bremen, *Seebeck-Werft*, Bremerhaven, *Johann Oelkers*, Hamburg, *Blohm & Voss*, Hamburg, *Henry Koch*, Lübeck, *Schichau*-Danzig, *Vulkan*, Bremen.

Zum reinen Eisenschiffbau gingen von 1871–1890 u. a. nachstehende deutsche Werften über:

AG Weser, Bremen, *Janssen & Schmielinsky,* Hamburg, *F. W. Wencke,* Bremerhaven, *Heinrich,* Brandenburg, *Stülcken,* Hamburg, *Tecklenborg,* Geestemünde, *Nüschke,* Stettin, und *Rickmers,* Bremerhaven. (Vollständigkeit ist nicht gewährleistet, da von zahlreichen Werften keine genauen Unterlagen vorhanden waren.)

Von einigen Betrieben ist die Entwicklung näher bekannt: Der Werftbetrieb des *Norddeutschen Lloyd* wurde 1857 als Reparaturbetrieb für Lloydschiffe errichtet. 1870 wurden ein größeres Trockendock und mehrere weitere Werkstätten gebaut. Im Jahre 1881 mußte das Trockendock zum erstenmal verlängert werden, da die Schiffe immer größer wurden. Die Belegschaft betrug im Jahre 1886 rund 1000 Mann, im Jahre 1905 war sie auf 2800 gestiegen. In den Jahren 1928–1930 erfolgte eine weitere Verlängerung, um die neuen großen Schnelldampfer des *Lloyd,* die „Bremen“ und die „Europa“, aufnehmen zu können. 1936–1938 wurden alle Werkstätten nach der heutigen Columbuskaje verlegt. Nach dem Zweiten Weltkrieg gab es zuerst nur noch wenige Reparaturmöglichkeiten, da die Anlagen weitgehend durch den Bombenkrieg zerstört waren. Als die alliierten Schiffbaubeschränkungen für die deutsche Handelsflotte fielen, wuchs der Betrieb wieder schnell an. Repariert werden heute sowohl eigene als auch Schiffe fremder Länder.

Die Werft von *Gustav Wolkau* wurde 1860 von dem Schiffbaumeister August Wolkau gegründet. Die Werft baut besonders Schiffe für die Fluß- und Küstenfahrt. Ihr ist auch ein umfangreicher Reparaturbetrieb angegliedert.

Die *Hilgers*-Werft in Rheinbrohl entstand im Jahre 1868. Sie war zunächst eine Fabrik für hauswirtschaftliche Geräte. Allmählich ging man zum Schiffbau über. Heute werden auf der Werft Motorgüterschiffe, Motortanker, Schlepper, Schleppkähne, Küstenmotorschiffe, Großfähren und Spezialschiffe gebaut. Daneben gibt es einen umfangreichen Reparatur- und Umbaubetrieb.

Die Gründung der *Flensburger-Schiffbau-Gesellschaft* fällt in das Jahr 1872. Das erforderliche Gelände wurde an der Westseite des Flensburger Hafens von der Stadt erworben. Dort wurden zunächst fünf Hellinge errichtet. Im Jahre 1875

wurde der Kiel für das erste Schiff, den Dreimaster „Doris Brodersen“, gestreckt. Ihm folgte bald ein weiterer Dreimastschoner, die „Margarete Geier“, die für eine Hamburger Reederei bestimmt war. 1876 wurden die ersten Dampfer gebaut. Im Jahre 1891 endete der Bau von Segelschiffen. Von nun ab wurden nur noch Dampfschiffe erstellt. Der Aufschwung der Werft wird dadurch gekennzeichnet, daß im Jahre 1889 bereits das 100. und elf Jahre später (1900) das 200. Schiff die Werft verließ. Die Zahl der Beschäftigten betrug schon damals mehr als 2000 Angestellte und Arbeiter. Nach dem Ersten Weltkrieg begann eine Neubelebung. 1925 baute die Werft ein Motorschiff von 11 000 Tonnen Tragfähigkeit. Dann kam infolge der schlechten Wirtschaftskonjunktur ein Rückschlag, der bis etwa 1935 währte. Im Zweiten Weltkrieg war die Werft mit dem Bau von Kriegs- und Handelsschiffen beschäftigt. Heute stellt sie wieder eine der leistungsfähigsten Schiffbaubetriebe Deutschlands dar.

Die *Seebeck-Werft* der *AG Weser* wurde 1876 von dem Kupferschmiedemeister Georg Seebeck gegründet. Zu Beginn des Schiffbaubetriebes beschäftigte man sich vorwiegend mit der Herstellung von Ausrüstungsgegenständen für den Schiffsbedarf. Bald aber ging man zum Bau von größeren Booten über. Das erste dieser Boote war die Barkasse „Minna“, die 1879 vom Stapel lief. Sie war mit einer Dampfmaschine ausgerüstet. Damit begann zugleich die Aufnahme eines regelrechten Werftbetriebes. Heute werden auf der *Seebeck-Werft* neben Fischerei- und Spezialfahrzeugen auch Frachtschiffe bis zu einer Tragfähigkeit von 16 000 Tonnen gebaut. 1928 wurde die Werft von der *AG Weser* erworben. Im Zweiten Weltkrieg wurde sie teilweise zerstört. Nach Lockerung der Schiffbaubeschränkungen ging man zum Bau größerer Neubauten, besonders von Spezialschiffen, Eisbrechern und Großfähren über. Auch eine Reihe modernster Fischereifahrzeuge, große Hecktrawler, und ein Fischereiforschungsschiff, die „Meteor“, eines der größten Schiffe dieser Art, entstand 1964 auf der *Seebeck-Werft.*

Die Werft von *Johann Oelkers* in Hamburg-Wilhelmsburg ist ein reiner Familienbetrieb. Sie wurde 1876 gegründet und

widmet sich auch heute noch besonders dem Kleinschiffbau. Auf ihr entstehen Fahrgastschiffe, Hafen- und Seeschlepper, Barkassen, Inspektionsboote und andere Fahrzeuge dieser Art.

Auch die 1838 gegründete Werft von *Gebrüder Schürenstedt* in Bardenfleth ist ein Familienbetrieb. Der erste Inhaber und Gründer war der Schiffbaumeister Hinrich Schürenstedt. Neben Fracht- und Spezialschiffen bis zu einer Länge von 80 Metern wurden Rettungsboote und andere Kleinschiffe hergestellt. Neben dem Stahlbau wird bei Schürenstedt heute noch der Holzschiffbau gepflegt.

Die *Cassens*-Werft in Emden geht ursprünglich auf die „Kurbrandenburgische Werft" zurück, die später ihren Namen in „Werft zum Preußischen Adler" änderte. Im Jahre 1875 wurde sie von den Schiffbaumeistern Cassen Cassens und Klattendorf übernommen. Sie baute zunächst Holzschiffe für die Küstenfahrt. Heute haben der Bau von Küsten- und Sonderschiffen und auch von Binnenschiffen den Vorrang.

Die Werften *Blohm & Voss* und die *Stülcken-Werft* wurden im Vorhergehenden schon mehrfach erwähnt. *Blohm & Voss* entstanden in den siebziger Jahren des vorigen Jahrhunderts, also in der Zeit des Überganges vom Segler zum Dampfer, vom Holz- zum Eisenschiffbau. Damals gab es an der deutschen Nordseeküste noch keinen bedeutenden Schiffbau. Da war es schon ein Wagnis, in Hamburg eine große Werft mit Maschinenfabrik und Kesselschmiede zu gründen und dabei mit dem damals noch neuartigen Eisenschiffbau zu beginnen. Die Gründer waren die Schiffbauingenieure Hermann Blohm und Ernst Voss. Sie mußten ihr erstes Schiff auf eigene Rechnung bauen. Aber sie setzten sich durch und entwickelten die Werft zu einem Unternehmen, das sich sowohl durch Güte und pünktliche Lieferung als auch durch einwandfreie Konstruktionen bewährte. Heute ist *Blohm & Voss* eine Großwerft, auf der die größten und schnellsten Schiffe der Nachkriegszeit entstanden und die auch heute noch an der Spitze der deutschen Schiffbaubetriebe steht.

Die Werft *Fr. Lürssen* in Vegesack wurde 1875 gegründet. Sie wird heute in der dritten Generation von Mitgliedern der Familie *Lürssen* geleitet. Nach dem Zweiten Weltkrieg hat die

Werft als erste in Deutschland wieder mit dem Bau von Handelsschiffen begonnen. Sie ist auch in aller Welt als Erbauer der bewährten Schnellboote für die deutsche Marine bekannt.

Die sich Mitte des 19. Jahrhunderts abzeichnende Fortentwicklung der deutschen Werften veranlaßte die großen Reedereien zur Vergabe ihrer Neubauten an die eigene Industrie. So gab Ende der achtziger Jahre die *Hapag* dem Stettiner *Vulcan* einen großen Schnelldampfer in Auftrag. Der *Norddeutsche Lloyd,* der seine Schiffe nach seiner Gründung von englischen und schottischen Werften bezogen hatte, vergab seine ersten deutschen Neubauten im Jahre 1886 ebenfalls an den Stettiner *Vulcan.* Es waren drei Dampfer von je etwa 1800 BRT und drei weitere, die sogar 4500 BRT groß waren. Im Jahre 1889 beauftragte der *Lloyd* die gleiche Werft mit dem Bau des fast 7000 BRT großen Dampfers „Kaiser Wilhelm II." (1). Während in der Folge wieder eine Reihe von Neubauten an ausländische Werften gingen, rückten ab 1894 deutsche Schiffbaubetriebe an die erste Stelle. Es waren u. a. *Blohm & Voss, Schichau*-Danzig, der Stettiner *Vulcan,* die *Germania*-Werft, die *Seebeck*-Werft und die *Tecklenborg*-Werft. Die zuletzt gebauten Schiffe waren schon bis zu 10 000 BRT groß. Die *Rickmers*-Werft baute 1900 für den *Lloyd* dessen erstes Schulschiff, die „Herzogin Charlotte", eine eiserne Viermastbark. Bis Ausgang des Jahrhunderts wurden bei Rickmers noch eine größere Zahl von eisernen Dampf- und Segelschulschiffen gebaut.

Ende der achtziger Jahre war auch die Reederei *Fr. Laeisz* zum Bau eiserner Segelschiffe anstelle der bisherigen hölzernen übergegangen. Bauwerften der berühmten *Laeisz*-Segler waren, wie schon früher erwähnt, die Firmen *Blohm & Voss* und die *Tecklenborg*-Werft.

Die Deutsche Dampfschiffahrtsgesellschaft „Hansa" ließ einen ihrer ersten eisernen Dampfer, die „Rheinstein", bei der Rostocker *AG für Schiff- und Maschinenbau* herstellen.

In diesem Zusammenhang muß auch noch eine deutsche Binnenschiffwerft erwähnt werden, die *Rheinwerft Walsum* der *Gutehoffnungshütte.* Auf ihr war schon 1838 die „Graf von Paris", das erste ganz aus Eisen gebaute Rheinschiff entstanden. Ihm folgte eine Reihe weiterer Einheiten dieser Art.

Um zu verhindern, daß die wichtigsten Hilfsindustrien des Schiffsbaues, die deutschen Eisen- und Stahlwerke, zu konkurrenzschwach wurden, schlossen der *Nordeutsche Lloyd* und die *Hamburg-Amerika-Linie* im Jahre 1898 eine Art Sicherungsvertrag gegen diese Gefahr. Danach verpflichteten sie sich, zunächst drei Jahre lang für alle ihre Neubauten das zum Schiffbau erforderliche Material nur von deutschen Walzwerken zu beziehen und zwar zu dem Preis, den die englischen Werften auch in England dafür bezahlen mußten. Die Folge war, daß nunmehr auch die deutschen Reedereien ihren englischen Kollegen gegenüber konkurrenzfähig wurden.

Die deutsche Schiffbauindustrie nahm von dieser Zeit an einen raschen Aufstieg. Ehe wir zu dieser Schilderung übergehen, müssen wir noch einige Ausführungen über die zweite Wandlung im internationalen Schiffbau machen: die Einführung der Dampfmaschine als Schiffsantrieb.

Die ersten „Steamer"

Man ist es heute gewöhnt, vom Ende des vergangenen Jahrhunderts als von der „guten, alten Zeit" zu sprechen. Von der so gerühmten Geruhsamkeit jener Zeit haben Schiffahrt und Schiffbau nur wenig gespürt. In dieser Epoche des Überganges vom Holzschiff zum Eisen- und Stahlschiff, vom Segelschiff zum Dampfer und Motorschiff wurde aus den beschaulichen Handwerksbetrieben des Schiffsbaues der sich technisch ständig fortentwickelnde Werftbetrieb. Die Schiffahrt gewann durch Einführung der Schnell- und Liniendienste ein ganz anderes Gesicht, und aus kleinen Handelsplätzen an der See wurden Welthäfen und Güterumschlagszentren. Da blieb von „guter, alter Zeit" nicht viel übrig. Das „industrielle Zeitalter" hatte sie schnell abgelöst.

Der Übergang vom Holzschiff zum Eisenschiff hatte in Deutschland, wie im vorhergehenden Kapitel geschildert, ziemlich lange gedauert. Die Einführung des Dampfantriebes ging schneller vor sich. Sie währte aber im Verhältnis zum Ausland ebenfalls länger als dort. Erst in den achtziger Jahren konnten die deutschen Werften große Dampfschiffe bauen. Bis dahin mußten sich die deutschen Reeder in erster Linie englischer

Hilfe bedienen, da man dort technisch erheblich weiter war.

Ganz allgemein gesehen, begann die Dampfschiffahrt auf Flüssen und Kanälen. Das traf auch für Deutschland zu. Wesentliche Hemnisse lagen in der damaligen Kleinstaaterei. Es erwies sich nämlich bald, daß für einen Verkehr mit den neuartigen Schiffen eine weitgehende Flußregulierung unerläßlich war. Dazu mußte stets erst in langwierigen Verhandlungen geklärt werden, wer für die Kosten aufkam.

Als erster hat der Amerikaner *Robert Fulton* den Gedanken eines technisch bewegten Schiffes verwirklicht. Fulton hatte seine Erfindung bekanntlich in Europa zunächst Napoleon I. angeboten, der sie aber ablehnte. Wahrscheinlich hätte sich die europäische Geschichte anders entwickelt, wenn der französische Kaiser den Wert dieser Erfindung erkannt hätte. Fulton verhandelte dann mit amerikanischen Stellen und baute im Jahre 1806 auf dem East River bei New York seinen ersten Dampfer, der den Namen „Clermont" erhielt. Die „Clermont" war ein hölzernes Fluß-Schiff und nicht länger als 40 Meter. Sie hatte mittschiffs eine Dampfmaschine, die zwei beidseitig angebrachte Schaufelräder antrieb. Die Probefahrt wurde ein einmaliger Erfolg, denn die „Clermont" kam auf eine Stundengeschwindigkeit von vier bis fünf Knoten. Die Folge war, daß nunmehr ein Run auf solche Schiffe einsetzte. Knapp zwanzig Jahre später gab es schon rund 300 „Dampfer" auf den nordamerikanischen Flüssen. Im Jahre 1812 war man auch in England so weit. Dort ließ der Ingenieur *Henry Bell* einen kleinen Dampfer mit ähnlichem Antrieb bauen, der den Namen „Comet" erhielt und zwischen Glasgow und Greenock verkehrte. Der Erfolg der Probefahrt war etwa der gleiche wie bei der „Clermont", aber der erwartete finanzielle Ertrag blieb aus. Trotzdem fanden sich auch hier genügend Nachahmer, denn schon in den zwanziger Jahren gab es in Großbritannien rund 140 Raddampfer dieser Art. Die Glasgower hielten im übrigen das Andenken an ihren Mitbürger hoch. Noch heute gibt es dort ein genaues Nachbild der „Comet", das als Museum dient.

In Deutschland hatte man diesmal nicht geschlafen. Schon im Jahre 1816 lief auf einem kleinen Schiffbauplatz in Pichelsdorf bei Spandau an der Berliner Havel der erste deutsche Rad-

dampfer, die von einem Engländer konstruierte „Prinzessin Charlotte“ vom Stapel. Sie hat jahrelang den Dienst auf Havel, Spree und Elbe versehen. Im gleichen Jahr 1816 baute der Schiffsbaumeister *Johann Lange* aus Vegesack das erste hölzerne Dampfschiff, die „Weser“, die im Verkehr auf der Unterweser eingesetzt wurde. Der Bremer Senat hatte dem Eigner und Reeder, dem Bremer Kaufmann *Friedrich Schröder*, zu diesem Zweck eigens eine Konzession erteilt. Das Schiff wurde auch in den ersten Jahren sehr rege vom Publikum benutzt, dann aber nahm das Interesse wieder ab, so daß das ganze Unternehmen schließlich ein finanzieller Fehlschlag war. Johann Lange baute im Jahre 1836 auch den ersten Raddampfer für die Elbeschiffahrt. Für den Rheinverkehr entstand im gleichen Jahr, wie schon früher erwähnt, auf der Werft Walsum der Gutehoffnungshütte ein ähnliches Schiff. Johann Lange war ein sehr vielseitiger Mann, denn er war es auch, der 1847 das erste Hochseedampfschiff aus Eisen konstruierte, die erste „Bremen“ dieser Gattung. Sieben Jahre später entstand auf der Schiffswerft von *Schichau* in Danzig ebenfalls ein weiterer eiserner Seedampfer, die schon früher erwähnte „Borussia“.

Zur gleichen Zeit baute der Schiffsbaumeister *J. Tischbein* auf der späteren *Neptun-Werft* in Rostock zwei eiserne Dampfschiffe. Noch verkehrten Dampfschiffe nur im engeren Küstenbereich. Die Eroberung des Atlantiks für diese Schiffe stand noch aus. Zwar war schon im Jahre 1819 die amerikanische „Savannah“ über den Ozean gefahren, aber im echten Sinne des Wortes war das eine Art Segelschiffahrt gewesen. Die „Savannah“ war nämlich eine amerikanische dreimastige Fregatte, und sie hatte einen großen Teil dieser Reise ausschließlich unter Segel zurückgelegt. Überhaupt hatte sie die ganze Fahrt nur dadurch geschafft, daß sie alles, was an Bord aus Holz war, verfeuerte. Der mitgenommene Kohlenvorrat hatte für die 26tägige Überfahrt vom Hudson nach Liverpool nicht ausgereicht. Die erste Atlantiküberquerung nur unter Dampf gelang erst im Jahre 1833 dem kanadischen Dampfer „Royal William“. Fünf Jahre später, 1838, folgten die ersten englischen Atlantikdampfer, die „Sirius“ und die „Great Western“.

Der erste deutsche Dampfer, der den Atlantik überquerte,

war die „Borussia“ der Hamburg-Amerika-Linie. Es gab damals noch keine deutsche Werft, die in der Lage war, große Seedampfer zu bauen. Die Hapag übergab den Auftrag für zwei Schiffe daher an die schottische Werft *Caird & Co.* in Greenock am Clyde. In der Taufe erhielten die Dampfer die Namen „Borussia“ und „Hammonia“. Sie waren jeder 2026 BRT groß, hatten eine Geschwindigkeit von über 12 Knoten und konnten insgesamt 500 Fahrgäste und eine Besatzung von rund 80 Mann aufnehmen. Die beiden Dampfer bewährten sich ausgezeichnet, so daß sich die Hapag von da an auf den Bau von Schiffen dieser Art auch für ihre überseeischen Dienste verlegte. Schon im Jahre 1862, knapp sechs Jahre nach der Jungfernreise der „Borussia“, verfügte die Flotte der *Hamburg-Amerika-Linie* neben sechs Segelschiffen über sechs Dampfschiffe. Trotzdem hat es, wie schon erwähnt, noch längere Zeit gedauert, ehe die deutschen Reeder ihre Dampfschiffe auch auf deutschen Werften bauen lassen konnten. Nicht wenig trug hierzu das in den achtziger Jahren vom Reichstag angenommene „Dampfer-Subventionsgesetz“ und die Übertragung der ersten Reichspostdampfer-Neubauten durch den Norddeutschen Lloyd an den Stettiner *Vulcan* bei. Damit war der Weg zu einer weiteren Entwicklung geebnet. Auch die Hapag ließ ab Ende der achtziger Jahre ihre großen Dampfschiffe zumeist in Deutschland bauen. Der erste Vertreter dieser Klasse war die 1889 vom Stettiner Vulcan abgelieferte „Auguste Victoria“, ein Schiff von 8500 BRT, das als erstes seiner Art von Doppelschrauben angetrieben wurde, die ihm eine für damalige Zeiten besonders hohe Geschwindigkeit verliehen.

Wie stark sich besonders die Gründung und wachsende Bedeutung der damaligen großen deutschen Reedereien auf die Schiffbautätigkeit der deutschen Werften auswirkten, mögen einige Zahlen beweisen:

In der Zeit von 1886 bis 1900 wurden allein für den *Norddeutschen Lloyd* auf nachstehenden Werften größere Dampfschiffe gebaut:

Stettiner Vulcan	16 Schiffe
Blohm & Voss	8 Schiffe
Schichau-Danzig	3 Schiffe

Tecklenborg-Geestemünde	3 Schiffe
Germania-Kiel	3 Schiffe
Reiherstieg-Werft	2 Schiffe
Seebeck-Werft	1 Schiff
Flensburg	1 Schiff

Die Größe dieser Schiffe lag zwischen 2000 und 10 000 BRT. Die überwiegende Mehrzahl von ihnen vermaß über 5000 BRT. Die größten von ihnen waren die 1897 vom Stapel gelaufenen „Barbarossa“ (10 769 BRT – *Blohm & Voss*), „Königin Luise“ (10 566 BRT – *Stettiner Vulcan*), „Bremen“ (10 525 BRT – *Schichau-Danzig*), „Friedrich der Große“ (10 536 BRT – *Stettiner Vulcan*) und der Gigant unter allen, die „Kaiser Wilhelm der Große“ (14 349 BRT – ebenfalls *Stettiner Vulcan*).

Das waren schon Glanzleistungen der deutschen Schiffbaukunst. In den nächsten Jahren sollten sie noch erheblich gesteigert werden und die deutsche Werftindustrie in das Spitzengremium der damaligen Schiffbaubetriebe in aller Welt führen.

Immer schneller und größer

Wir müssen uns noch einmal in die sechziger Jahre des vorigen Jahrhunderts zurückversetzen. Zu dieser Zeit konnte man, international gesehen, schon von einem „Weltverkehr über See“ sprechen, wenn er auch den heutigen Stand nicht vergleichbar war. Die damaligen Schiffe waren langsamer und nicht so komfortabel und technisch vollkommen. Immerhin wickelte sich der Verkehr regelmäßig ab. Deutsche Dampfer spielten bis dahin nur auf der Nordatlantikroute eine Rolle. In der Fahrt nach den Tropengebieten in West und Ost verkehrten in dieser Zeit nur Segelschiffe. Und auf allen Gebieten hatten vorerst die Engländer, Franzosen und Holländer den Vorrang. Zumal die britische Flagge herrschte unbeschränkt vor: die englische Handelsflotte war größer als alle anderen zusammengenommen. Aber das sollte sich langsam ändern. Der Passagierverkehr zwischen Europa und den Vereinigten Staaten nahm ständig zu. Man brauchte größere und schnellere Schiffe. Bis in die siebziger Jahre hinein hatten sich die Dampfer in der Größe von etwa 4000 BRT gehalten. Das genügte bald nicht mehr, um den gestiegenen Anforderungen des Verkehrs gerecht zu werden. Die

11.–12. Bilder aus der Zeit des handwerksmäßigen Holzschiffbaus. Auf der Werft *C. Lühring* in Brake (Unterweser) 1889 (2 Kähne und 1 im Bau befindliches Dielenschiff) und 1901 (Stapellauf S. S. „Claus Dreyer").

13.–14. Die Schiffbauingenieure Hermann Blohm und Ernst Voss gründeten 1877 in Hamburg die Werft und Maschinenfabrik *Blohm & Voss.*

15. Die Werft von *Blohm & Voss* um 1880.

Geschwindigkeit der damaligen Steamer lag bei 8–9 Knoten bei den Frachtdampfern und bei rund 11 Knoten bei den Fahrgastschiffen. 13 Knoten, wie es die noch 1869 bei *Caird* in Greenock gebauten „Donau" des Norddeutschen Lloyd hatte, waren eine Ausnahme.

Es war auch wieder der *Lloyd*, der hier als erste deutsche Reederei den Fortschritt einleitete. Mit der noch in England gebauten „Elbe", einem Schiff von 4511 BRT und einer Geschwindigkeit von 16 Knoten, schuf er den neuen Typ des „Schnelldampfers", mit dem eine neue Epoche in der atlantischen Passagierfahrt begann. Die „Elbe" war für damalige Begriffe ein komfortables, ein „wohnliches" Schiff. Die Räume waren mit schweren Möbeln ausgestattet, überall fanden sich Schnitzereien, Vergoldungen und Verzierungen im Stil der Zeit. Heute würden wir das als „überladen" bezeichnen. In jenen Jahren war ein solches Schiff der Begriff des Modernen und des Fortschrittes. Ihre weiteren, bis 1886 ebenfalls in England gebauten Nachfolger, hatten die gleichen Abmessungen und Einrichtungen.

Erst mit der „Kaiser Wilhelm II.", die beim Stettiner *Vulcan* gebaut wurde, zog auch die deutsche Schiffbauindustrie nach. Dieser Dampfer war schon fast 7000 BRT groß und hatte eine Geschwindigkeit von 16 Knoten. Er wurde übertroffen von der schon erwähnten „Auguste Victoria" der Hapag, dem ersten Doppelschraubendampfer, der ebenfalls beim Stettiner *Vulcan* gebaut wurde. Ihr folgte ein paar Jahre später die 1900 in Dienst gestellte „Deutschland" der gleichen Reederei. Sie war 16 500 BRT groß – ein Beweis dafür, wie sehr sich auch die Größe der damaligen Passagierdampfer gewandelt hatte – und ebenfalls ein Kind der *Vulcan*-Werft. Die „Deutschland" erreichte eine Geschwindigkeit von fast 24 Knoten. Sie war das schnellste Schiff ihrer Zeit und erwarb das *Blaue Band* des Nordatlantiks. Die innere Einrichtung war, wie die Chronik der *Hamburg-Amerika-Linie* erzählt, von besonderer Eleganz und Schönheit und von einem bis dato nicht gekannten Komfort für die Fahrgäste.

Im Mai 1897 war auf der *Vulcan*-Werft die „Kaiser Wilhelm der Große" des *Norddeutschen Lloyd* vom Stapel gelaufen. Sie war wie die „Deutschland" ein Vierschornsteindampfer

und 14 000 BRT groß. Mit ihrer Geschwindigkeit von 23 Knoten hatte sie noch vor der „Deutschland“ als erster deutscher Schnelldampfer das Blaue Band errungen.

Die größten deutschen Dampfer hatten Ende der neunziger Jahre eine Tonnage von 12 000 bis 20 000 Tonnen. Sie waren damit um ein Mehrfaches größer als die größten Segelschiffe der damaligen Zeit. In der nächsten Kategorie lagen Schiffe von 6000 bis 8000 Tonnen. Sie verteilten sich auf die beiden vorgenannten Großreedereien und die *Deutsche Dampfschiffahrts-Gesellschaft „Hansa“*, die *Deutsche Ostafrika-Linie* und die *Deutsch-Amerikanische Petroleum-Gesellschaft*, die damals zu den führenden deutschen Reedereien zählten. Die Mehrzahl der Dampfer zwischen 5000 und 6000 BRT gehörte neben den schon genannten Reedereien der *Kosmos-Linie* in Hamburg, der *Deutsch-Australischen Dampfschiffahrts-Gesellschaft*, der *Reederei Rob. M. Sloman* und der *Dampfschiffahrts-Gesellschaft „Argo“* in Bremen. Fast alle diese Schiffe waren auf deutschen Werften entstanden.

Daneben behaupteten sich große deutsche Segelschiffe. U. a. entstanden auf der *Tecklenborg-Werft* in Geestemünde die beiden großen Fünfmaster der Reederei *Fr. Laeisz*, „Potosi“ und „Preußen“, auf der *Rickmers-Werft* die schon früher genannte „Herzogin Sophie Charlotte“ (2581 BRT) und die „Herzogin Cecilie“ (3242 BRT), beide Kadettenschulschiffe des *Norddeutschen Lloyd*. Diese großen „Windjammer“ waren wegen ihrer hohen Reisegeschwindigkeiten, die sie bei günstigen Windverhältnissen erreichten (rund 17 Knoten), damals in aller Welt berühmt.

Um die Jahrhundertwende trat der Kampf um den Passagierverkehr über den Atlantik in eine neue Phase. Das bedeutete zugleich den Bau immer größerer und schnellerer, immer bequemerer und komfortablerer Schiffe. Nur so konnte man mit der übermächtigen ausländischen Konkurrenz gleichziehen. Die stärksten Gegner auf diesem Gebiet waren die *Cunard-Linie* und die *White-Star-Linie*. 1884 hatte die *Cunard-Linie* mit der „America“ das Wettrennen eröffnet. Im folgenden Jahr stellte sie zwei weitere Schnelldampfer in Dienst, die eine Höchstgeschwindigkeit von 17,5 Knoten erreichten. Diese Schiffe

wiesen zudem bautechnisch gesehen erhebliche Vorteile gegenüber den deutschen auf. Sie hatten größere und breitere Decks, so daß die Promenade länger und bequemer war. Erst die Anfang der neunziger Jahre in Dienst gestellte „Columbia“ der Hapag, die in England gebaut worden war, konnte ihnen Widerpart bieten. Sie war zudem bereits ein Zweidecker, das Promenadendeck war fest überdacht und den Fahrgästen boten sich damit bessere Bewegungsmöglichkeiten. Die „Columbia“ lief 19 Knoten und gewann ebenfalls das Blaue Band des Nordatlantiks. Die Hamburger Großreederei begegnete ihr mit den beiden Schnelldampfern „Normannia“ und „Fürst Bismarck“, die 1890 bzw. 1891 in Dienst kamen. Von ihnen war die „Fürst Bismarck“ in Deutschland, beim Stettiner *Vulcan,* gebaut worden. Dieser Werft war es damals zu verdanken, daß Deutschland mit England Schritt halten konnte. Der Norddeutsche Lloyd folgte 1901 mit der fast 15 000 BRT großen „Kronprinz Wilhelm“, die 23 Knoten lief, beim Stettiner *Vulcan* gebaut worden war, aber nie als Bewerber um das Blaue Band in Erscheinung trat.

Das 20. Jahrhundert hatte begonnen. Deutschlands Position im Weltschiffbau wurde stärker. Diese günstige Entwicklung hielt an und nahm erst mit dem Bau der mehr als 50 000 BRT großen Schnelldampfer „Imperator“ und „Vaterland“ kurz vor Ausbruch des Ersten Weltkrieges ein Ende.

Allgemeiner Stand um die Jahrhundertwende

Um die Wende vom 19. zum 20. Jahrhundert stand die deutsche Schiffbauindustrie noch in ihren Jugendjahren. Es war für sie vielleicht ein Glück, daß sie von der Hochkonjunktur, die fast sämtliche Zweige der übrigen deutschen Industrie in jenen Jahren erfaßt hatte, nur wenig betroffen wurde. So blieb sie, als es zu einer allgemeinen Krise kam, von ihren Folgen, die eine oftmals bis ins Maßlose gehende Ausdehnung vieler Werke und die unüberlegte Gründung zahlloser Tochterunternehmen mit sich brachten, im wesentlichen verschont. Der Grund war wohl der, daß sich in der Schiffbauindustrie die Erweiterung der Betriebanlagen und der Gewinn neuer Arbeitskräfte nicht so rasch vollziehen konnte wie in anderen Industriezweigen.

Hinzu kam der Mangel an Schiffbauingenieuren und die vorerst noch geringe Leistungsfähigkeit der Zubringer-Industrien. Der Schiffbau kann, ganz allgemein gesehen, seine Tätigkeit nicht einfach und schnell durch die Anschaffung von neuen Maschinen verstärken, vielmehr benötigt er zum Ausbau ganze Jahre. Das wirkte sich in der Hochkonjunktur naturgemäß auf die Lieferfristen aus, denn die Baufähigkeit war einfach nicht so groß, daß die Werften, besonders dem Ausland gegenüber, von heute auf morgen konkurrenzfähig waren. Andererseits hatte das den Vorteil, daß die deutschen Werften auf mehrere Jahre hinaus Beschäftigung hatten, während andere Industriezweige um ihr Dasein kämpfen mußten.

Mehr als die Werften wurden die Schiffahrtsgesellschaften von dem Rückgang der Konjunktur betroffen. Die ausländische Konkurrenz wurde immer größer, das Frachtangebot immer kleiner. An Neubauten war nur wenig zu denken. Man suchte sich, bis wieder bessere Zeiten kamen, durch die Reparatur und Modernisierung schon vorhandener Tonnage zu helfen, um die Zeit eines schlechten Geschäftsganges nach Möglichkeit „ungerupft" zu überstehen. Die Werften zogen daraus ihren Nutzen. Einmal hatten sie noch durch bestehende Neubauverträge gut zu tun, zum anderen häuften sich die Reparaturaufträge. So kam es, daß eine Reihe deutscher Werften zu Anfang des Jahrhunderts so gut beschäftigt war, daß sie sogar dringende Aufträge, die rasch erledigt werden sollten, an das Ausland weitergeben mußten. Das wiederum hatte den Nachteil, daß ausländische Schiffbaubetriebe auch dann noch von deutschen Reedern in Anspruch genommen wurden, als die Aufträge bereits wieder von den meisten deutschen Werften erfüllt werden konnten. Natürlich schaffte das böses Blut. Den Reedern wurde vielfach vorgeworfen, sie schädigten durch die Vergebung von Aufträgen an die ausländische Industrie die deutschen Interessen. Die Forderung der Werftindustrie, daß deutsche Schiffe nur auf deutschen Werften gebaut werden sollten, war an sich verständlich. Andererseits aber profitierte die deutsche Industrie davon, daß ihr auf diese Weise die vielfach fortgeschritteneren Arbeitsmethoden und bautechnischen Einzelheiten des ausländischen Schiffbaues bekannt wurden. Es gibt hierfür aus jener Zeit eine

ganze Reihe von Beispielen, auf die aber hier nicht im einzelnen eingegangen werden kann. Jedenfalls ist die Vollkommenheit manches damaligen deutschen Neubaues nicht zuletzt auf ausländische Vorbilder, zumeits englische, zurückzuführen.

Die deutsche Werftindustrie war um die Jahrhundertwende nicht nur für die deutsche, sondern auch für die ausländische Schiffahrt beschäftigt. Die nachstehende Statistik zeigt dies:

Handelsschiffe	1900 im Bau	1901 im Bau	1903 im Bau
Im Ausland für deutsche Rechnung	145 700 BRT	196 000 BRT	74 500 BRT
Auf deutschen Werften für das Ausland	94 964 BRT	48 800 BRT	26 800 BRT

Eine Belebung des deutschen Schiffbaues hatten die Ende des vorigen Jahrhunderts bereits erwähnten Postdampfer-Subventionsverträge gebracht. Die dafür in Frage kommenden Schiffe mußten danach auf deutschen Werften gebaut werden. Der Norddeutsche Lloyd ließ vier Schiffe und die Deutsche Ostafrika-Linie sogar neun Schiffe bauen. Die vorzügliche Eignung und Leistungsfähigkeit dieser Neubauten hat später nicht wenig zu einer ständigen Verbindung zwischen den betroffenen Werften und Reedereien geführt.

Trotz dieser Belebung war die Neubautätigkeit der deutschen Werften zu Beginn dieses Jahrhunderts nicht besonders rege. Das traf allerdings in erster Linie für Dampfer-Neubauten zu, während der Segelschiffbau weniger davon betroffen wurde, obwohl die Verwendung von Segelschiffen gegenüber der von Dampfern ganz allgemein erheblich zurückgegangen war. Immerhin wurden im Jahre 1900 auf deutschen Werften für in- und ausländische Rechnung 33 600 BRT Segelschifftonnage und 1903 sogar 56 500 BRT gebaut.

Während um die Jahrhundertwende zeitweilig der Bau großer Seeschiffe rückläufig war, erlebte der von kleineren Fahrzeugen wie z. B. Schleppern und Leichtern, einen Aufschwung. Der Grund dafür war, daß sich die Wechselbeziehungen zwischen See- und Binnenschiffahrt stark belebt hatten. Der Güterumschlag sollte nicht nur vereinfacht, sondern auch verbilligt werden. Auf diese Weise kam es bei verschiedenen großen Ree-

dereien, wie z. B. der *Hamburg-Amerika-Linie* und der Dampfschiffahrtsgesellschaft *Neptun* in Bremen, sogar zur Einrichtung eines direkten Rhein-See-Verkehrs. Wenn diese Art Neubauten auch für die Gesamtlage der Werftindustrie keine ausschlaggebende Bedeutung hatten, so machten sie sich doch bemerkbar. Besonders die Werften von *Rickmers-Reismühlen* in Geestemünde, die *Schiffswerft und Maschinenfabrik vormals Janssen & Schmielinsky* sowie die *Werft Jos. L. Meyer* in Papenburg waren die Hauptbeteiligten.

Auch die deutsche Seefischerei erlebte um diese Zeit einen Aufschwung. Von ihm profitierten eine ganze Reihe von Werften, besonders die *Seebeck-Werft* und die *Tecklenborg-Werft,* die sich beide durch die Vollkommenheit ihrer Bauten für die Zukunft ein gewinnbringendes Absatzgebiet bei den Seefischereireedereien schaffen konnten. Auch die schon oben genannte Werft von *Jos. L. Meyer* in Papenburg erweiterte durch den Neubau guter Fischlogger ihren Kundenkreis.

Einen gewissen Ausgleich für die sonst allgemein ungünstige Wirtschaftslage brachten die Aufträge an Kriegsschiffen, die im Zusammenhang mit dem 1900 erlassenen Flottengesetz von der Marine erteilt wurden. Sie kamen zu einem Zeitpunkt, als der letzte Kriegsschiffneubau für eine fremde Seemacht die deutschen Werften verließ. Besonders Rußland und Japan hatten bis dahin zahlreiche ihrer Kriegsschiffe auf deutschen Werften bauen lassen. Umgekehrt waren deutsche Kriegsschiffe bis zum Ende des vorigen Jahrhunderts noch vielfach im Ausland, in erster Linie in England, gebaut worden.

Ab 1903 wurde neben den marineeigenen Werften in Kiel und Wilhelmshaven eine Reihe deutscher Privatwerften zum Bau neuer Kriegsschiffe für die Kaiserliche Marine herangezogen. Hier seien u. a. genannt: *Schichau* in Danzig und Elbing, *Blohm & Voss* in Hamburg, die *Weserwerft* in Bremen, der *Stettiner Vulcan* und die *Germania-Werft* in Kiel.

Zu diesem Zeitpunkt kündigte sich eine allgemeine Besserung der Lage an. Sie wurde begünstigt durch die Bemühungen zahlreicher Werften, ihre technischen Betriebe weiter auszubauen und zu vervollkommnen. An die Stelle von Holz trat jetzt, wie schon im Schiffbau, bei dem Bau von Hellingen das Eisen.

Die Zeit des reinen Handwerksbetriebs war vorbei. An seinen Platz rückten die modernen Maschinen und die Laufkräne, die elektrisch bedient wurden. Der *Stettiner Vulcan* hatte bald neben einer großen elektrischen Zentrale für den Betrieb von Kraft- und Lichtanlagen auch mechanische Laufkräne bei den Hellingen und einen großen Schwimmkran.

Die *Weserwerft*, die *Flensburger Schiffbaugesellschaft* und der *Bremer Vulkan* schufen neue und moderne Werftanlagen.

Die *Howaldtswerke* und die *Seebeck-Werft*, die *Neptun-Werft* und die Werft *Tecklenborg* modernisierten und erweiterten ihre *Betriebsanlagen. Auch die damaligen Kaiserlichen Werften zogen nach.* Bei einer Reihe von Werften entstanden neue werfteigene Stahl- und Eisenwerke. Wenn dadurch auch die Ausgaben der Werften erheblich stiegen, so machten sich diese Investitonen doch bald bezahlt. Man war z. B. nicht mehr so stark wie früher auf die Einfuhr teuerer Schiffbaumaterialien angewiesen, da man jetzt im eigenen Land produzieren konnte. Zwischen 1898 und 1900 stieg der Prozentsatz des Verbrauches an deutschem Schiffsmaterial um fast 17 Prozent.

Auch in der Personallage wurde die Belebung deutlich. Wenn sich die deutschen Werften bis zur Jahrhundertwende mit ihren Sorgen um die Beschaffung des notwendigen Fachpersonals belastet sahen, so wurde das in den nächsten Jahren rasch besser. Ungeübte Arbeitskräfte hatte es schon 1901 ausreichend gegeben. Mit den nächsten Jahren besserte sich auch hier die Situation. Gelernte Arbeiter fanden jetzt – infolge der schlechten Konjunktur bei anderen Industrien – Arbeitsmöglichkeiten im Schiffbau. Als es 1901/02 zu einer Krise in der Industrie und im Bauhandwerk kam, hatten die Werften ausreichend Beschäftigung, wenn auch nicht im Bau neuer Schiffe, so doch mit der Reparatur schon vorhandener Einheiten.

Die Rentabilität der einzelnen Werften war allerdings sehr verschieden. Am günstigsten schnitten die großen Werften ab, da sie billiger produzieren konnten. Bei den vielen kleinen Werften war das anders. Sie hatten zumeist mit weniger zahlungskräftigen Kunden zu tun als die großen Betriebe, die in erster Linie von den Reedereien beim Bau ihrer neuen großen Schiffe und auch von der Kriegsmarine in Anspruch genommen

wurden. Sie hatten sich zudem, wollten sie einigermaßen konkurrenzfähig bleiben, teilweise finanziell stark belasten müssen. Hinzu kam, daß auch die kleinen Reedereien mit Neubauaufträgen zurückhalten mußten. Ganz allgemein gesehen hatte sich die Tendenz zum Großbetrieb erheblich verstärkt. Er konnte, der Menge wegen, seine Baumaterialien billiger beziehen, und er konnte auch wegen seiner technischen Einrichtungen günstiger produzieren. Trotzdem haben sich eine Reihe kleiner Werften, wenn auch mit schweren Opfern, ihre Selbständigkeit bewahren können und sind in den nächsten Jahren dank günstiger Konjunktur zu neuer Blüte emporgestiegen. Abschließend noch eine statistische Übersicht über den Stand des deutschen Schiffbaues im Jahre 1903:

Im Jahre 1903 wurden auf deutschen Werften gebaut

Gebietsteile	Seeschiffe	Flußschiffe	Spezialschiffe	Kriegsschiffe
An der Nordsee	66	12	80	2
An der Ostsee	46	17	39	10
Im Binnenland	–	85	20	–
Im gesamten Reich	112	114	139	12

Es befanden sich noch im Bau:

Gebietsteil	Seeschiffe	Flußschiffe	Spezialschiffe	Kriegsschiffe
An der Nordsee	45	22	31	3
An der Ostsee	24	5	17	13
Im Binnenland	–	24	9	–
Im gesamten Reich	69	51	57	16

(In den obigen Zahlen sind nur die Seeschiffe über 100 Registertonnen enthalten, auch sind Dampfschiff- und Segelschiff-Neubauten zusammengefaßt.)

DEUTSCHER SCHIFFBAU VOR DEM 1. WELTKRIEG

Trotz Krise weiter vorwärts

Wie im vorhergehenden Kapitel geschildert, hatten sich die deutschen Werften trotz des allgemeinen Rückganges der Konjunktur verhältnismäßig gut gehalten. Sie hatten zwar teilweise erhebliche Einschränkungen in ihrer Tätigkeit vornehmen müssen, vor Schlimmerem aber war die Schiffbauindustrie verschont geblieben. Während z. B. die englischen Werften zum großen Teil hart zu kämpfen hatten, waren die deutschen in den Krisenjahren von 1900 bis 1908 immer noch durch die Erledigung schon vorhandener Aufträge ausgelastet. Allerdings war die Neigung zu Neubauaufträgen recht gering, aber Reparaturen und andere notwendige Maßnahmen schafften einigermaßen Ersatz. Trotzdem gähnte auf vielen Hellingen eine erschreckende Leere. Um Betriebsstillegungen zu vermeiden, ging eine Reihe von Werften sogar dazu über, Schiffe auf eigene Rechnung zu bauen, in der Hoffnung, daß sie diese bei einer Besserung der Wirtschaftslage verkaufen könnten. Die Verhältnisse bei den einzelnen Werften waren sehr verschieden. Am besten war die Situation noch bei den großen Schiffbaubetrieben, aber auch die mittleren und die kleineren Werften konnten sich durch den Bau von Küstenschiffen und Spezialfahrzeugen eine lohnende Beschäftigung sichern.

Zahlenmäßig sah die Lage in den Jahren 1906/07 bei den größeren Werften wie folgt aus:

Die *Howaldtswerke* in Kiel hatten in diesem Zeitraum 43 Schiffe fertiggestellt. Im Bau waren Ende 1907 noch 21 Schiffe.

Bei der *Flensburger Schiffbau-Gesellschaft* waren 23 Schiffe gebaut worden. Auf den Hellingen lagen 1907 noch 5 Schiffe.

Die Werft *Janssen & Schmielinsky* in Hamburg hatte 25, allerdings durchweg kleine Einheiten, abgeliefert. Acht Schiffe mit einer Gesamttonnage von etwa 900 BRT waren Ende 1907 noch im Bau.

Beim *Bremer Vulkan* waren 20 Schiffe von zusammen rd. 70 000 BRT gebaut worden, während 13 noch im Bau waren.

Die *Nordseewerke* in Emden und die Werften *Henry Koch* in Lübeck und die *Stettiner Oderwerke* hatten 1906/07 ausschließlich kleinere Schiffe gebaut und waren auch für die nächsten Jahre noch gut beschäftigt.

Dagegen hatten der *Stettiner Vulcan* mit 12 Einheiten von insgesamt etwa 83 000 BRT und die Werft *Fr. Schichau* in Danzig mit sechs Schiffen von rd. 24 000 BRT zumeist Aufträge auf größere Einheiten erfüllt. Das Gleiche traf für *Blohm & Voss* mit zehn Schiffen von zusammen 50 000 BRT zu. Alle drei Werften hatten auch Ende 1907 noch gute Aufträge zu erfüllen.

Schiffe in der Größe von durchschnittlich 2000 bis 4000 BRT wurden von der *Reiherstieg-Werft* in Hamburg, der *Tecklenborg-Werft* in Geestemünde, der *Rickmers-Werft* in Bremerhaven, der *Neptun-Werft* in Rostock, der *AG Weser* in Bremen und der *Germania-Werft* in Kiel gebaut.

Man muß allerdings berücksichtigen, daß die Auftragslage bei einigen Werften durch die Vergabe von Kriegsschiffbauten günstig war.

Auch noch um die Mitte des ersten Jahrzehntes dieses Jahrhunderts haben deutsche Reedereien Aufträge ins Ausland vergeben, und zwar sowohl Dampf- als auch Segelschiffe. Die Mehrzahl betraf Einheiten in der Größe von 3000–4000 BRT, vorwiegend Frachtdampfer der damals üblichen Größe. Hauptlieferant war England, in zweiter Linie Belgien. Insgesamt handelte es sich bei diesen Lieferungen um 76 Dampfschiffe mit einer Gesamttonnage von 162 000 BRT und 145 Segelschiffe mit 38 500 BRT.

Dagegen waren auf deutschen Werften für fremde Rechnung nur 94 Dampfer mit insgesamt rund 23 000 BRT und 47 Segelschiffe mit etwa 10 000 BRT im Bau. Unter den letzteren befand sich auch ein Segelschulschiff für Belgien.

Die gesamte Produktion der deutschen Werften in den Jahren 1906 und 1907 zeigt die nachstehende Statistik:

	1906		1907	
Dampfer	367	338 005 BRT	435	311 103 BRT
Segler	390	52 986 BRT	516	57 337 BRT

Diese Zahlen zeigen einmal, daß der Bau von Seeschiffen 1907 gegenüber dem Vorjahr etwas zurückgegangen war, zum anderen, daß die Einzeltonnage kleiner geworden war.

In die Jahre von 1898 und 1907 fällt auch die Gründung einer Reihe neuer Werften: *Schlichting Werft*, Travemünde – *Pohl & Jozwiak*, Hamburg – *Atlaswerke*, Bremen – *Rheinstahl-Nordsee-Werke*, Emden – *Schiffbau-Gesellschaft Unterweser*, Bremerhaven – *Nobiskrug Werft*, Rendsburg – *Norderwerft Köser & Meyer*, Hamburg – *Abeking & Rasmussen*, Lehmwerder – *Howaldtswerke-Hamburg*, *Arminiuswerfst*, Bodenwerder – *Arthur Poew*, Hamburg. Von einigen von ihnen liegen nähere Angaben über ihre geschichtliche Entwicklung vor.

Die *Rheinstahl-Nordseewerke* in Emden wurden 1903 gegründet. Unter dem Namen „Nordseewerke Emder Werft- und Dock-AG“ baute das von rheinisch-westfälischen Industriellen ins Leben gerufene Unternehmen zunächst Kanalschiffe, bald aber auch seegängige Dampfer bis 2500 Tonnen Tragfähigkeit, außerdem Schwimmdocks. Von Anfang an gehörten zum Geschäft zahlreiche Schiffsreparaturen. Zur Großwerft wuchsen die *Nordseewerke* nach ihrer Übernahme durch den Montan-Konzern Deutsch-Luxemburgische Bergwerks- und Hütten-AG. Die Erweiterung der Anlage ging gleichzeitig mit dem Ausbau des Emdener Hafens und dem Bau der großen Seeschleuse im Jahre 1911 vor sich. Bereits 1914 verließ ein für die damalige Zeit beachtlicher Tanker von 14 000 tdw die Werft. Nach dem Ersten Weltkrieg wurden zunächst wieder kleinere Einheiten – Kanalschiffe von 1000 tdw und Seeschiffe bis 6500 tdw – gebaut. Durch die Zusammenschlüsse in der deutschen Montanindustrie in der zweiten Hälfte der zwanziger Jahre ging die Werft an die Vereinigten Stahlwerke AG, Düsseldorf, über. Nach dem Zweiten Weltkrieg wurde sie im

Zuge der Stahlverein-Entflechtung eine Tochter der Rheinischen Stahlwerke in Essen. Mit der Beseitigung der erheblichen Kriegsschäden setzte 1949 eine großzügige Modernisierung der Werft ein. Die weitere Bautätigkeit der *Rheinstahl Nordseewerke* für den deutschen Schiffbau wird in einem der späteren Kapitel geschildert werden.

Die Werft *Nobiskrug* in Rendsburg wurde im Jahre 1905 als „Werft Nobiskrug, van Wienen & Stork OHG", gegründet. Bis 1914 wurden ca. 70 kleinere Schiffe gebaut, und zwar Leichter und flachgebaute Fahrzeuge für Übersee. Im Ersten Weltkrieg war die Werft auch für die Kriegsmarine durch den Bau von Hilfsfahrzeugen beschäftigt. In den Jahren zwischen 1920 und 1939 wurden Seeschiffe bis zu einer Tragfähigkeit von 1900 tdw, Küstenmotorschiffe und Fischdampfer erstellt. Heute baut die Werft Seeschiffe bis zu 14 000 tdw, Frachter für die Westindien- und Mittelmeerfahrt, sowie mittlere Küstenmotorschiffe. Ein besonders bemerkenswerter Neubau der Werft ist das Schulschiff „Deutschland" der heutigen Bundesmarine.

Die Werft *Abeking & Rasmussen* in Lehmwerder wurde 1907 gegründet. Sie befaßte sich besonders mit dem Bau von Booten und Kleinschiffen wie Segeljachten und Motorjachten. Daneben wurden Fischereifahrzeuge, kleine Fahrgastschiffe, Schlepper und Fähren gebaut. Die Werft ist auch bekannt durch den Bau von Küstenwachbooten für die heutige Bundesmarine.

Die Werft von *Blohm & Voss* in Hamburg, gegründet 1877, ist seit Beginn dieses Jahrhunderts als eine der führenden Groß-Schiffwerften der Welt bekannt. Auf ihr entstand im April 1913 das damals größte Passagierschiff der Welt, die 54 282 BRT große „Vaterland", das zweite Schiff einer Serie von Giganten, die kurz vorher mit der etwas kleineren „Imperator" begann und mit der „Bismarck" endete. Die letztere allerdings wurde vor dem Ersten Weltkrieg nicht mehr fertiggestellt. *Blohm & Voss* sind ferner Erbauer einer Reihe großer Fahrgastschiffe für die Hamburg-Südamerikanische Dampfschifffahrtsgesellschaft, die alle mit „Cap" benannt wurden. Genannt seien hier die „Cap Trafalgar", die als Hilfskreuzer im

Kriege unterging, und die „Cap Arcona“, die 27 500 BRT groß war und 1927 in Dienst gestellt wurde. 1930 folgte die „Europa“ des Norddeutschen Lloyd.

Erwähnt sei noch in diesem Zusammenhang der *Stettiner Vulcan*, der 1907/09 in Hamburg neue große Werftanlagen errichtete und auf dessen Hellingen vor dem Ersten Weltkrieg nicht nur große Handelsschiffe, sondern auch mehrere der modernsten Linienschiffe der damaligen Kaiserlichen Marine entstanden.

Im Vorhergehenden war bereits darauf hingewiesen worden, welche große Bedeutung die Vergabe von Kriegsschiff-Neubauten für die deutsche Werftindustrie in den krisenreichen Jahren um die Jahrhundertwende gehabt hat. Im nächsten Kapitel soll auf diese Tätigkeit näher eingegangen werden.

Kriegsschiffbau auf deutschen Werften

Der Bau von Kriegsschiffen auf deutschen Werften ist, von wenigen Ausnahmen abgesehen, nur knapp hundert Jahre alt. Allerdings waren auch schon vorher in Deutschland Schiffe gebaut worden, denen man unter erheblichen Einschränkungen eine solche Bezeichnung zubilligen konnte. Aber tatsächlich waren dies – nehmen wir nur die Kriegskoggen der Deutschen Hanse oder die Schiffe der kurbrandenburgischen Flotte – nur „bewaffnete“ Handelsschiffe. Kriegsschiffe im echten Sinne des Wortes sind überhaupt erst in den großen Seekriegen des 17. Jahrhunderts entstanden. Und sie gehörten ausschließlich den Flotten der damaligen großen Seemächte an.

Im Jahre 1816 machte Preußen die ersten Versuche zur Schaffung einer Kriegsmarine. Da es zu dieser Zeit in Deutschland noch keinen Fachmann gab, der sich auf den Bau von Kriegsschiffen verstand, übernahm die preußische Regierung aus schwedischen Diensten den damaligen Marineleutnant Longé, auf dessen Vorschlag mehrere schnellsegelnde Kriegsschuner gebaut werden sollten. Tatsächlich kam es aus finanziellen Gründen aber nur zum Bau eines einzigen solchen Schuners, der im Jahre 1816 als erstes preußisches Kriegsschiff vom Stapel lief und in der Taufe den Namen „Stralsund“ erhielt. Er wurde auf der Werft von *J. J. Meyer in Stralsund*

gebaut und war ein Rahschuner von ca. 250 Tonnen, der 13 Knoten lief und sehr seefest war. Zwischen 1823 und 1825 folgten noch vier sogenannte Kanonenschaluppen, die auf den Werften von *Klawitter* in Danzig und von *J. J. Meyer* gebaut wurden: kleine Fahrzeuge, die mit Rudern und Segeln fortbewegt werden mußten.

Der erste eigentliche Kriegsschiffbau war die Segelkorvette „Amazone", die 1843 in Stettin auf der *Carmesins-Werft* vom Stapel lief und 390 Tonnen verdrängte. Sie war als Vollschiff getakelt und ein verhältnismäßig schneller Segler, aber ein wenig gemütliches Schiff, da sie sehr rank und für ihre Größe übertakelt war. Das Schiff ist im Jahre 1861 mit Mann und Maus in einem heftigen Sturm an der holländischen Küste gesunken.

Zwischen 1841 und 1849 wurde noch eine Reihe von Kanonenschaluppen und Kanonenjollen der schon beschriebenen Art gebaut. Die Aufträge fielen an Privatwerften, unter denen *Klawitter* in Danzig, *Schüler* in Stettin-Grabow, *Wöhlert* in Berlin und die *Conradische Werft* in Kiel zu nenen sind.

Im Jahre 1851 wurde in Danzig auf einem vom Fiskus erworbenen Bauplatz unter Leitung von *Klawitter* der Kiel zu der Radkorvette „Danzig" gestreckt. Konstrukteur war der Engländer *Russel*. Die Maschine wurde aus England bezogen. Die „Danzig" war das erste größere Kriegsschiff, das in Deutschland gebaut wurde. Sie hatte eine Größe von 1200 Tonnen und eine Geschwindigkeit von 11 Knoten. Die Geschützbewaffnung mußte ebenfalls von England geliefert werden, wo auch die Kanonen eingeschossen wurden. In Preußen gab es hierzu noch keine Möglichkeit und auch nicht die notwendigen Erfahrungen.

Bis in die siebziger Jahre des vorigen Jahrhunderts hinein wurden die meisten Schiffe der Preußischen und auch der Norddeutschen Marine im Ausland gebaut. Eine Ausnahme bildeten neben den hölzernen Dampfkanonenbooten, die zwischen 1859 und 1865 auf kleinen privaten Ostseewerften und in handwerklicher Bauweise erstanden die Korvetten „Arcona", „Gazelle", „Vineta" und „Hertha", die sämtlich auf der *Königlichen Werft* in Danzig gebaut wurden, sowie die Avisos

„Nymphe“ und „Medusa“ und der Radaviso „Loreley“ der gleichen Bauwerft. Die erstgenannten Korvetten waren für damalige Zeiten immerhin schon ganz beachtliche Schiffe. Sie waren zwischen 2400 und 2500 Tonnen groß, hatten eine Länge von 70–80 Metern und eine Breite von 13 Metern und neben der Maschinenanlage Vollschifftakelage.

Die ersten Panzerschiffe der Preußischen Marine, das Panzerfahrzeug „Arminius“ und die Panzerfregatten „Kronprinz“, „Prinz Adalbert“, „Friedrich Carl“ und „König Wilhelm“, wurden sämtlich auf englischen und französischen Werften gebaut. Der erste deutsche Bau dieser Art war die zwar noch hölzerne, aber durch Panzerplatten geschützte Panzerkorvette „Hansa“, die von 1868–75 auf der *Königlichen Werft* in Danzig erstand. Die Antriebsanlage lieferte der *Stettiner Vulcan*. Die „Hansa“ war das erste deutsche Kriegsschiff, das nach von deutschen Schiffbauingenieuren entworfenen Plänen gebaut wurde.

Erst Ende der siebziger Jahre war man in Deutschland so weit, daß man auf die Hilfe ausländischer Werften und Fachleute verzichten konnte. Die ersten deutschen Werften, die zum Kriegsschiffbau herangezogen wurden, waren der *Stettiner Vulcan*, die *AG Weser*, die *Germania-Werft*, *Blohm & Voss*, die *Howaldtswerke* und *Schichau-Danzig*.

Daneben waren führend die inzwischen entstandenen zunächst *„Königlichen“*, dann *„Kaiserlichen“ Marinewerften* in Danzig, Kiel und Wilhelmshaven. Der bis 1856 in der Preußischen Admiralität für den Schiffbau verantwortliche schwedische Premierleutnant *Gjerling* trat 1856 aus gesundheitlichen Gründen von seinem Amt zurück und wurde zunächst durch den Schiffbaumeister *Elbertzhagen*, 1872 durch den Geheimen Admiralitätsrat *Koch* und 1880 durch den Geheimen Admiralitätsrat *Dietrich* ersetzt.

Bis zum Jahre 1870 konnte allein die *Marinewerft Danzig* Kriegsschiffe bauen. In diesem Jahr erhielt als erste Privatwerft der *Stettiner Vulcan* den Auftrag zum Bau eines Panzerschiffes von 7718 Tonnen. Das Schiff wurde auf den Namen „Preußen“ getauft. Zur gleichen Zeit lagen auf den Kaiserlichen Werften in Kiel und Wilhelmshaven zwei Schwester-

schiffe, die „Friedrich der Große“ und die „Großer Kurfürst“.

Obwohl mit der Auftraggebung für die „Preußen“ an den *Stettiner Vulcan* an sich der Bann gebrochen schien, wurden weitere Privatwerften nur allmählich am Bau von Kriegsschiffen beteiligt. Von 1872–1890 erhielten die Werften *Blohm & Voss*, die *Reiherstieg-Werft*, die *Schichau Werft* und die *Germania Werft* Marineaufträge. So baute der Vulcan außerdem die Panzerschiffe „Sachsen“ (1878), „Württemberg“ (1881) und „Oldenburg“ (1886), die *Germania-Werft* 1888 das Küstenpanzerschiff „Siegfried“. *Blohm & Voss* erhielt etwas später Aufträge zum Bau von Kreuzern, ebenso die *AG Weser*. Die *Fr. Schichau-Werft* war von den achtziger Jahren an führend im Bau von Torpedobooten.

An ausländische Werften wurden nur noch in wenigen Ausnahmefällen Aufträge vergeben. Die letzten waren die Panzerfregatten „Kaiser“ und „Deutschland“, die 1875 bei *Samuda Brothers* in London gebaut wurden.

Seit 1890 hatte sich die Kaiserliche Admiralität beim Bau der neuen deutschen Kriegsschiffe mehr und mehr von ausländischen Vorbildern zu lösen begonnen und einen neuen, rein deutschen Baustil entworfen. Naturgemäß stiegen damit die Anforderungen an die deutschen Werften, die sich diesen Anforderungen anpaßten. In Berlin und Bremerhaven waren z. B. besondere Schleppversuchsanstalten entstanden, in denen an Modellen die günstigste Formgebung der Schiffsrümpfe ermittelt wurde. Daneben richteten mehrere Hochschulen besondere Lehrstühle für Schiffbau ein.

Im Ausland hatte die deutsche Werftindustrie für den Bau von Kriegsschiffen einen so guten Ruf erlangt, daß schon 1878 die *Howaldtswerke* einen Auftrag für ein Marinefahrzeug von der südamerikanischen Republik Peru erhielten. Wenige Jahre später folgten der *Stettiner Vulcan* und die *Howaldtswerke* mit Aufträgen aus China.

Zu Ausgang des 19. Jahrhunderts wurden dann die Privatwerften mehr und mehr zum Bau von Kriegsschiffen herangezogen. Ausschlaggebend dafür war wohl, daß mit dem Flottengesetz vom Juni 1900 eine sehr erhebliche Verstärkung der Flotte eingeleitet wurde. Dies traf für alle Schiffsgattungen zu.

16. Auf der Werft von *Blohm & Voss* um 1890.

17. Das Gelände der *Deutschen Werft AG* in Hamburg-Finkenwerder in den dreißiger Jahren. Nach dem Zusammenschluß mit der *Howaldtswerke Hamburg AG* und der *Kieler Howaldtswerke AG* gehört sie unter dem Namen *Howaldtswerke – Deutsche Werft Aktiengesellschaft Hamburg und Kiel* heute zum größten deutschen Unternehmen auf dem Gebiete des Schiffbaus und damit zugleich zu einer der leistungsfähigsten Werften der Welt.

Die nachfolgende Zusammenfassung zeigt, wie stark neben den Kaiserlichen Werften auch Privatwerften in den Jahren von 1896 bis 1903 am Bau neuer Kriegsschiffe beteiligt waren:

Linienschiffe:	*Kaiserliche Werften*	(4)
	Germania-Werft	(5)
	Blohm & Voss	(1)
	Schichau-Danzig	(4)
	Vulcan-Stettin	(2)
Küstenpanzerschiffe:	*Kaiserliche Werften*	(5)
	AG Weser	(2)
	Germania-Werft	(1)
Panzerkreuzer:	*Kaiserliche Werften*	(3)
	Blohm & Voss	(1)
Kanonenboote:	*Kaiserliche Werften*	(4)
	Blohm & Voss	(1)
	AG Weser	(5)
	Germania-Werft	(3)
	Howaldt-Kiel	(1)
Kleine Kreuzer:	*Schichau-Elbing*	(1)
	Schichau-Danzig	(2)
	Vulcan-Stettin	(1)
	Blohm & Voss	(1)
	Kaiserliche Werften	(7)

Die Torpedoboote wurden in den Jahren von 1887 bis 1904 ausschließlich bei der Schichau-Werft gebaut. Im Jahre 1897 wurde auch die *Germania-Werft* mit neun Booten hinzugezogen.

Zum Bau von Unterseebooten entschloß sich die deutsche Marine im Gegensatz zu ausländischen Kriegsmarinen erst im Jahre 1904. Nachdem die damalige Kaiserlich-Russische Marine bei der *Germania-Werft* einige U-Boote bestellt hatte, wurden dort auch deutscherseits mehrere Einheiten in Bau gegeben. Am Bau von Schulschiffen waren neben der *Kaiserlichen Werft* in Danzig noch der *Stettiner Vulcan,* die *AG Weser* und die Werft *Jos. L. Meyer* in Papenburg beteiligt.

Die Kaiserlichen Jachten, die den Namen „Hohenzollern" trugen, waren beim *Stettiner Vulcan* gebaut worden.

Bis etwa zum Jahre 1906 hatte sich die Kaiserliche Marine in der Größe der neugebauten Schiffe sowohl aus finanziellen als besonders auch aus technischen Gründen, die durch die Aufnahmefähigkeit der Hafen- und Dockanlagen bedingt waren, auf das Äußerste beschränkt. So verdrängten z. B. die Linienschiffe der von 1904–1906 gebauten „Deutschland“-Klasse, an deren Bau auch die *Germania-Werft*, *Schichau* und der *Stettiner Vulcan* beteiligt waren, nur 13 200 Tonnen. Das änderte sich für die Linienschiffe und die Großen Kreuzer mit dem Übergang der englischen Marine zum *Dreadnought*-Bau. Die Marine sah sich nunmehr zum Bau von gepanzerten Schiffen über 13 000 Tonnen gezwungen. Auch die Torpedoboote mußten ausländischen Vorbildern in ihrer Größe angeglichen werden. Das Gleiche traf für die technische Ausrüstung zu. Die Expansionsmaschinen wurden durch Dampfturbinen ersetzt. Im Jahre 1908 wurde die Ölzusatzfeuerung eingeführt. Die Unterseeboote wurden mit Dieselmotoren ausgestattet. An die Werftindustrie stellten diese Neuerungen erhebliche Anforderungen. Es können hier nicht im Einzelnen alle Werften aufgeführt werden, die neben den Kaiserlichen Werften am Bau der bis zum Ersten Weltkrieg in Dienst gestellten Einheiten der Kriegsmarine beteiligt waren. Wir müssen uns daher mit der summarischen Aufzählung dieser Werften begnügen. Beteiligt waren am Bau von

Linienschiffen:	*Germania-Werft*, *Howaldtswerke* Kiel, *Schichau*-Danzig, *Vulcan*-Hamburg, *AG Weser*-Bremen, *Blohm & Voss*-Hamburg;
Küstenpanzern:	*AG Weser* und *Germania*-Kiel;
Panzerkreuzern:	*Schichau*-Danzig, *Blohm & Voss*, *AG Weser;*
Kleinen Kreuzern:	*Vulcan*-Stettin, *AG Weser*, *Germania*-Kiel, *Howaldt*-Kiel, *Schichau*-Danzig, *Blohm & Voss*, *Tecklenborg*-Geestemünde;
Torpedobooten:	*Schichau*-Elbing, *Germania*-Kiel, *Vulcan*-Stettin;

Schulschiffen: *AG Weser*, *Vulcan*-Stettin, *Germania*-Kiel, *Jos. L. Meyer*-Papenburg, *Seebeck-Werft*;
Spezialschiffen: *AG Weser*, *Howaldt*-Kiel.

Von 1908 bis zum Ausbruch des Ersten Weltkrieges vollzog sich die Entwicklung im Kriegsschiffbau in einem geradezu rasanten Tempo. Die Größe verschiedener Schiffstypen wie z. B. der Großkampfschiffe, der Panzer- oder Schlachtkreuzer und auch der Torpedoboote und Zerstörer verdoppelte sich. Die Geschwindigkeiten erhöhten sich wesentlich. Die Armierung wurde stärker und zahlreicher.

Die Schlachtschiffe (Linienschiffe) der zwischen 1909 und 1914 in Dienst gestellten „Helgoland"-, „Kaiser"- und „Markgraf"-Klasse waren bereits zwischen 22 800 und 25 800 ts groß. Ihre Geschwindigkeit lag über 21 Knoten. Gegenüber ihren Vorgängern aus den Jahren um die Jahrhundertwende, die noch 11 000–12 000 ts verdrängten und knapp 18 Knoten liefen, waren sie wahre Giganten.

Das Gleiche traf für die Schlachtkreuzer (Panzerkreuzer) zu. So verdrängte der 1900 in Dienst gestellte Panzerkreuzer „Prinz Heinrich" knapp 9000 ts. Dagegen hatten die 1913 vom Stapel gelaufenen „Seydlitz" und „Lützow" ein Deplacement von 26 600 ts und eine Geschwindigkeit von nahezu 30 Knoten. Bei den Kleinen Kreuzern waren die Größenunterschiede nicht so markant. Immerhin hatten die um 1900 gebauten Kreuzer eine Größe von etwa 3000 ts, die letzten Vorkriegsbauten eine solche von 4900 ts. Auch war hier die Geschwindigkeit bis zu 29 Knoten gegenüber knapp 23 Knoten gestiegen. Die letzten 1912/1913 bei *Schichau*, dem *Vulcan* und der *Germania* vom Stapel gelaufenen Torpedoboote und Zerstörer verdrängten zwischen 550 und 650 ts und erreichten schon Geschwindigkeiten bis zu 32,5 Knoten.

Zu den früher in diesem Zusammenhang genannten Werften waren bis 1914 keine weiteren getreten, weil der Bau von Kriegsschiffen nicht nur entsprechende technische Anlagen und Einrichtungen, sondern auch weitgehende Erfahrungen voraussetzen. Der Erste Weltkrieg stellte sowohl das Reichsmarineamt als auch die Werften vor neue erhebliche Aufgaben. Die

volle Werftkapazität mußte für Zwecke der Kriegsmarine eingesetzt werden. Eine größere Zahl von kleineren Werften wurde zur Deckung des Bedarfs an kleinen Kampfschiffen wie Minensuchern, Vorpostenbooten, U-Bootjägern und Schnellbooten herangezogen. Andere Werften waren für den Umbau von geeigneten Handelsschiffen zu Hilfskreuzern aufgerufen. Bereits im Bau befindliche Kriegsschiffe mußten beschleunigt fertiggestellt werden. An Neubauten, die noch nicht auf den Hellingen lagen, war kaum zu denken. Insgesamt wurden im Laufe der Kriegsjahre nur fünf Schlachtschiffe und drei Schlachtkreuzer neu in Dienst gestellt. Dagegen wurde der Bau von Unterseebooten stark forciert. Mit Kriegsende hörte der Kriegsschiffbau schlagartig auf. Die Danziger Werften gingen verloren. Die Kaiserliche Werft in Kiel wurde in eine Privatwerft umgewandelt. Die Kaiserliche Werft in Wilhelmshaven wurde stark verkleinert. Sie diente nach 1920 vorerst nur noch zur Reparatur und Modernisierung der wenigen Deutschland im Versailler Vertrag zugestandenen Kriegsschiffe. Erst in den zwanziger Jahren kam es wieder zu einer Neubautätigkeit, die dann mit den Jahren zunahm und an der nach 1930 auch wieder Privatwerften beteiligt waren.

Deutsche Passagierdampfer werden Weltklasse

Die Anfänge einer regelrechten Passagierschiffahrt über die Ozeane gehen bis in die vierziger Jahre des vorigen Jahrhunderts zurück. Führend waren zunächst die Engländer und Amerikaner. Im Jahre 1840 gründete *Samuel Cunard* die nach ihm benannte Schiffahrtsgesellschaft, die besonders im Amerika-Verkehr bis heute Weltruf genießt. Die Schiffe der *Cunard-Linie* waren anfangs Raddampfer, die im Durchschnitt 15 Tage für die Reise von London nach New York benötigten. Der erste dieser Cunarddampfer war die „Britannia“, ein Schiff von 1154 BRT, das etwas über 10 Knoten lief und 125 Passagiere neben Fracht und Post befördern konnte. Der „Britannia“ folgten bald weitere Dampfer. Die deutschen Reedereien versuchten rasch nachzuziehen. Auch sie wählten für ihre ersten Fahrgastreisen die Route Europa-Amerika, weil diese Strecke bis heute die wichtigste aller Überseestrecken geblieben ist. Auf

ihr wurden auch zuerst alle Neuerungen erprobt. Ehe es jedoch zur Gründung einer deutschen Dampfschiffreederei kam, wurde in New York die *Ocean Steam Navigation Company* gegründet, die sich 1847 in den Amerikadienst einschaltete. Ihre Dampfer „Washington“ und „Herman“ waren schon erheblich größer als die ersten Cunarder. Sie konnten bereits 182 Fahrgäste in zwei Klassen aufnehmen.

Die Einrichtung dieser ersten Überseedampfer war fast überall die gleiche. Achtern im Schiff lag der sogenannte „Salon“, in dessen Mitte ein langer Tisch stand, um den Sessel gruppiert waren. Um das Speisen auch bei Seegang zu ermöglichen, waren Tisch und Stühle am Boden festverschraubt. An den Wänden des Salons zogen sich langgestreckte Bänke hin. Die Beleuchtung bestand aus Öllampen. Zu beiden Seiten des Achterdecks befanden sich enge Kabinen mit 2 bis 3 Betten. Es soll kein besonderes Vergnügen gewesen sein, in diesen niedrigen und kleinen Unterkünften eine mehrwöchige Seefahrt zu überstehen. Lesezimmer, Rauchsalon etc., die heute eine Selbstverständlichkeit sind, gab es damals noch nicht. Auch ausreichende Waschräume oder gar Badezimmer waren ein Luxus, den man sich noch nicht leisten konnte. Als dann in den fünfziger Jahren die *Hamburg–Amerika-Linie* und der *Norddeutsche Lloyd* in das Übersee-Fahrgastgeschäft einstiegen, waren die Verhältnisse noch nicht viel anders. Die *Hapag* versah ihre ersten Dienste überhaupt nur mit Segelschiffen. Der *Lloyd* fuhr gleich nach seiner Gründung mit Dampfschiffen, die ebenso wie die ersten der *Hapag* noch im Ausland gebaut werden mußten, da es damals in Deutschland noch keine Werft gab, die imstande gewesen wäre, reine Passagierschiffe von beachtlicher Größe zu bauen. So waren z. B. die zwei ersten Dampfschiffe der *Hapag*, die über 2000 BRT großen „Hammonia“ und „Borussia“, auf einer englischen Werft am Clyde entstanden. Sie hatten Unterkunftsmöglichkeiten für etwa 450 Fahrgäste und liefen 12 Knoten. Beides war damals ein bemerkenswerter Fortschritt. Die Bremer ließen diese Erfolge ihres Konkurrenten an der Elbe, zumal sich inzwischen auch die *Sloman-Reederei* in das Geschäft eingeschaltet hatte, nicht ruhen.

Der *Norddeutsche Lloyd* begann seinen Überseedienst 1858

mit der in England gebauten „Bremen“, die 460 Passagiere mitnehmen konnte. Sie machte ihre erste Hinfahrt nach New York in 15, die Rückfahrt in etwas mehr als 12 Tagen. Ihr folgten bis zum Jahre 1889, in dem der *Lloyd* den ersten großen Fahrgastdampfer, die „Kaiser Wilhelm II.“ (rd. 7000 BRT und 16 Knoten) auf einer deutschen Werft, und zwar beim *Stettiner Vulcan,* bauen ließ, eine große Zahl immer noch in England gebauter Fahrgastschiffe. Nicht alle hatten bei ihren Reisen Glück. Eine ganze Reihe von ihnen strandete, unter ihnen auch der erste „echte“ deutsche Schnelldampfer auf dem Atlantik, die ebenfalls in England gebaute 4511 BRT große „Elbe“, die 16 Kn lief und 1117 Passagiere befördern konnte. Sie brauchte für die Überfahrt von Southampton nach New York nur 8 Tage. Durch einen unglücklichen Zufall wurde sie von einem englischen Kohlendampfer 1895 in der Nordsee gerammt und ging unter großen Verlusten verloren.

Schon sechs Jahre vorher war die *Hamburg–Amerika Linie* mit dem ersten in Deutschland gebauten Doppelschrauben-Schnelldampfer, der 9500 BRT großen „Auguste Victoria“, auf den Plan getreten. Sie wurde ebenfalls beim *Stettiner Vulcan* gebaut, der sich damit den Ruf als damals leistungsfähigste deutsche Werft erwarb. Das Schiff lief 20 Knoten und machte die Überfahrt in weniger als sieben Tagen. Hier wird der Fortschritt, den der Schiffbau inzwischen genommen hatte, besonders deutlich, denn noch 30 Jahre zuvor hatten die damaligen Segelschiffe für eine solche Reise mehr als 40 Tage gebraucht.

Die „Auguste Victoria“ erhielt in schneller Folge noch drei Nachfolger, die „Columbia“, die „Fürst Bismarck“ und die „Normannia“, so daß man nun mit vier Schiffen einen wöchentlichen Schnelldienst nach New York aufnehmen konnte. Die „Columbia“, die noch in England gebaut war, errang sogar das Blaue Band des Atlantiks. Erwähnt sei ferner, daß auch die „Fürst Bismarck“ ein Erzeugnis des *Stettiner Vulcan* war. Die Werft hatte damit bewiesen, daß in den neunziger Jahren der deutsche Schiffbau dem englischen ebenbürtig geworden war. Die „Fürst Bismarck“ war zeitweilig Träger des Blauen Bandes und verringerte auf einer ihrer Fahrten die Reise von

Southampton nach New York auf knapp 6 Tage und 14 Stunden.

Es wird dem Leser vielleicht auffallen, daß hier ständig nur von der Hamburg–Amerika Linie und dem Norddeutschen Lloyd die Rede ist. Das wird aber verständlich, wenn man weiß, daß dies die beiden größten deutschen Reedereien waren, die damals allein in der Atlantik-Passagierfahrt eine führende Rolle spielen konnten. Zwischen ihnen ging auch der jahrelange Kampf um den schnellsten und leistungsfähigsten deutschen Fahrgastdampfer um die Wende vom 19. zum 20. Jahrhundert.

Inzwischen hatten sich auch die Engländer und besonders die Cunard-Linie wieder in diesen Wettkampf eingeschaltet. Sie schufen mit ihren beiden fast 21 Knoten laufenden Schnelldampfern „Lucania“ und „Campania“ von je 13 000 BRT zwei Schiffe, die Englands Vorherrschaft im Passagierverkehr für mehrere Jahre hinaus erneut begründeten. Erst 1897 zog wieder der *Lloyd* vor. Er ließ im gleichen Jahr auf dem Stettiner Vulcan die 14 349 BRT große „Kaiser Wilhelm der Große“ vom Stapel, die sogar 22,5 Knoten lief und 675 Passagiere in der 1. und 2. Klasse und über 1000 im Zwischendeck befördern konnte. Das Schiff bewältigte auf seiner Jungfernreise auf der nunmehr schon zur Derbystrecke gewordenen Distanz zwischen der Isle of Wight und Sandy Hook-Feuerschiff vor New York mit über 21 Knoten die ganze Fahrt in 5 Tagen und 15 Stunden. Drei Jahre später trat die *Hapag* wieder in den Konkurrenzkampf ein. Im Januar 1900 ließ der *Stettiner Vulcan* für ihre Rechnung die 16 200 BRT große „Deutschland“ zu Wasser, ein imposantes Schiff mit vier Schornsteinen und zwei Masten, das sich schon auf seiner ersten Reise als das schnellste seiner Zeit erwies. Die „Deutschland“ war damals auch eines der schönsten Schiffe. In der Chronik der *Hapag* heißt es in diesem Zusammenhang: „Die innere Einrichtung der ‚Deutschland‘, die Eleganz und künstlerische Schönheit mit Rücksicht auf den Comfort der Passagiere in glücklichster Weise vereinigte, entsprach in ihrem Prunk und Reichtum dem Geschmack der Zeit.“ Im übrigen hatte die Reederei schon bei der Auftragserteilung den Wunsch geäußert, daß es ihr weniger

darauf ankomme, die schnellsten Schiffe zu besitzen, sondern Schiffe, auf denen sich die Fahrgäste wohlfühlen sollten, so daß ihnen ein eventueller zusätzlicher Reisetag nur willkommen erscheinen konnte.

Der Bau von Schnelldampfern für den Passagierverkehr nahm mit Beginn des Jahrhunderts ein immer rascheres Tempo. Noch immer war der *Stettiner Vulcan* die führende Werft auf diesem Gebiet. Im Jahre 1901 lief bei ihr die fast 15 000 BRT große „Kronprinz Wilhelm“ und zwei Jahre später die 19 361 BRT große „Kaiser Wilhelm II.“(2) vom Stapel. Die erstere war ein mehr bequemeres Schiff, die letztere dagegen wieder ein Renner, der es auf fast 24 Knoten brachte. Im Jahre 1907 folgte dann auf der gleichen Werft als viertes Schiff dieses Gespanns die „Kronprinzessin Cecilie“, die ebenfalls 20 000 BRT groß war und eine Geschwindigkeit von 23,5 Kn hatte. Besonders die beiden letzteren Lloyd-Dampfer waren schon ganz nach neuzeitlichen Gesichtspunkten ausgestattet. Sie besaßen Rauch- und Lesesalons, Cafés für Raucher und Nichtraucher, bequeme Kabinen, Badeeinrichtungen und große Sonnendecks.

Wenn sich der Norddeutsche Lloyd und die Hamburg–Amerika Linie bei ihren ersten Schnelldampferbauten in erster Linie auf den Stettiner Vulcan stützten, so bedeutete das nicht, daß nicht auch die anderen Werften am Bau von neuen Schiffen deutscher Reedereien beteiligt gewesen wären. Nachdem erst einmal um 1885 herum das Eis gebrochen war, traten weitere Werften hinzu. Genannt seien hier u. a.: *Blohm & Voss*, *Schichau-Danzig*, *Germania*-Kiel, *Tecklenborg*-Geestemünde, die *Seebeck-Werft*, die *Reiherstieg-Werft*, die *Flensburger Schiffbau-Gesellschaft*, die *Rickmers-Werft*, der *Bremer Vulkan* und die *AG Weser*. Man ersieht daraus, wie leistungsfähig die deutsche Werftindustrie inzwischen geworden war. 1909 lief auf der Werft des *Stettiner Vulcan* der 25 570 BRT große Dampfer „George Washington“ vom Stapel. Er hatte eine Geschwindigkeit von 19 Knoten und konnte rd. 1500 Passagiere in der 1., 2. und 3. Klasse, sowie zusätzlich 1200 im Zwischendeck befördern.

Im Jahre 1913 gab der Lloyd bei *Schichau-Danzig* den Schnelldampfer „Columbus“ in Auftrag, der 35 000 BRT groß

war. Er wurde 1914 bei Kriegsausbruch fertig, mußte aber 1919 aufgrund des Versailler Vertrages an England ausgeliefert werden und fuhr dann noch bis 1936 unter dem Namen „Homeric“ unter britischer Flagge.

Anders als der Norddeutsche Lloyd hatte die Hamburg-Amerika Linie einige Jahre den Bau von Schnelldampfern ausgesetzt und sich mehr dem kombinierten Fahrgast-Frachtschiff gewidmet. Aber im Jahre 1910 bestellte sie ein Passagierschiff von 50 000 BRT, das zwei Jahre nach der Auftragserteilung geliefert wurde. Es war die 1912 vom Stapel gelaufene „Imperator“, damals das größte Schiff der Welthandelsflotte. Die „Imperator“ trat 1913 ihre Jungfernreise an. Für die rund 3500 Passagiere, die in vier Klassen untergebracht waren, standen ausgedehnte Speise- und Wohnräume zur Verfügung. Zum ersten Mal war ein Passagierschiff mit einem großen Schwimmbad ausgerüstet. Der „Imperator“ folgte vor dem Kriege bei *Blohm & Voss* ein noch etwas größeres Schwesterschiff, die „Vaterland“, die 1914 in Dienst gestellt wurde. Ein drittes Schiff der gleichen Klasse, die „Bismarck“, war noch nicht fertig, als der Krieg ausbrach.

Neben den vorgenannten Schnelldampfern, die nur auf der Route Europa–Vereinigte Staaten verkehrten, ließen der Lloyd und die Hapag, aber auch noch andere Reedereien, wie z. B. die *Woermann-* und die *Deutsch-Ostafrika-Linie,* für ihre Verbindungen nach Ostasien und Afrika eine Reihe von Dampfern bauen, die sich in der Durchschnittsgröße von 10 000 BRT hielten und Geschwindigkeiten von 13 bis 15 Knoten erreichten. Auch diese Schiffe waren in erster Linie für den Fahrgastverkehr eingerichtet. Sie hatten zwei Klassen und ein Zwischendeck und konnten bis zu 1500 Passagiere, die Mehrzahl davon allerdings im Zwischendeck, befördern. An ihrem Bau waren mehrere Werften beteiligt. Andere Reedereien wie z. B. die *Oldenburg-Portugiesische Dampfschiffahrtsgesellschaft,* die *Deutsche Levante-Linie* und die *Reederei M. Sloman,* ließen mittelgroße Dampfer bauen, die Fracht beförderten, aber auch Einrichtungen für eine begrenzte Zahl von Fahrgästen hatten.

Zu erwähnen ist noch die *Hamburg-Südamerikanische Dampfschiffahrtsgesellschaft,* die den Verkehr nach Südamerika

bediente. Ihre „Cap"-Schiffe, wie die weitbekannten „Cap Arcona", „Cap Polonia" und „Cap Trafalgar", sowie die Kajütklassendampfer der „Monte"-Klasse, die zumeist bei *Blohm & Voss* gebaut wurden, zählten zu den besonderen Lieblingen des reisenden Publikums in den Jahren vor dem Ersten Weltkrieg. Der größte von ihnen war die 18 000 BRT große „Cap Trafalgar", die während des Krieges als Hilfskreuzer verlorenging.

Zum Schluß noch eine Zusammenfassung der im Jahre 1914 vorhandenen deutschen Passagierschiffe von mehr als 10 000 Brutto-Register-Tonnen, die zwischen 1897 und 1914 auf deutschen Werften entstanden sind: Vorhanden waren 37 Dampfer, von denen 34 Zweischraubenschiffe, einer ein Dreischraubenschiff („Cap Trafalgar" – 18 710 BRT) und zwei Vierschraubenschiffe waren („Imperator" – 52 117 BRT und „Vaterland" – 54 282 BRT). Zu der Flotte des Norddeutschen Lloyds gehörten davon 17 Schiffe, zu der der Hamburg-Amerika Linie 18 und zu der Flotte der Hamburg-Südamerikanischen Dampfschiffahrtsgesellschaft 2 Schiffe.

Der deutsche Schiffbau im Jahre 1914

Die deutsche Handelsflotte war zu Ausgang des Jahres 1913 die drittstärkste der Welthandelsflotten. Sie rangierte mit rd. 5 082 100 BRT hinter Großbritannien mit 20 431 600 BRT und den USA mit 5 427 600 BRT. Seit Beginn des Jahrhunderts war die Mehrzahl der neugebauten Schiffe auf deutschen Werften vom Stapel gelaufen. Das größte Schiff der gesamten Welthandelsflotte war 1914 der Dampfer „Vaterland" der Hamburg-Amerika Linie, der bei *Blohm & Voss* gebaut worden war. Er war um mehr als 6000 BRT größer als die nach ihm folgende „Aquitania" der *Cunard-Linie* mit rd. 48 000 BRT.

Die Lage der deutschen Schiffbauindustrie war günstig. Sie war in den Vorjahren von besonderen Rückschlägen verschont geblieben, auch hatte es keine Streiks oder dergleichen Schwierigkeiten gegeben. Gegenüber dem Jahre 1910 war die Gesamttonnage der deutschen Handelsflotte ständig gestiegen. Die nachstehende Statistik macht dies deutlich (nach *Lloyds Register*):

Jahr	Bestand
1910	4 333 186 BRT
1911	4 466 880 BRT
1912	4 628 983 BRT
1913	5 082 061 BRT

Die Schiffe waren größer, schneller und leistungsfähiger geworden. Das betraf sowohl die Passagier- als auch die Frachtfahrt. Im Bau von großen Fahrgastschiffen hatte die deutsche Werftindustrie bereits seit Jahren den früheren englischen Vorsprung eingeholt. Sie lieferte zumindest genau so schnell und preiswert wie diese, auch standen die deutschen Schiffe, was die Bauausführung anbetraf, in keiner Weise der englischen nach. Trotzdem bedeutete der Bau der deutschen Riesenschiffe, wie der „Imperator“ und der „Vaterland“, für die daran beteiligten deutschen Werften ein nicht unbeachtliches Risiko. Die deutschen Werften mußten sich in der überwiegenden Mehrzahl auf den Bau von weniger Kosten verursachende Einheiten wie kombinierte Passagier-Frachtschiffe, Frachter, Spezialschiffe und Tanker beschränken. Wie weit die größeren deutschen Reedereien im Jahre 1913/14 an Neubauten beteiligt waren, zeigt nachstehende Aufstellung:

Die Hamburg-Amerika Linie hatte ihre Flotte 1913 um einen großen Passagierdampfer (die „Imperator“), sieben Frachter, einen Seebäderdampfer und einen Tender vermehrt. Im Bau befanden sich im März 1914 der zweite Riesendampfer der Hapag, die „Vaterland“, sowie weitere 18 Dampfer. Beim Norddeutschen Lloyd waren 1913 insgesamt zwei Passagier- und Frachtdampfer der „Sierra“-Klasse von je 8200 BRT („Sierra Nevada“ und „Sierra Cordoba“) in Dienst gestellt worden. Beide entstanden auf der Werft des *Bremer Vulkan.* Ferner waren neugebaut worden 4 Frachtdampfer von je 6500 BRT, zwei Schleppdampfer und elf Leichter. Im Bau war Anfang 1914 noch eine Tonnage von rund 200 000 BRT.

Die Hamburg-Südamerikanische Dampfschiffahrtsgesellschaft hatte 1913 vier Dampfer und Anfang 1914 den schon erwähnten 18 000 BRT großen Doppelschraubendampfer „Cap Trafalgar“ von den Werften übernommen. Im Bau befanden sich

ein Schwesterschiff der „Cap Trafalgar“ und sieben weitere Frachtdampfer. Die Deutsche Dampfschiffahrtsgesellschaft Hansa hatte 13 Dampfer im Bau, die Deutsch-Australische Dampfschiffahrtsgesellschaft fünf. Unter ihnen befanden sich auch zwei Kühlschiffe.

Die Woermann-Linie hatte einen Passagierdampfer und zwei Frachter in Auftrag gegeben, die Deutsche Dampfschiffahrtsgesellschaft Kosmos drei neue Dampfer in Dienst genommen und drei weitere bestellt. Auch die Deutsche Ostafrika-Linie hatte neu den großen Passagier-Frachtdampfer „Kommodore“ in ihre Indienfahrt übernommen.

Dies sind einige Beispiele für die Verteilung von Schiffsneubauten auf die größeren deutschen Reedereien. Auch die kleineren hatten allgemein einen günstigen Geschäftsstand, der die Vermehrung ihrer Tonnage ermöglichte.

Nach Angaben des Germanischen Lloyd waren in den Jahren 1907 bis 1913 an Schiffen über 100 BRT fertiggestellt bzw. noch im Bau (deutsche Werften):

Abgeliefert		noch im Bau	
Jahr	Tonnen	Jahr	Tonnen
1907	259 990	1907	260 648
1908	149 688	1908	189 439
1909	203 540	1909	127 675
1910	117 784	1910	315 404
1911	272 409	1911	481 603
1912	280 462	1912	798 547
1913	378 906	1913	834 086

Diese Statistik zeigt, daß die Zahlen sowohl der Ablieferung als auch der noch im Bau befindlichen Seeschiffe von 1907 bis 1913 sprunghaft gestiegen ist.

Einen für damalige Begriffe besonderen Typ stellte die „Wachtfels“ der Deutschen Dampfschiffahrtgesellschaft Hansa dar, die 1913 von der *Flensburger Schiffbaugesellschaft* erbaut wurde und eine Tragfähigkeit von 8930 Tonnen hatte. Sie ist in die Marinegeschichte als „Hilfskreuzer Wolf“ eingegangen. Ebenfalls 8000 Tonnen groß war die „Peter Rickmers“, ein Erzeugnis der *Rickmers-Werft*, ein Schwesterschiff des gleichgro-

ßen Hapag-Dampfers „Kurmark“, der ebenfalls bei Rickmers im Jahre 1913 entstand. Für den Norddeutschen Lloyd war seit dem Stapellauf der „Prinz Friedrich Wilhelm“, eines auf der *Tecklenborg-Werft* entstandenen Passagierdampfers von 17 000 BRT bis zum Jahre 1913 kein eigentlich großes Seeschiff bis auf die vier „Sierra“-Schiffe (8000 BRT) mehr in Dienst gestellt worden. Wohl waren zwischen 1909 und 1913 zehn Schiffe zwischen 4000 und 8000 BRT auf verschiedenen Werften für den Lloyd gebaut worden. Aber 1913 lief auf der *Schichau-Werft* in Danzig der 35 000 BRT große Schnelldampfer „Columbus“ vom Stapel, ein Schiff, das würdig neben seine Rivalen von der Hapag in der Amerikafahrt die Flagge der Bremer Großreederei vertrat.

Insgesamt waren im Frühjahr 1914 auf deutschen Werften für die Handelsmarine 115 Dampfer und 6 Segelschiffe im Bau. Darunter befanden sich 4 Passagierdampfer, 13 Fracht-Passagierdampfer, 77 Frachtdampfer sowie mehrere Tankschiffe und Küstendampfer. Die Mehrzahl der Frachter hielt sich in der Größe zwischen 5000 und 8000 BRT. Die sechs im Bau befindlichen Segelschiffe waren sämtlich Viermastbarken von je etwa 3000 BRT.

Mehr als die Hälfte dieser Neubauten entstand auf Werften im Nordseegebiet, der Rest in der Ostsee.

Die zu Beginn dieses Kapitels genannte Gesamttonnage der deutschen Handelsflotte in Höhe von 5 082 100 BRT bezog sich auf den Stand vom 1. Januar 1914. Bis zum Ausbruch des Krieges hatte sie sich auf rund 5,6 Millionen BRT erhöht. Der Ausgang des Krieges und seine Folgen dezimierte diese Flotte auf wenig mehr als 670 000 BRT zumeist veralterter Tonnage.

Der Schiffbau im Ersten Weltkrieg

Als der Erste Weltkrieg ausbrach, wurde der Bau von Handelsschiffen schlagartig gestoppt. Nur wenige der schon im Bau befindlichen Handelsschiffe konnten im Laufe der Kriegsjahre noch fertiggestellt werden, da die Kapazität der Werften voll und ganz für Zwecke der Kriegsmarine ausgenutzt werden mußte. Kein einziges von ihnen sollte den ihnen vorbestimmten friedlichen Zwecken dienen; die am Kriegsende 1918 vorhan-

denen Schiffe mußten aufgrund der Schiffbaubestimmungen des Versailler Vertrages an die Alliierten ausgeliefert werden. Sie haben, da sie teilweise noch lange unter fremder Flagge fuhren, aber auch auf diese Weise für die Güte des deutschen Schiffbaues Zeugnis ablegen können.

Die Werften arbeiteten zum Teil von Anfang an für den Bau von Kriegsfahrzeugen jeder Art. Eine Reihe schon in Auftrag gegebener Linienschiffe, Kreuzer und kleinerer Kampfschiffe wie Zerstörer, Torpedoboote und Vorpostenboote kam so noch während des Krieges zur Ablieferung und damit auch zur Flotte. Verschiedene Handelsschiffe, die sich zur Verwendung als Hilfskreuzer eigneten, wurden entsprechend dieser neuen Aufgabe umgebaut. Im übrigen wurde ein großer Teil der Werften zu Reparaturzwecken herangezogen. Im einzelnen sah das so aus:

Bei Kriegsbeginn lagen auf der *Schichau-Werft* in Danzig das neue 32 200 ts große Schlachtschiff „Baden“, und bei den *Howaldtswerken* in Kiel das Schwesterschiff, die „Bayern“, auf den Hellingen. Ein drittes Schlachtschiff der gleichen Klasse war beim *Vulkan-Hamburg* und ein viertes bei der *Germania-Werft* in Kiel in Auftrag gegeben. Von diesen vier Schlachtschiffen kamen aber nur die beiden erstgenannten zur Hochseeflotte. Die „Baden“ wurde Flottenflaggschiff. Der Bau der beiden anderen wurde wenige Monate vor Kriegsende gestoppt. Sie wurden später verschrottet.

Ähnlich erging es den bei Kriegsausbruch im Bau befindlichen Schlachtkreuzern. Drei von ihnen, und zwar „Derfflinger“ (Blohm & Voss), „Lützow“ (Schichau-Danzig) und „Hindenburg“ (Kaiserliche Werft Wilhelmshaven) traten während des Krieges noch zur Flotte. Mit ihnen hatten die beteiligten Werften Kampfschiffe geschaffen, die allen gleichwertigen gegnerischen überlegen waren. Die „Lützow“ ging als Flaggschiff des damaligen Befehlshabers der Aufklärungsstreitkräfte der Hochseeflotte, Vizeadmirals von Hipper, in der Skagerrakschlacht verloren. „Derfflinger“ und „Hindenburg“ wurden bei Scapa Flow nach Kriegsende von den eigenen Besatzungen versenkt. Die „Hindenburg“ wurde nach mehrfachen vergeblichen Versuchen von den Engländer 1930 gehoben, dann aber später abgewrackt. Auf Stapel lagen 1914 und 1915 noch vier weitere

Schlachtkreuzer von je 35 300 ts. Die zwei ersteren waren auf „Mackensen“ und „Graf Spee“ getauft worden. Für die beiden anderen waren die Namen „Prinz Eitel Friedrich“ und „Fürst Bismarck“ vorgesehen. Bauwerften waren Blohm & Voss, Schichau-Danzig und die Kaiserliche Werft in Wilhelmshaven. Der Bau der „Graf Spee“ und der „Mackensen“ wurde mehrere Monate vor Kriegsschluß gestoppt. Die Schiffskörper wurden 1919 verkauft. Ähnlich ging es den beiden anderen Schlachtkreuzer-Bauten. Sie wurden 1921/22 abgewrackt. Auf den Hellingen des *Hamburger Vulkan*, der *Germania-Werft* und *Blohm & Voss* lagen außerdem noch die Rümpfe von drei weiteren Schlachtkreuzern. Hier wurde der Bau schon 1917 nur noch als Arbeitsausgleich betrieben und bei Kriegsschluß ganz eingestellt. Die Schiffe wurden später noch auf den Hellingen abgebrochen.

In den Jahren von 1914–18 übernahm die Flotte ferner sieben Kleine Kreuzer und zwei Minenkreuzer:

Name	Bauwerft	Größe in ts	Schicksal
„Graudenz“	Kaiserl. Werft Kiel	6382	ital. Beute
„Regensburg“	Kaiserl. Werft Kiel	6382	frz. Beute
„Pillau“	Schichau-Danzig	5252	ital. Beute
„Elbing“	Schichau-Danzig	5252	† Nordsee
„Wiesbaden“	Vulcan-Stettin	6601	† Nordsee
„Frankfurt“	Kaiserl. Werft Kiel	6601	USA-Beute
„Brummer“	Vulcan-Stettin	5856	† Scapa Flow
„Bremse“	Vulcan-Stettin	5856	† Scapa Flow
„Königsberg“	AG Weser	7125	frz. Beute
„Karlsruhe“	K. Werft Wilhelmshaven	7125	† Scapa Flow
„Emden“	AG Weser	7125	frz. Beute
„Nürnberg“	Howaldtswerke Kiel	7125	† Scapa Flow
„Cöln“	Blohm & Voss	7486	† Scapa Flow
„Dresden“	Vulcan-Stettin	7486	† Scapa Flow

Der Bau von weiteren acht Kleinen Kreuzern, die ebenfalls beim *Stettiner Vulcan*, der *AG Weser* und auf der *Kaiserlichen Werft* in Kiel auf den Hellingen lagen, wurde Monate vor der Fertigstellung abgebrochen.

Gebaut wurden ferner zahlreiche Torpedoboote und Zerstörer, die teils noch zur Flotte kamen, im Kampf sanken oder

nach Kriegsende als Beute den Siegermächten ausgeliefert werden mußten. Bauwerften waren der *Vulkan-Hamburg*, *Schichau-Elbing*, *Germania-Kiel* und die *Howaldtswerke*. Auch *Blohm & Voss* waren mit vier großen Zerstörern beteiligt.

Schnelle Torpedo-Motorboote wurden u. a. besonders bei der *Lürßen-Werft*, bei *Aberking & Rasmussen*, der *Roland-Werft* und einer Reihe kleinerer Werften erstellt.

Einige Minensuch- und Räumboote entstanden in den Kriegsjahren auch bei der *Seebeck-Werft*.

Am U-Bootsbau, der während des Krieges stark forciert wurde, waren zwischen 1914–18 neben der *Germania-Werft* in Kiel und der *Kaiserlichen Werft* in Danzig noch der *Stettiner Vulcan*, die *AG Weser*, der *Bremer Vulkan* und *Schichau-Danzig* beteiligt. *Blohm & Voss* bauten mehrere große U-Boote. Die großen U-Kreuzer entstanden bei der *Germania-Werft*, der *AG Weser* und auf der *Kaiserlichen Werft* in Danzig, die kleinen Küsten-U-Boote bei *Blohm & Voss*, der *AG Weser*, dem *Hamburger Vulkan* und der *Germania-Werft* in Kiel.

Schon Jahre vor Ausbruch des Ersten Weltkrieges waren deutscherseits, genau wie bei den anderen Seemächten, Vorbereitungen getroffen worden, um geeignete Handelsschiffe schnell zu Hilfskreuzern umbauen zu können. Auch dies gelang dank der vorzüglichen Mitarbeit der betroffenen Werften in kürzester Frist. Genannt seien hier die Schnelldampfer „Kronprinz Wilhelm“, „Prinz Eitel Friedrich“ und „Kaiser Wilhelm der Große, sämtlich beim *Stettiner Vulcan* erbaut, und die „Cap Trafalgar“ der Hamburg-Südamerikanischen Dampfschiffahrtsgesellschaft.

Neugegründet wurden während des Ersten Weltkrieges u. a. die Werften: *Elsflether Werft* (1916), die *Lübecker-Flender-Werke* (1917), die Werft *Schulte & Bruns* (1917) und die *Deutsche Werft AG* in Hamburg.

18. Stapellauf bei der 1872 gegründeten *Flensburger Schiffsbau-Gesellschaft* in Flensburg.

19. Moderne Reparaturanlagen auf der *Fr. Lürssen Werft* in Bremen-Vegesack.

20. Die Werftanlagen des *Bremer Vulkan.*

21. Stapellauf „Act 1" beim *Bremer Vulkan.*

ZWISCHEN DEN BEIDEN WELTKRIEGEN

Zusammenbruch und erster Wiederaufbau

Bei Ausbruch des Ersten Weltkrieges hatte die Gesamttonnage der deutschen Handelsflotte rund 5,6 Millionen Tonnen betragen. Davon gingen durch Kriegseinwirkung und Beschlagnahme in gegnerischen Häfen etwa 1,2 Millionen Tonnen verloren. Weitere 621 Schiffe mit rund 2,4 Millionen Tonnen hatten sich bei Kriegsausbruch freiwillig in damals noch neutralen Häfen internieren lassen. Aber auch der kümmerliche Rest von etwas mehr als 2 Millionen wurde durch die Waffenstillstandsbedingungen und den Versailler Vertrag auf einen winzigen Bruchteil der einstmals so großen deutschen Handelsflotte dezimiert. Nachdem bereits aufgrund des Waffenstillstandsabkommens den Alliierten 1,8 Millionen BRT sofort zur Verfügung gestellt werden mußten, ging der Versailler Vertrag noch weit darüber hinaus. Er besagte, daß

a) alle Seeschiffe von mehr als 1600 BRT,
b) die Hälfte aller Schiffe zwischen 1600 und 1000 BRT und
c) ein Viertel aller Fischereifahrzeuge, einschließlich aller Neubauten, deren Kiel bis zur Ratifizierung des Friedensvertrages gestreckt war, abgeliefert werden mußten.

Deutschland mußte sich ferner verpflichten, auf die Dauer von fünf Jahren jährlich 200 000 BRT Schiffsraum für seine ehemaligen Gegner zu bauen. Wie stark sich die unter a) und b) genannten Bedingungen auswirkten, zeigt die Tatsache, daß der größte deutsche Dampfer, der der deutschen Handelsflotte verblieb, der 781 BRT große Bäderdampfer „Grüßgott" des Norddeutschen Lloyd war.

Der große Unterschied gegenüber dem katastrophalen Ende nach 1945 war allerdings, daß die deutschen Werften 1918 voll

arbeitsfähig waren, denn ihre Anlagen und Ausrüstungen waren praktisch von Kriegseinwirkungen unberührt geblieben. Da man damals noch nicht wußte, wie sich die Versuche zur Anknüpfung oder Wiederaufnahme früherer Schiffsverbindungen auswirken würden, und auch andere wichtige Fragen des eventuellen Neubaus noch ungeklärt waren, gingen die Reeder nur sehr zaghaft an einen Wiederaufbau ihrer Flotten. Hinzu kamen die Unsicherheiten durch die innerpolitischen Unruhen, und nicht zuletzt das Fehlen ausreichender Finanzierungsmöglichkeiten. So konnte es nicht ausbleiben, daß selbst die großen Schiffahrtsgesellschaften, wie die Hamburg-Amerika-Linie und der Norddeutsche Lloyd, zunächst nur über Schlepper, Barkassen und Leichter verfügten. Diese kleinen Fahrzeuge waren in der ersten Zeit der einzige Beschäftigungszweig vieler Werften.

Aber der Wagemut der deutschen Reeder war nicht gebrochen. Um nicht ganz aus dem überseeischen Geschäft ausgeschlossen zu bleiben, half man sich zunächst durch ein wechselseitiges Schiffahrtsabkommen mit den USA und durch den Ankauf und die Charterung fremden Schiffsraumes. Dabei blieb es nicht aus, daß ehemalige deutsche Schiffe, die durch Beschlagnahme während des Krieges in fremden Besitz gelangt waren, wieder zu deutschen Reedereien zurückkehrten. Eine Hilfe dabei war das bereits während des Krieges vorgesehene Gesetz zur Wiederherstellung der deutschen Handelsflotte, das durch den Reedereiabfindungsvertrag vom Februar 1921 ersetzt wurde. Dieser sah vor, daß die Reeder durch das Reich nach Maßgabe der finanziellen Möglichkeiten für ihre Kriegsverluste entschädigt werden sollten. Allerdings mußten sie sich mit weit hinter dem Wert der Schiffe zurückbleibenden Beträgen begnügen, sofern diese überhaupt ausgezahlt wurden. Über die Verwendung der Gelder hatten sie zudem nach dem Gesetz den Nachweis zu führen. Trotzdem war auch dieses Gesetz nur ein Tropfen auf einem heißen Stein. Die Reeder hatten nicht die nötigen Mittel, um an einen wirklichen Wiederaufbau ihrer Flotten heranzugehen. So konnte sich die Entwicklung nur langsam vollziehen. Immerhin konnten schon im Jahre 1920 die ersten Kiellegungen neuer, auf deutschen Werften gebauter Schiffe, erfolgen. Den Anfang machten die beiden deutschen Großreedereien.

Der Norddeutsche Lloyd gab 1920 beim *Bremer Vulkan* die beiden je 1566 BRT großen Dampfer „Vegesack“ und „Bremerhaven“ in Bau. Sie hatten eine Tragfähigkeit von je 2435 Tonnen und eine Geschwindigkeit von 9 Knoten. Es waren kleine Seeschiffe, die eigentlich nur für die Küstenfahrt geeignet schienen, aber sie waren der Beginn einer neuen Flotte. In den nächsten zwei Jahren kamen insgesamt weitere zwölf Schiffe hinzu, deren Tonnage bereits zwischen 4000 und 8000 BRT lag. Sie wurden bei der *Rickmers-Werft*, dem *Stettiner Vulcan*, der *Tecklenborg-Werft*, dem *Bremer Vulkan*, der *Flensburger Schiffbaugesellschaft* und der *AG Weser* gebaut oder in einigen Fällen umgebaut. An diesen Umbauten waren auch die *Deutsche Werft* und die *Danziger Werft* beteiligt.

Auf der *Deutschen Werft* wurde im Jahre 1920 der Kiel für drei Frachter von je 2065 Tonnen Tragfähigkeit für die Hamburg-Amerika Linie gestreckt. Sie trugen die Namen „Alesia“, „Andalusia“ und „Arabia“ und sollten ursprünglich Motorschiffe werden. Da sich aber die Gelegenheit bot, einige noch aus dem Krieg vorhandene Dampfmaschinen zu erwerben, wurde dieses Programm geändert. Wie groß die Schwierigkeiten beim Neubau von Seeschiffen Anfang der zwanziger Jahre in Deutschland waren, zeigt die Tatsache, daß diese Schiffe erst 1921 fertig wurden, weil die Beschaffung des notwendigen Baumaterials überaus mühsam und langwierig war.

Die *Deutsche Werft* hatte 1920 den ersten Auftrag von einer holländischen Reederei erhalten. Es handelte sich dabei um vier je 9000 Tonnen große Schiffe, die ursprünglich für die Hapag bestimmt gewesen waren. Der Auftrag zum Bau dieser Schiffe, der zu einer Zeit erteilt wurde, als die Werft noch am Anfang stand, war der Grundstein für alles künftig in sie gesetzte Vertrauen. Daß der Auftraggeber die Schiffe zum Teil in holländischen Gulden bezahlte, rettete die Werft über die schwierigste finanzielle Situation hinweg.

Während der Bau dieser vier Schiffe voranschritt, von denen zwei mit Getriebeturbinen und zwei mit Dreifach-Expansionsmaschinen ausgerüstet wurden, entstanden auf der *Deutschen Werft* neben kleineren Fahrzeugen weitere 2000 Tonner für die Hapag, ferner die 4000 Tonner „Emma Sauber“ und „Thor“,

sowie die beiden ersten 4000-Tonnen-Motortanker „Julius Schindler“ und „Ossage“.

Auf den Doppelquerhellingen, auf denen man zwei Schwimmdocks gebaut hatte, wurden acht Seeleichter zu je vier nebeneinander auf Stapel gelegt. Danach folgten noch ein weiteres Dock und ein Hebeponton.

Auf der *Rickmers-Werft* lag seit 1917 ein Dampferneubau, der im Gegensatz zu anderen Neubauten nicht abgeliefert werden mußte. Das Schiff wurde 1920 für die gleichnamige Reederei fertiggestellt und erhielt den Namen „Sophie Rickmers“. Es war die vierte Trägerin dieses Namens in der Geschichte der Reederei. Ihr folgten wenig später der Dampfer „R. C. Rickmers“, ein 8000 Tonner, sowie neben mehreren Fischdampfern drei Dampfer von je 4000 BRT für die Oldenburg-Portugiesische Dampfschiff-Rhederei in Hamburg. Bis zum Jahre 1924 entstanden zwei weitere mittelgroße Dampfer auf den Hellingen der *Rickmers-Werft*.

Die *Nordsee-Werke* in Emden bauten zwischen 1918 und 1922 drei Frachtdampfer von je 6500 tdw für die Dampfschifffahrtsgesellschaft Argo in Bremen.

Ebenfalls seit 1918 war auf einer Hamburger Werft ein 5568 BRT großer Dampfer im Bau, der auf den Namen „Argentina“ getauft worden war. Auftraggeber war die Hamburg-Südamerikanische Dampfschiffahrtsgesellschaft. Der Bau wurde nach Kriegsende beschleunigt und das Schiff 1920 von der Reederei übernommen. Es wurde sofort in den Südamerika-Dienst eingestellt, der bis dahin nur von ein paar kleinen Schunern und wenigen im Ausland angekauften Schiffen versehen wurde. Die „Argentina“ war nur ein langsames, neun Knoten laufendes Schiff, das man zusätzlich durch den Einbau von Kabinen zum Passagier-Frachtschiff umgebaut hatte. Trotz einer gewissen Unzulänglichkeit konnte sie auf ihren ersten Reisen zum La Plata die alte Beliebtheit der Hamburg-Süd-Schiffe beim reisenden Publikum wieder auffrischen. Sie war jedenfalls ständig ausverkauft. Da sich für den weiteren Neubau von Schiffen zu diesem Zeitpunkt nur wenig Aussichten ergaben, kaufte die Reederei in England einige ihrer früheren Schiffe zurück, die bei Kriegsende beschlagnahmt worden waren. Sie wurden auf

deutschen Werften wieder instandgesetzt und modernisiert. Das schönste von ihnen war die 20 976 BRT große „Cap Polonio“, die, ohne für die Reederei gefahren zu sein, 1919 an England ausgeliefert worden war. Sie wurde jetzt bei *Blohm & Voss* umgebaut und ging bald auf ihre erste Reise, die zu einer Triumphfahrt wurde. Im Jahre 1924 gab die Hamburg-Süd wiederum bei *Blohm & Voss* zwei Spezial-Auswandererschiffe in Auftrag. Die beiden Neubauten, die je 14 000 BRT groß waren, wurden auf die Namen „Monte Sarmiento“ und „Monte Olivia“ getauft.

Mit dem zunehmenden Verfall der deutschen Währung gingen die Aufträge zurück. Namentlich waren kaum noch deutsche Aufträge hereinzuholen. Hinzu kam, daß die von der Reichsregierung gezahlten Abfindungen immer geringer wurden, so daß sich die Reeder teilweise gezwungen sahen, Neubau-Aufträge wieder zu annullieren. Die Lage der übrigen deutschen Industrie trug zu diesen Schwierigkeiten bei. Keine Werft konnte die ihr erteilten Aufträge pünktlich erfüllen. Die Reeder sahen daher – wollten sie im Geschäft bleiben – keine andere Möglichkeit, als im Ausland Schiffe zu kaufen oder zu chartern. Dabei handelte es sich überwiegend um überalterte Tonnage oder um Schiffe, die während des Krieges oder in Ausführung der Waffenstillstandsbedingungen verlorengegangen waren. Das war sicher nicht der Weg, eine neue und leistungsfähige deutsche Handelsflotte zu schaffen. Es mußte ein Notbehelf bleiben, bis sich die Dinge wieder änderten.

Wandlung im Schiffbau

Ehe auf die weitere Entwicklung im deutschen Schiffbau von etwa der Mitte der zwanziger Jahre bis zum Ausbruch des Zweiten Weltkrieges näher eingegangen wird, müssen einige Ausführungen über die schon bei den ersten Neubauten nach 1920 deutlich werdenden Veränderungen sowohl im äußeren Aussehen der Schiffe als auch in ihrer technischen Ausrüstung gemacht werden. Wer die Bilder der Passagierschiffe und der Frachter aus den Jahren vor 1914 mit denen vergleicht, die von Seeschiffen der zwanziger und dreißiger Jahre gemacht wurden, dem wird sofort eine wesentliche Veränderung schon des

Außenbaues auffallen. Die früheren Frachter hatten zumeist glatte Decks, aus denen mittschiffs ein unverhältnismäßig großer Schornstein aufragte. Sie hatten zumeist nur zwei Masten mit einem ziemlich einfachen Ladegeschirr. Die großen Passagierdampfer der Jahre vor 1914 hatten die gleichen riesigen Schornsteine, die größten sogar vier, die mittleren mindestens zwei. Das Heck war rundgewölbt, der Bug schnitt senkrecht zum Wasser ab.

Demgegenüber hatten die nach 1920 gebauten Seeschiffe wesentlich niedrigere, wenn auch dickere Schornsteine. Die Unterkünfte für die Offiziere lagen in mittschiffs angebrachten Aufbauten. Die Kommandobrücke lag konventionell ebenfalls mittschiffs, während wir sie bei den heutigen Neubauten oftmals im Vorschiff finden.

Auffallend gegenüber früher waren bei den meisten Neubauten nach 1920 die verschiedenen Vor- und Achterschiffsformen. Bevorzugt wurde beim Bug die sogenannte „Maierform“, bei der der weitausfallende Steven schräg von oben nach unten verlief. Bei der Heckform fand man häufig das sogenannte „Kreuzerheck“.

Wichtig war die teilweise erhebliche Steigerung der Geschwindigkeit, der angesichts der Entwicklung im allgemeinen Weltschiffbau von den Werften besondere Bedeutung zugemessen werden mußte. Die Geschwindigkeit der Frachter vor 1914 hatte allgemein bei 10 Knoten gelegen, bei Linienfrachtern bei 12 Knoten und bei Passagierschiffen bei 16 bis 18 Knoten. Schon um die Mitte der zwanziger Jahre setzten Bestrebungen ein, diese Geschwindigkeiten zu erhöhen. Man erreichte dies schließlich nach zahllosen Versuchen durch Anwendung der Schweißung im Schiffbau, wodurch u. a. ein hoher Prozentsatz an Eisenmaterial gespart werden konnte, und durch den Einbau und die Verwendung neuartiger Ruderformen. Auch wurden die Schiffe länger und schmaler gebaut. Nicht zuletzt gab bei der Geschwindigkeitssteigerung der neu eingeführte Mehrschraubenantrieb den Ausschlag, wenn er auch zumeist nur bei Passagierschiffen zum Tragen kam.

Bei der Wahl der Antriebsmaschinen schwankte man damals noch zwischen dem herkömmlichen Dampfantrieb und dem neu-

artigen Dieselantrieb. Der Dampfantrieb war billiger, da es genügend Kohle im eigenen Lande gab. Der Dieselantrieb wiederum hatte den Vorteil des günstigeren Brennstoffverbrauchs, der weniger Platz erfordernden Unterbringung des Diesel-Treiböls und damit des im ganzen geringeren Platzbedarfs. Der „Kohlebrenner“ benötigte große Bunker, während das Treiböl in Seitentanks und im Doppelboden gelagert werden konnte. Besonders bei Passagierschiffen hatte der Ölantrieb den großen Vorzug, daß schnell gebunkert werden konnte und die Fahrgäste dadurch kaum belästigt wurden.

Wichtige Veränderungen ergaben sich bei den Neubauten nach 1920 auch in der Verbesserung des Ladegeschirrs. Der Trend, ein Schiff immer schneller beladen und löschen zu können, wurde angesichts der steigenden Konkurrenz schon damals deutlich. Um das zu erreichen, mußte man danach streben, besonders die Liegezeiten im Hafen möglichst kurz zu halten. Das Ladegeschirr der alten Art wurde daher vielfach durch Kräne verstärkt, die auf dem Schiff selbst angebracht waren. Der ganze Betrieb wurde auf Elektrizität umgestellt. Bei den Linienfrachtern wurden die Ladeluken erheblich vergrößert und erweitert. Die neuen Linienfrachter erhielten teilweise ein Ladegeschirr, mit dem Schwergut bis zu 120 Tonnen ohne fremde Hilfe selbst übernommen werden konnte. Ein Ausweg bot sich ferner dadurch, daß für bestimmte Güter Spezialschiffe gebaut wurden. So entstanden Fruchtschiffe, Kühlschiffe, Spezialtanker und andere Einheiten einer besonderen Bestimmung.

Großer Wert wurde bei den Neubauten der ersten zwanziger Jahre auf die Unterbringung und Unterhaltung von Fahrgästen und Besatzungen gelegt. Man braucht gar nicht auf Schilderungen zurückgreifen, die man in dieser Hinsicht noch aus der Zeit der großen Auswanderungen in der zweiten Hälfte des vorigen Jahrhunderts kennt. Schon damals war ein Vergleich mit den Verhältnissen unmöglich, die noch im 17. und 18. Jahrhundert bei Fahrten auf See herrschten. In dieser Epoche wurden bekanntlich die wenigen Passagiere, die sich überhaupt auf eine Seereise wagten, in primitivsten Verschlägen, die man trotzdem „Kabinen“ oder „Kammern“ nannte, untergebracht. Auch später im 19. Jahrundert war es noch schlimm. Eine gewisse Kate-

gorie von Passagieren genoß zwar erhebliche Vorrechte. Aber der Masse der Auswanderer, die im 19. Jahrhundert nach überseeischen Ländern strebten, war ein kaum tragbares Los bestimmt. Sie waren auf engsten Raum zusammengepfercht, kamen kaum zum Luftschnappen an Deck und mußten oftmals selbst für ihre Verpflegung auf den wochenlangen Reisen sorgen. Das besserte sich zu Ausgang des vorigen Jahrhunderts wesentlich, und vor dem Ersten Weltkrieg gab es sogar auf den Passagier-Frachtschiffen für alle Klassen einen gewissen Komfort. Dafür sorgten sowohl Reedereien als auch Werften. Eine Ausnahme bildeten die großen Passagierschiffe, auf denen man bequem und sicher reiste. Schiffe wie z. B. die Riesendampfer des Lloyd, der Hapag, der Hamburg-Süd und anderer Gesellschaften boten ausgesprochenen Luxus, natürlich immer im Rahmen der Zeit und der damaligen Technik.

Nach dem Ersten Weltkrieg wurden die Kabinen für Fahrgäste der 1. und 2. Klasse geräumig und sehr behaglich eingerichtet. Es gab Kabinen mit Bad oder Dusche und besonderen Toiletten- und Waschräumen. Die Räumlichkeiten für Reisende der sogenannten „Touristen-Klasse" waren ähnlich, wenn auch weniger komfortabel. Für alle Fahrgäste gab es bei den Passagierschiffneubauten der zwanziger Jahre besondere Rauchzimmer, Spielzimmer und Gesellschaftszimmer. Alle Räumlichkeiten waren gut durchlüftet. Die Verpflegung an Bord war sprichwörtlich ausgezeichnet.

Auch die Besatzung war weit besser untergebracht als früher. Sie wohnte nicht nur im Vorschiff, es gab besondere Wohndecks für Offiziere, Unteroffiziere, Matrosen und Heizer. Die Offiziere hatten eigene Kammern, die einfach, aber gut ausgestattet waren. In einer eigenen Messe konnten sie sich in der wachfreien Zeit aufhalten. Die Mannschaften wohnten in einem großen und luftigen Gemeinschaftsraum, der gut ausgestattet war und in dem jeder seinen Platz hatte. Auf einzelnen Schiffen war man sogar dazu übergegangen, die Mannschaft in Zwei- oder Mehrbettkammern unterzubringen. Messen wie Gemeinschaftsräume hatten ihre eigene Pantry, in der alles zu kaufen war, was des Seemanns Herz und Magen bei einem langen Seetörn brauchten. Natürlich war das nicht auf allen Schiffen so. Aber

Ausnahmen bestätigten auch hier wie immer die Regel. Im übrigen wurden diese Dinge schon in den dreißiger Jahren Allgemeingut der „Christlichen Seefahrt".

Einige Worte noch zu den Sicherheitseinrichtungen an Bord. Sie waren an sich gesetzlich vorgeschrieben und genau klassifiziert. Rettungsboote und Rettungsflöße gab es schon lange auf jedem Schiff. Zumeist waren sie auch ausreichend, um bei Unfällen des Schiffes die ganze Besatzung zu bergen. Aber es gab noch Ausnahmen. Ein böses Beispiel ist der Untergang des englischen Riesendampfers „Titanic", der im April 1912 im Atlantik nach einem Zusammenstoß mit einem Eisberg unterging und Tausende von Menschen mit sich in die Tiefe nahm. Hauptgrund war das Fehlen ausreichender Rettungsmittel. Nach diesem Vorfall kamen besonders verschärfte internationale Vorschriften zur Rettung Schiffbrüchiger zur Anwendung.

Vor dem Ersten Weltkrieg war die Einrichtung von Funkanlagen auf den Seeschiffen noch nicht allgemein. Echolotanlagen und Funkpeiler gab es überhaupt nicht. Es gab auch noch keine besonderen Küstenfunkstellen. Die erste in Deutschland wurde 1902 in der Lloydhalle in Bremerhaven eingerichtet. Der erste große deutsche Dampfer, der mit Funkentelegraphie versehen war, ist der Schnelldampfer „Kaiser Wilhelm der Große" gewesen, der eine Einrichtung nach dem System „Marconi" erhielt. Andere Reedereien folgten dann schnell nach. 1913 waren durchweg alle großen internationalen Passagierschiffe mit Funkentelegraphie ausgerüstet. Gleichzeitig begann man mit der Einrichtung ähnlicher Anlagen auf den damals neuesten Frachtschiffen. Nach 1920 durfte überhaupt kein Seeschiff mehr ohne Funkentelegraphie fahren.

Die erste Unterwasserschallanlage wurde 1904 auf dem Schnelldampfer „Kaiser Wilhelm II." des Norddeutschen Lloyd eingebaut. Später wurde sie durch das Echolot und den Funkpeiler ersetzt.

Heute haben selbst die kleinsten Seeschiffe Rundfunkanlagen, die großen Überseedampfer sogar eigene Telefonanlagen. Schon 1912 konnten die Passagiere solcher Schiffe Telegramme von Bord an ihre Angehörigen an Land versenden. Heute können sie mit ihnen wie an Land per Telefon sprechen.

Dies ist nur eine Übersicht über einige wichtige Neuerungen im Schiffbau, wie sie sich nach dem Ersten Weltkrieg abzeichneten. Sie waren, wie wir später noch sehen werden, nur ein Anfang.

Trotz Krisen Wiederaufbau

Mitte der zwanziger Jahre waren die ersten Aufbauprogramme der großen Schiffahrtsgesellschaften abgeschlossen. Die nächsten Jahre waren durch eine Reihe von Krisen gekennzeichnet, die das Tempo des Wiederaufbaues erheblich einschränkten. Trotzdem war die Beschäftigungslage der Werften relativ günstig. Neben einigen deutschen Neubauaufträgen konnten auch solche aus dem Ausland hereingeholt werden, was wesentlich zur Stärkung des Vertrauens in die deutsche Werftindustrie beitrug. Man half sich teilweise durch eine Intensivierung von Reparaturen und durch den Bau kleinerer Einheiten und Spezialfahrzeuge. Die ganz große und gefährlichste Krise kam erst 1931. Es war eine Krise der gesamten Weltwirtschaft, in die Deutschland naturgemäß einbezogen wurde. Doch bleiben wir zunächst bei einer Schilderung der Lage in den Jahren von etwa 1924 bis 1934.

Die Werft *Blohm & Voss* hatte Anfang der zwanziger Jahre, wie schon erwähnt, von der Hamburg-Südamerikanischen Dampfschiffahrtsgesellschaft den Auftrag zum Umbau des 20 000 Tonnen großen Passagierdampfers „Cap Polonio“ erhalten, den die Reederei in England zurückgekauft hatte. Wenig später gab sie den Auftrag zum Neubau zweier 14 000 Tonner, der „Antonio Delfino“ und der „Cap Norte“. 1924 folgten mehrere Aufträge auf gleichgroße Dampfer, die sich so bewährten, daß die Reederei bis 1931 außerdem drei weitere Einheiten derselben Klasse und Größenordnung bei der Werft bestellte. Es waren die „Monte Cervantes“, „Monte Rosa“ und „Monte Pascoal“. Sie konnten jeweils 2400 Personen in der dritten Klasse befördern.

Als im Jahre 1925 die große Auswandererwelle schlagartig verebbte, halfen sich die großen Reedereien – um die Beschäftigung ihrer Fahrgastschiffe besorgt – durch die Veranstaltung von Gesellschaftsreisen. 1927 stellte die Hamburg-Südamerika-

nische Dampfschiffahrtsgesellschaft den bei *Blohm & Voss* gebauten 27 560 BRT großen Dampfer „Cap Arcona" in Dienst, der sich sehr bald den Ruf als „schönstes Schiff auf allen Meeren" erwarb. Die „Cap Arcona" konnte 1231 Fahrgäste in drei Klassen gefördern. Ihre Inneneinrichtung wurde vom reisenden Publikum überschwenglich gelobt. Sie galt als Höhepunkt deutscher Schiffbaukunst der damaligen Zeit. Ab 1923 ließ die Hamburg-Amerika Linie bei *Blohm & Voss* nacheinander vier Passagierschiffe der „Albert-Ballin"-Klasse bauen. Sie erhielten die Namen „Albert Ballin", „Deutschland", „New York" und „Hamburg". Die 21 000 BRT großen Schiffe gehörten nicht dem Typ der übergroßen Schnelldampfer an, sondern waren moderne und gutausgestattete Schiffe der Mittelklasse. Sie wurden zu den bekanntesten und beliebtesten Passagierschiffen der Zeit nach dem Ersten Weltkrieg auf dem Nordatlantik.

1930 lieferten *Blohm & Voss* an den Norddeutschen Lloyd den Schnelldampfer „Europa", ein Schiff von fast 50 000 BRT, das eine Geschwindigkeit von 28 kn erreichte und 723 Passagiere in der 1. Klasse, 616 in der Touristenklasse und 905 in der 3. Klasse befördern konnte. Die „Europa" errang 1930 das Blaue Band des Nordatlantik.

Ein Schwesterschiff der „Europa" war 1929 bei der *AG Weser* vom Stapel gelaufen und hatte in der Taufe den Namen „Bremen" erhalten. Sie hatte schon vor der „Europa" den Schnelligkeitsrekord auf dem Nordatlantik gebrochen.

Bei der *AG Weser* waren etwa zur gleichen Zeit mehrere Schiffe für die Deutsche Dampfschiffahrtsgesellschaft Hansa in Bremen zu Wasser gelassen worden. Unter ihnen sei hier die 10 100 Tonnen große „Lichtenfels" genannt, die als einzige der wenigen Neubauten jener Jahre einen „Maierform-Bug" hatte und außerdem mit einem Schwergutbaum von 120 Tonnen Hebefähigkeit ausgerüstet war.

Die *Schichau-Werft* in Danzig hatte 1924 für den Norddeutschen Lloyd einen 32 565 BRT großen Schnelldampfer gebaut, der eine Geschwindigkeit von 21,5 Knoten erreichte und rund 1700 Fahrgäste in drei Klassen befördern konnte. Mit der „Columbus", die 1924 ihre erste Reise antrat und die das größte und schnellste Schiff der deutschen Handelsflotte um die

Mitte der zwanziger Jahre war, hatte der Lloyd seine alte Schnelldampfer-Tradition aus der Vorkriegszeit wieder aufgenommen.

Auf den Hellingen des *Stettiner Vulcan* war 1923 der rund 13 325 BRT große Dampfer „München“ entstanden. Er war ein Passagierschiff der Mittelklasse des Norddeutschen Lloyd. Die „München“ brannte 1930 in New York aus, wurde 1931 bei der *AG Weser* umgebaut und in „General von Steuben“ umbenannt. Sie wurde 1945 bei der Rückführung von Flüchtlingen in der Ostsee von einem sowjetischen U-Boot torpediert und versenkt. Es war eine der großen Schiffstragödien, die sich zu Ausgang des Zweiten Weltkrieges ereigneten. Einige andere Werften können noch mit Einzelheiten erwähnt werden. Wenn es nicht *alle* Werften sein können, die am damaligen Aufbau beteiligt waren, so liegt das daran, daß Unterlagen über diese Jahre nur sehr schwer zu erlangen waren. Sie waren zumeist durch den Bombenkrieg verlorengegangen. Wir müssen uns daher zum Schluß mit einer summarischen Zusammenfassung begnügen.

Die Liste dieser Werften ist groß. Sie umfaßt Schiffe jeder Art, Gattung und Bestimmung. Genannt seien hier (Vollständigkeit nicht gewährleistet): *Bremer Vulkan, Stettiner Vulcan, Deutsche Werft, Tecklenborg-Werft, Rickmers-Werft, Flensburgerschiffbau-Gesellschaft, AG Weser, Danziger Werft, Schichau-Danzig, Germania-Werft-Kiel, Blohm & Voss, Nordseewerke-Emden, Werft Frerichs-Einswarden, Werft Henry Koch-Lübeck, Vulkan-Hamburg, Werft Paul Lindenau-Kiel, Werft Martin Jansen-Leer, Atlas-Werke-Bremen, Howaldtswerke-Kiel, Gutehoffnungshütte-Rheinwerft Walsum, Krögerwerft-Rendsburg, Lübecker Flender-Werke, Fr. Lürssen-Werft-Vegesack, Roland-Werft-Bremen, Schiffbau-Gesellschaft Unterweser, Schlichting-Werft-Lübeck, Schulte & Bruns-Emden, Werft Nobiskrug-Rendsburg* und *J. J. Sietas-Hamburg*.

Die Weltwirtschaftskrise, die an dem berüchtigten „Schwarzen Freitag“ des Jahres 1929 ausbrach, stellte die deutsche Schiffahrt und damit auch den deutschen Schiffbau vor fast unlösbare Probleme. Die Märkte in Übersee brachen zusammen. Der Auswandererverkehr, die Stütze des gesamten Passagier-

geschäfts, war schon vorher zum Stillstand gekommen. Weder Fracht noch Fahrgäste boten sich an. Im Zeichen der wirtschaftlichen Depression stellte die damalige Reichsregierung 1931 ein Abwrackprogramm auf, um die immer kostspieliger werdenden Überseedienste einzuschränken. Für jedes Schiff, das aus dem Verkehr gezogen wurde oder zur Verschrottung kam, wurden Prämien ausgesetzt. Die Folge war, daß zahlreiche Reedereien ältere Schiffe zum Verschrotten freigaben oder zumindest an die Kette legten. Einige Werften hatten schon vorher das Abwrackgeschäft auf eigene Rechnung vorgenommen. Das war aber keine Lösung für längere Dauer. Um die allgemeine wirtschaftliche Notlage fühlbar zu vermindern, mußte eine Abwrackaktion großen Stils ins Leben gerufen werden. Der damalige Vorsitzende des Verbandes Deutscher Reeder, Geheimrat *Cuno*, ist der Schöpfer dieser Aktion. Die Durchführung sicherte der Vorsitzende des Verbandes deutscher Schiffswerften, *William Scholz*.

Im Rahmen der Aktion wurden insgesamt 400 000 BRT verschrottet. Fast alle deutscher Seeschiffswerften beteiligten sich mit einem ihrer Größe entsprechenden Kontingent. Trotz aller Hilfsmaßnahmen blieb es nicht aus, daß die Tätigkeit auf zahlreichen Werften völlig erlosch und große Teile der Belegschaften bis auf Wachkommandos entlassen werden mußten. Die Krise währte bis 1933; erst Ende 1934 lief der Schiffbau wieder langsam an. Von da an ging es wieder aufwärts. In den wenigen Jahren bis zum Ausbruch des Zweiten Weltkrieges erreichte die deutsche Schiffbauindustrie einen Höchststand, der sie in das Gremium der damaligen Schiffbauländer der Welt zurückführte.

Die Jahre von 1934–39 waren die Zeit der großen Aufträge. Die deutschen Werften wurden nicht nur von den deutschen Reedereien, sondern auch von zahlreichen ausländischen Schiffahrtsgesellschaften in Anspruch genommen. Hier einige Beispiele der bemerkenswertesten Neubauten auf deutschen Werften in dieser Zeitspanne:

Die *Deutsche Werft* baute Anfang der dreißiger Jahre, als die Wirtschaftskrise abklang und die Bautätigkeit wieder zunahm, das erste Motorfrachtschiff, die 4618 BRT große „Sofia“, für die Deutsche Levante-Linie. Sie war ein vielleicht nicht

großes, aber recht elegantes Schiff. Auch der senkrechte Vorsteven, den man bis dahin noch häufiger antraf, war verschwunden. Bei den Deckaufbauten war man ebenfalls von der alten Regel, Kommandobrücke und Mittschiffsaufbau voneinander zu trennen, abgegangen und hatte beide zusammengelegt. Einen hübschen Typ stellten die für die Reederei Fr. Laeisz gebauten schnellen Fruchtschiffe dar, die 16 bis 17 Knoten liefen und für den Transport von Bananen aus Westafrika bestimmt waren. Für die Hapag baute die *Deutsche Werft* Mitte der dreißiger Jahre mit der „Wuppertal" und (1939) mit der „Orizaba" und der „Antilla" drei moderne Fracht/Fahrgasschiffe, die mit einer diesel- bzw. turboelektrischen Antriebsanlage ausgerüstet waren. Die gleiche neuartige Antriebsanlage hatte die 16 595 BRT große „Patria" (ebenfalls für die Hapag), die auf der Werft in Finkenwerder gebaut wurde. Sie war für den Liniendienst nach der Westküste Südamerikas bestimmt und in erster Linie ein Passagierschiff. Erwähnt sei noch, daß die *Deutsche Werft* in diesen Jahren eine Reihe von Tankern und Spezialschiffen für deutsche und ausländische Rechnung baute. Insgesamt verließen von 1931–39 fast neunzig Seeschiffe die Hamburger Werftanlagen.

Auf der *AG Weser* lief als erster Neubau nach Beendigung der Weltwirtschaftskrise ein verhältnismäßig kleines Motorschiff, die 4620 BRT große „Memel", vom Stapel. Sie leitete ein umfassendes Neubauprogramm ein, das bis zum Kriegsausbruch auf 14 Frachtmotorschiffe in der Größe von 4000–8000 tdw und mehrere kleinere Einheiten anwuchs. Wichtigste Neubauten in diesen Jahren waren die 1935 in Dienst gestellten Passagier-Schnelldampfer für den Ostasiendienst des Lloyd, „Gneisenau", „Scharnhorst" und „Potsdam", die je 18 000 BRT groß waren. Die beiden ersteren wurden bei der *AG Weser,* die letztere bei *Blohm & Voss* gebaut.

Bei den *Nordseewerken* in Emden wurde im gleichen Zeitraum eine ganze Reihe von Fischdampfern (Sowjetunion), Frachtdampfern (Schweden), und Motorfrachtschiffe für mehrere deutsche Reedereien gebaut.

Die *Howaldts-Werft* baute für die Hamburg-Südamerikanische Dampfschiffahrts-Gesellschaft u. a. drei neuartige Kühl-

schiffe und ließ drei weitere für den gleichen Zweck umbauen. Auf jedem Schiff konnten rund 6500 Kubikmeter Laderaum bis 10 Grad unter Null gekühlt werden. Es war soviel Platz vorhanden, daß zwei Millionen Kilo Fleisch je Schiff und Reise befördert werden konnten.

Schon diese wenigen Beispiele zeigen, daß die deutschen Werften es in den wenigen Jahren nach Beendigung der Weltwirtschaftskrise verstanden hatten, hochmoderne Schiffe zu bauen, die es mit allen ausländischen Seeschiffen auch in einem harten Konkurrenzkampf aufnehmen konnten. Die Gesamttonnage der Welthandelsflotten betrug vor Ausbruch des Zweiten Weltkrieges rund 69,4 Millionen BRT. Wie wir uns erinnern, hatte das Deutsche Reich bis zum Jahre 1914 den dritten Platz in diesem Welt-Gremium erreicht. Jetzt im Jahre 1939 war es allerdings von Japan und Norwegen überflügelt worden und stand an fünfter Stelle hinter Großbritannien, den USA, Japan und Norwegen. Trotzdem war dieser Aufbau bewundernswert, wenn man die fast aussichtslose Situation nach 1918 und die ungeheuren Schwierigkeiten bedenkt, denen die deutsche Schiffbauindustrie in diesen Jahren gegenüberstand. Der Ausbruch des Zweiten Weltkrieges machte dieser Entwicklung ein jähes Ende. Der Bau von Handelsschiffen mußte ganz eingestellt und die Arbeit der Werften ausschließlich auf kriegswichtige Arbeiten ausgerichtet werden. Wir werden in dem nächsten Kapitel noch sehen, wie weit die einzelnen Schiffbaubetriebe hiervon betroffen wurden. Aber die Dinge sollten nach Kriegsende noch viel schlimmer werden, als sie es 1918 waren. Schon im Kriege selbst hatte die deutsche Handelsschiffahrt schwerste Verluste erlitten. Nach 1945 stand sie buchstäblich vor dem Nichts. Und was noch schlimmer war: den schwachen Hoffnungsschimmer, der sich trotz des Versailler Vertrages 1920 abzeichnete, gab es nach der Kapitulation 1945 nicht. Trotzdem wurde nach 1950 eine deutsche Handelsflflotte aufgebaut, die heute wieder einen führenden Platz unter den Welthandelsflotten einnimmt.

Kriegsschiffbau zwischen 1925 und 1945

Der Ausgang des Ersten Weltkrieges hatte nicht nur die deutsche Handelsflotte, sondern auch die einstmals so starke Kriegsmarine praktisch vernichtet. Das Waffenstillstandsabkommen, das die Auslieferung aller kampfkräftigen Schiffe und in der Folge damit ihre Selbstvernichtung in der Bucht von Scapa Flow nach sich zog, hatte den Kern der alten Hochseeflotte bereits vor Friedensschluß ausgeschaltet. Den Rest besorgte der Versailler Vertrag. Er beließ Deutschland nur wenige alte Linienschiffe, Kreuzer und Torpedoboote. Mit Danzig gingen die dortigen Werften verloren. Von den ehemaligen Kaiserlichen Werften verblieb nur in verkleinertem Zustand die in Wilhelmshaven. Die Kaiserliche Werft in Kiel wurde unter dem Namen *Deutsche Werke AG* eine Privatwerft.

Da es sich bei allen der künftigen Reichsmarine belassenen Einheiten um überalterte Schiffe handelte, mußte an einen möglichst baldigen Ersatz gedacht werden. Die Vorbereitungen hierzu zogen sich wegen der von den damaligen Alliierten geforderten Einschränkungen für Kriegsschiff-Neubauten und durch die unsichere innenpolitische Lage noch Jahre hin. Erst im Jahre 1921 konnte auf der Marinewerft in Wilhelmshaven der Kiel für den ersten Kreuzerneubau gestreckt werden. Das Schiff wurde 1925 in Dienst gestellt und erhielt in der Taufe den Namen „Emden". Aus der langen Bauzeit wird ersichtlich, mit welchen Schwierigkeiten die damalige Reichsmarine beim Neubau von Schiffen zu kämpfen hatte. Ebenso wichtig wie der Bau von Ersatzschiffen für die wenigen verbliebenen und überalterten Kreuzer war der für Linienschiffe und Torpedoboote. Die ersten Torpedoboote konnten ab 1924 auf Stapel gelegt werden. Es handelte sich um Boote von 800 ts, die eine Geschwindigkeit von 33 Knoten erreichten. Sie wurden auf der *Marinewerft* in Wilhelmshaven gebaut. Das erste der Panzerschiffe, die die alten Linienschiffe nach und nach ersetzen sollten, war die 1931 in Dienst gestellte „Deutschland". Sie wurde bei den *Deutschen Werken* in Kiel gebaut und stellte eine sehr geglückte Konstruktion in der durch den Versailler Vertrag festgelegten Größe von nur 10 000 ts dar. In den Jahren von

22.–23. Helling, Docks und Ausrüstungskai der *Blohm & Voss AG*, Hamburg.

24. Luftaufnahme der *Rheinstahl Nordseewerke* in Emden.

25. Helling und Dock der *Rheinstahl Nordseewerke*.

1927 bis 1933 wurden auf verschiedenen Werften weitere vier Kreuzer erstellt, die etwas größer, schneller und besser bewaffneter waren als die vorgenannte „Emden". Bauwerften waren die *Deutschen Werke* in Kiel und die *Marinewerft* in Wilhelmshaven. Das zweite Panzerschiff, die „Admiral Scheer", lief 1931 ebenfalls in Wilhelmshaven vom Stapel.

Den ersten sechs neuen Torpedobooten folgten in den Jahren 1927/28 sechs weitere der gleichen Größe (800 ts). Auch sie entstanden auf der *Marinewerft* in Wilhelmshaven.

Zu den anderen Einheiten der Reichsmarine, die zwischen 1930 und 1937 gebaut wurden, gehören 24 Räumboote, zu deren Bau kleinere Werften wie die *Schlichting-Werft* in Travemünde, die *Lürssen-Werft* in Bremen-Vegesack und die Werft *Abeking & Rasmussen* in Lemwerder herangezogen wurden.

Die alten Linienschiffe „Schlesien" und „Schleswig-Holstein", die im Jahre 1904 auf der *Germania-Werft* in Kiel und bei *Schichau-Danzig* entstanden waren, wurden in den zwanziger Jahren umgebaut. Vom Stapel lief 1931 auf der *Marinewerft* in Wilhelmshaven das neue Artillerieschulschiff „Bremse" und 1933 auf der Werft *Blohm & Voss* das Segelschulschiff „Gorch Fock". Mehrere alte Torpedoboote, die noch aus den Jahren 1911/12 stammten, wurden Ende der zwanziger Jahre auf der Germania-Werft zu Torpedoschulbooten umgebaut. An Umbauten anderer Art, wie Begleitschiffen und Tendern, waren die Werften *Germania-Kiel*, der *Bremer Vulkan*, die *Howaldtswerke* in Kiel und die *Flender-Werke* in Lübeck beteiligt. Neubauten dieser Jahre waren schließlich noch die beiden Fischereischutzboote „Elbe" und „Weser", die in Wilhelmshaven entstanden.

Mit dem Jahre 1934 setzte eine verstärkte Tätigkeit im Kriegsschiffbau ein, zu der eine Reihe von Privatwerften herangezogen wurde. So bauten *Blohm & Voss* das Schlachtschiff „Bismarck" und den Schweren Kreuzer „Admiral Hipper", die *Deutschen Werke* das Schlachtschiff „Gneisenau", den Schweren Kreuzer „Blücher", den Kreuzer „Nürnberg" und den allerdings später nicht vollendeten ersten deutschen Flugzeugträger „Graf Zeppelin". Bei der *Deschimag* in Bremen wurden 1937

die Schweren Kreuzer „Seydlitz“ und „Lützow“ auf Stapel gelegt, auf der *Germania-Werft* in Kiel der Schwere Kreuzer „Prinz Eugen“.

Zwischen 1935 und 1938 wurden ferner bei der *Deschimag* in Bremen, bei *Blohm & Voss*, bei der *Germania-Werft* in Kiel und bei den *Deutschen Werken* in Kiel insgesamt 22 neue Zerstörer gebaut. *Blohm & Voss* und die *Germania-Werft* bauten in den gleichen Jahren vier Geleitboote.

Zum U-Bootbau wurden bis zum Kriegsausbruch die *Deutschen Werke*, die *Germania-Werft*, die *Deschimag* und später noch die *Flender-Werke*, *Blohm & Voss* und die *Stettiner Vulcan-Werft* herangezogen.

Kleine Kriegsfahrzeuge wie Minensuchboote und Schnellboote wurden auf einer ganzen Reihe von Privatwerften erstellt. Hierunter fielen *Stülcken-Hamburg*, die *Flender-Werke*, *Schichau-Elbing*, die *Stettiner Oderwerke*, die *Seebeck-Werft* und die *Tecklenborg-Werft*. Schon vorher waren mit dem Umbau älterer Minensuchboote, die bereits im Ersten Weltkrieg entstanden oder in Bau genommen worden waren, u. a. der *Bremer Vulkan*, die *Atlas-Werft*, die *Nordsee-Werke*, die *Neptun-Werft* in Rostock, die *Flensburger Schiffbaugesellschaft* und die *Reiherstieg-Werft* in Hamburg beauftragt worden.

Im Jahre 1935 entstand in Hamburg ein Schwesterschiff des Artillerieschulschiffes „Bremse“. Es wurde auf der *Deschimag-Werft* gebaut und erhielt den Namen „Brummer“.

Blohm & Voss baute 1934 das erste Schnellbootbegleitschiff „Tsingtau“ und den Aviso „Grille“, der später als Führungsschiff diente, vor Ausbrauch des Krieges aber auch als eine Art Staatsjacht beim Besuch ausländischer Staatsoberhäupter Verwendung fand.

Im Jahre 1935 war die damalige Reichsmarine in Kriegsmarine umbenannt worden. Von diesem Zeitpunkt an wurde der Aufbau der Flotte erheblich forciert. Zu diesen Aufgaben wurde schließlich mit Kriegsbeginn die ganze Werftindustrie herangezogen.

Auf der jetzt *Kriegsmarinewerft* gennannten staatlichen Werft in Wilhelmshaven war im Jahre 1936 der Kiel für ein weiteres Schlachtschiff von 54 000 ts gestreckt worden. Es war

die spätere „Tirpitz". *Blohm & Voss* und die *Deschimag* erhielten 1939 je einen Auftrag zum Bau eines weiteren Schlachtschiffes, der aber nicht zur Ausführung kam.

Drei Kreuzer, die kurz vor Kriegsbeginn an die *Deutschen Werke*, die *Germania-Werft* und die *Kriegsmarinewerft* in Wilhelmshaven vergeben waren, wurden 1941/43 in unvollendetem Zustand wieder abgebrochen.

Den ersten 22 Zerstörern der Kriegsmarine folgten bis 1942 weitere siebzehn Zerstörer bei den gleichen Werften. *Schichau-Elbing*, und die *Deschimag* bauten zwischen 1935 und 1939 insgesamt 36 Torpedoboote eines etwas größeren Typs als die ersten Boote der Raubtier- und Raubvogel-Klasse der zwanziger Jahre.

Die Minensuchboote entstanden bei einer ganzen Reihe deutscher Werften, bei *Schichau-Elbing*, bei der *Neptun-Werft* in Rostock, bei *Tecklenborg*, *Stülcken Sohn*, den Stettiner *Oderwerken*, der Lübecker *Maschinenbau-Gesellschaft*, der *Deutschen Werft*, den *Atlas-Werken*, der *Rickmers-Werft*, der *Unterweser-Schiffbaugesellschaft* und einigen kleineren Werften.

Abeking & Rasmussen, *Burmester-Burg*, und *Schlichting-Travemünde* bauten Räumboote. Den Bau von Schnellbooten übertrug die Marine an die dafür schon bekannte *Lürssen-Werft*.

Am Bau der während des Krieges erheblich vermehrten U-Boote waren die *AG Weser*, die *Deutschen Werke*, die *Germania-Werft*, *Flender-Lübeck*, der *Bremer Vulkan*, *Blohm & Voss*, die *Nordseewerke*, die *Flensburger Schiffbaugesellschaft*, die *Neptun-Werft*, *Stülcken Sohn*, *Howaldt-Kiel*, *Schichau-Danzig*, *Seebeck-Geestemünde* und die *Deschimag* beteiligt.

Es ist nicht möglich, im Rahmen dieser Ausführungen alle Kriegsschiffe und die Werften, auf denen sie gebaut wurden, zu nennen. Die vorstehende Schilderung soll daher nur einen Überblick vermitteln. Er zeigt, daß die deutschen Privatwerften erheblich am Aufbau der damaligen Kriegsmarine beteiligt waren, und daß sie praktisch ausschließlich während des Zweiten Weltkrieges für kriegswichtige Aufgaben eingespannt wurden. Mehr darüber sagt noch das folgende Kapitel, das sich kurz mit der Tätigkeit und dem Schicksal der Werften im Kriege von 1939 bis 1945 befaßt.

Der Ausbruch des Zweiten Weltkrieges unterbrach jäh und weit drastischer als 1914 den hoffnungsvollen Aufbau der neuen deutschen Handelsflotte. Praktisch wurde 1939 der Bau von Handelsschiffen völlig eingestellt. Nur ganz wenige und bereits fertiggestellte Schiffe für Auftraggeber aus dem damals noch befreundeten Ausland durften in Sonderfällen ausgeliefert werden. Die gesamte deutsche Werftindustrie, große wie kleine Betriebe, wurden angehalten, nur noch kriegswichtige Aufgaben auszuführen. Die Werftleitungen waren nicht mehr in der Lage, frei zu disponieren. Sie mußten ihre ganze Tätigkeit nach den Auflagen ausrichten, die ihnen von staatlichen Stellen erteilt wurden.

Die Verteilung der anfallenden Aufgaben auf die einzelnen Werften war je nach ihrer Leistungsfähigkeit verschieden. Das Tempo der Lösung dieser Aufgaben war vorgeschrieben. Zu Versuchen oder langen Überlegungen, was am zweckmäßigsten sei, war keine Zeit. Man mußte oft improvisieren. Einer Reihe von Werften wurde u. a. die Aufgabe gestellt, geeignete Handelsschiffe zu Hilfskreuzern, Sperrbrechern oder Sonderschiffen umzubauen.

Zu Hilfskreuzern wurden umgebaut:

„Atlantis“ ex Frachtmotorschiff „Goldenfels“ (7862 BRT)
Bremer Vulkan,
„Orion“ ex Fracht-Turbinenschiff „Kurmark“ (7021 BRT)
Blohm & Voss,
„Widder“ ex Fracht-Turbinenschiff „Neumark“ (7851 BRT)
Howaldtswerke Kiel,
„Thor“ ex Fracht-Turbinenschiff „Santa Cruz“ (3862 BRT)
Deutsche Werft,
„Pinguin“ ex Fracht-Motorschiff „Kandelsfels“ (7766 BRT)
AG Weser,
„Komet“ ex Fracht-Motorschiff „Ems“ (3287 BRT)
Deutsche Werft,
„Kormoran“ ex Fracht-Motorschiff „Steiermarck“ (8736 BRT)
Germania-Werft,

„Michel“ ex Fracht-Motorschiff „Bielsko“ (4740 BRT)
Schichau-Danzig,
„Stier“ ex Fracht-Motorschiff „Cairo“ (4778 BRT)
Germania-Werft,
„Coronel“ ex Fracht-Motorschiff „Togo“ (5042 BRT)
Bremer Vulkan.

Die Umbauten waren schwierig, da die Armierung eingebaut und die Unterkunftsräume weitestgehend umgestaltet werden mußten.

Der Umbau von geeigneten Handelsschiffen zu Sperrbrechern wurde mehreren Werften übertragen. Das gleiche traf für die Sonderschiffe zu, wie z. B. Begleitschiffe für U-Boote, Schnellboote und Räumboote.

Ein beträchtlicher Teil der bei Kriegsausbruch in Deutschland vorhandenen Tonnage wurde zur Herbeischaffung von lebens- und kriegswichtigen Gütern eingesetzt. Dabei entstanden erhebliche Verluste durch Kaperung, Versenkung durch gegnerische Kriegsschiffe oder durch Selbstversenkung im Falle einer drohenden Beschlagnahme. Feindliche Bomben, Torpedos und Minen taten ein übriges. Ein Ersatz der so verlorengegangenen Handelsschiffe durch Neubauten war während des Krieges ausgeschlossen. Die gesamte Werftkapazität war durch Neubauten von Kriegsschiffen mehr als voll ausgelastet. So wurde z. B. die *Deutsche Werft* im Jahre 1941 vom Oberkommando der Kriegsmarine aufgefordert, sich noch stärker als bisher am Aufrüstungsprogramm zu beteiligen. Gefordert wurde in erster Linie der Bau von Torpedobooten. Aber gerade diese Einheiten waren mit ihrer nur sechs Millimeter starken Außenhaut für die Werft nicht geeignet, da sie besonders für die Bearbeitung schwerer Bleche eingerichtet war und ihre Kapazität sich somit wenig vorteilhaft ausnutzen ließ. Man entschied sich bei der *Deutschen Werft* daher für den Bau von U-Booten. Daneben aber wurden auch Minensuchboote, U-Jäger, Torpedofangboote, Transportschiffe, Marine-Fährprahme und Hebewerke gebaut. Den Vorrang hatte das U-Boot-Bauprogramm. Auf der *Deutschen Werft* wurden während des Krieges mehr als sechzig U-Boote des 1100 ts großen Typs „IX C“ gebaut. Eine größere

Zahl weiterer Boote wurde bis Kriegsende nicht mehr fertig. Im letzten Kriegsjahr wurden etwa fünfzig Boote des neuentwickelten Typs „XXII" gebaut und zahlreiche weitere als fertige Sektionen an die *Germania-Werft* geliefert.

Eine besondere Maßnahme, die während des Krieges getroffen wurde, muß noch erwähnt werden. Es handelt sich um das sogenannte „Hansa"-Programm. In den Kriegsjahren waren die deutschen Werften mit kriegswichtigen Aufträgen des Staates ausgelastet. Für den notwendigen Ersatz der verlorenen *Handelsschifftonnage* war keine Werftkapazität vorhanden. Man suchte daher nach einer Lösung, wie man die großen und auf die Dauer untragbaren Verluste ausgleichen konnte. Viel zu spät und nur unzulänglich begann das „Hansa"-Bauprogramm, das den Bau von einfachen Einheitsfrachtern von 3000, 5000 und 9000 tdw vorsah. Es war eine Notlösung, die praktisch nur in sehr beschränktem Umfange zur Ausführung kam. Die projektierten Schiffe waren für eine kurze Lebensdauer gedacht. Entsprechend war ihr Bau und ihre Leistungsfähigkeit. Die Bedingungen, unter denen das Reich den Bau dieser Schiffe genehmigte, waren infolge des Rohstoffmangels so gelockert, daß die „Hansa"-Dampfer im Frieden von keiner Klassifikationsgesellschaft abgenommen worden wären. Die bewilligten Materialkontingente waren äußerst knapp bemessen und die Stahlqualität entsprach in keiner Weise den geltenden Vorschriften. Natürlich war das Fehlen dieser sonst in der Seefahrt unerläßlichen Voraussetzungen der Hauptgrund für die mindere Qualität der im Rahmen dieses Programms gebauten Schiffe. Vielleicht aber hielt man eine Besserung dieser Sachlage „höheren Orts" auch gar nicht für so wichtig, da man voraussetzte, daß diese Schiffe wahrscheinlich schon nach kurzer Zeit ihr Schicksal ereilen würde. 1945 wurden diese Schiffe, soweit sie überhaupt fertiggestellt worden und noch fahrbereit waren, an die Siegermächte abgeliefert.

Als der Krieg zu Ende ging, war die Leistungsfähigkeit einer größeren Zahl der deutschen Werften durch Bombenangriffe stark eingeschränkt. Wenige waren noch arbeitsfähig. So hatten z. B. die schweren Luftangriffe auf Hamburg die Arbeit auf der *Deutschen Werft* nicht ganz lahmlegen können. Schlimmer war

die Lage auf der *Reiherstieg-Werft*, wo die Bombentreffer über das ganze Werftgelände verteilt waren. Die *Nordsee-Werke* in Emden erlitten sehr erhebliche Kriegsschäden, so daß dort erst 1949 die Leistungsfähigkeit wieder einigermaßen hergestellt war. Bei der *Flensburger Schiffbau-Gesellschaft* blieben die Anlagen im wesentlichen von Kriegseinwirkungen verschont. Die *Rickmers-Werft*, die ebenso wie die beiden vorgenannten Betriebe am „Hansa"-Programm beteiligt war und noch 1944 zwei Dampfer von je 3000 BRT gebaut hatte, erlitt durch die schweren Bombenangriffe auf Bremerhaven sehr erhebliche Schäden. Die Werft von *Blohm & Voss* wurde weitestgehend zerstört. Was verblieb, fiel unter die Demontage-Bestimmungen.

Nicht anders sah es bei verschiedenen Werften aus, deren Standort die Hauptziele der gegnerischen Bombenangriffe waren.

Andere Werften wurden durch die Kriegsfolgen, die Demontagen oder das Potsdamer Abkommen, das praktisch jeden Wiederaufbau einer deutschen Handelsflotte auszuschließen schien, aufs schwerste in Mitleidenschaft gezogen. Bewundernswert ist, daß die deutsche Werftindustrie trotz dieser sie in ihrer Gesamtheit treffenden schweren Schläge wieder zu einer Leistungsfähigkeit gelangt ist, die den deutschen Schiffbau heute zu einem führenden Faktor des internationalen Wirtschaftslebens macht. Die auf deutschen Hellingen in den letzten zehn Jahren entstandenen Handelsschiffe zählen zu den modernsten und leistungsfähigsten der gesamten Welthandelsflotte.

Ehe wir darauf eingehen, müssen wir uns noch einmal die Situation vergegenwärtigen, in der sich die deutsche Schiffbauindustrie in den Jahren von 1945–1949, also bis zur Aufhebung der Baubeschränkungen des Potsdamer Abkommens, befand.

DER WEG IN DIE GEGENWART

Vor dem Nichts

Als der Zweite Weltkrieg zu Ende ging, war die deutsche Handelsflotte so gut wie vernichtet. Alle Schiffe, die sich im Ausland befanden, waren bereits oder wurden nun beschlagnahmt. Die in Deutschland befindlichen hochseetüchtigen Einheiten mußten ausgeliefert werden. Es blieb nur die Hoffnung auf die Genehmigung eines, wenn auch langwierigen, Wiederaufbaus.

Aber es kam weitaus schlimmer als im Jahre 1919. Das Versailler Diktat hatte zwar die Auslieferung der deutschen Handelsflotte verlangt, aber es hatte kein Verbot für den Bau von Seeschiffen für das In- und Ausland erlassen. Deutschland konnte nach 1920 wieder Schiffe für den Wiederaufbau seiner eigenen Handelsflotte bauen, soweit es seine eigenen wirtschaftlichen Möglichkeiten zuließen. Und es konnte sich auch im Export von Seeschiffen wieder in den internationalen Wettbewerb einschalten. Den Siegermächten hatte es damals genügt, die deutsche Wirtschaft soweit zu drosseln, daß sich auch der Schiffbau nur ganz allmählich wieder erholen konnte.

Das Potsdamer Abkommen vom Jahre 1945 war dagegen ein Todesurteil. Es bestimmte nicht nur, daß der gesamte Rest der noch vorhandenen deutschen Tonnage abgeliefert werden mußte, sondern es untersagte darüber hinaus grundsätzlich den Bau von Seeschiffen. Die Konstruktionsbüros mußten geschlossen werden. Das Studium des Schiffbaus mußte von den Unterrichtsplänen der deutschen Technischen Hochschulen gestrichen werden. Eine Wiederherstellung der durch den Bombenkrieg zerstörten Werftanlagen wurde untersagt. Den Rest gaben die unbarmherzig durchgeführten Demontagen.

Im Potsdamer Abkommen hieß es: „Mit dem Ziel der Vernichtung des deutschen Kriegspotentials ist die Produktion von Waffen, Kriegsausrüstung und Kriegsmitteln, ebenso die Herstellung von Flugzeugen und *Seeschiffen aller Typen* zu verbieten und zu unterbinden."

Es sah so aus, als wäre damit die deutsche Flagge für alle künftigen Zeiten vom Weltmeer verdrängt worden.

Es bedeutete nur eine sehr beschränkte Milderung dieses Vorsatzes, wenn die Direktive Nr. 37 des Alliierten Kontrollrates vom 26. September 1946 zugestand, daß künftige Neubauten nur eine Größe bis zu 1500 BRT haben, ihre Geschwindigkeit 12 Knoten nicht überschreiten und ihr mitgenommener Brennstoff nur für eine Fahrstrecke von 2000 Seemeilen ausreichen durften. Als Antriebsart war für alle Schiffe über 33,5 Meter Länge eine Kolbendampfmaschine mit Kohlefeuerung festgelegt. Das gleiche galt auch für alle Schiffe, die der deutschen Handelsflotte aus ihrem früheren Bestand belassen blieben.

Die Deutschland damit zugestandene Restflotte war noch weniger als eine Küstenflotte. Sie hätte keineswegs auch nur annähernd ausgereicht, um den lebenswichtigen Einfuhrbedarf der deutschen Bevölkerung zu sichern, ganz abgesehen davon, daß angesichts der Demontagen und des Zustandes der meisten Werften vorerst gar nicht an Ersatzbauten gedacht werden konnte. Man mußte sich also zunächst auf Reparaturen und die Wiederherstellung der wenigen vorhandenen kleinen Schiffe beschränken.

Aber die Erkenntnis, daß es nicht so weiterging, wuchs allmählich auch bei den ehemaligen Kriegsgegnern. Die erste Folge war die Freigabe der sogenannten „X-Schiffe", einer Tonnage von rd. 99 000 BRT meist kleiner und kleinster Schiffe, die zur Transportleistung herangezogen und von deutschen Reedern gechartert werden durften. Kurz danach wurde der Fahrbereich erweitert. Deutsche Seeschiffe durften nunmehr in der ganzen Ostsee und Nordsee verkehren. Ferner durften die Eigentümer der in deutschen Gewässern gehobenen Schiffe diese wiederherstellen, sofern sie nicht größer als 1500 BRT waren.

Das war gewiß ein, wenn auch kleiner, Lichtblick in der bisherigen fast aussichtslos erscheinenden Situation. Der entscheidende Umschwung kam mit dem sogenannten „Petersberg-Abkommen“ vom 22. November 1949. Schon auf einer Konferenz der alliierten Außenminister in Washington zu Anfang des gleichen Jahres war beschlossen worden, Deutschland zunächst den Bau von Seeschiffen bis zu 2700 BRT zu erlauben, wobei aber die Geschwindigkeitsbegrenzung von 12 Knoten bestehen blieb. Der Bau von Fahrgastschiffen blieb dagegen auch weiterhin verboten. Das Petersberg-Abkommen besiegelte und erweiterte die Zugeständnisse der Washingtoner Konferenz. Es bestimmte, daß mit seinem Inkrafttreten Deutschland der Bau von Hochseeschiffen mit Ausnahme von solchen Schiffen, die in erster Linie für die Beförderung von Passagieren bestimmt sind, und darüber hinaus der Bau von Tankern bis zu 7200 BRT, von Fischereifahrzeugen bis zu 650 BRT und von Küstenfahrzeugen bis zu 2700 BRT mit einer Geschwindigkeit von 12 Knoten erlaubt sei. Die Zahl solcher Schiffsneubauten wurde nicht beschränkt.

Die Bundesregierung durfte ferner bis zum 31. Dezember 1950 sechs Kühlschiffe ankaufen oder bauen, deren Tonnage und Geschwindigkeit diese Beschränkungen überschritten.

Die Bestimmungen des Petersberg-Abkommens galten zunächst nur für den Schiffbau für deutsche Zwecke. Hinsichtlich des Exportes deutscher Neubauten war noch nichts Amtliches festgelegt. Immerhin erklärten sich die Hohen Kommissare auf eine entsprechende Initiative von Bundeskanzler Adenauer bereit, deutsche Werften zum Bau von Schiffen für Exportzwecke zu ermächtigen. Im September 1950 wurde diese Genehmigung sanktioniert und im November 1950 wurde auch der Bau von Frachtschiffen, Walfangschiffen, Kühlschiffen und Tankern für ausländische Rechnung ohne Einschränkung hinsichtlich der Größe und Geschwindigkeit gestattet.

Im April 1951 schlug für den deutschen Schiffbau die Stunde der Befreiung von fast allen bisherigen Einschränkungen und Verboten. Deutsche Werften durften wieder für in- und ausländische Rechnung Seeschiffe jeder Größe und Geschwindigkeit bauen, ausgenommen waren lediglich Fahrgastschiffe. Die

wenigen bleibenden Beschränkungen betrafen Einrichtungen und Bauten, die einen ausgesprochen militärischen Zweck erfüllten. Sie bedeuteten also kein Hindernis für die Handelsschiffahrt. Mit dem Abschluß des „Deutschland-Vertrages“ vom Mai 1952 erhielt die Bundesrepublik ihre volle Souveränität. Sie konnte damit auch im Schiffbau wieder gleichberechtigt neben die anderen seefahrenden Nationen treten.

Die deutsche Werftindustrie hatte die Jahre von 1945 bis 1951 keineswegs nutzlos verstreichen lassen, sondern trotz aller Verbote und Einschränkungen auf den Tag hingearbeitet, an dem ihr der Weg zur freien Initiative wieder geöffnet wurde. Zunächst galt es natürlich in vielen Fällen, die teilweise sehr schweren Beschädigungen wieder zu beseitigen, die der Krieg hinterlassen hatte. Als die alliierten Sperrmaßnahmen gelockert wurden, ging man zu Reparaturen und schließlich zum Bau von Schiffen nach Maßgabe der dafür gesetzten Größen über. Die Entwicklung vollzog sich trotz aller Schwierigkeiten, die nicht nur politisch und finanziell, sondern auch materialmäßig bedingt waren, beinahe sprunghaft. Die nachstehende Statistik zeigt dies deutlich:

Ablieferung deutscher Werften zwischen 1949 und 1952 (in BRT)

Seeschiffe	1949	1950	1951	1952
Inland	12 000	130 600	275 000	248 000
Ausland	5 200	10 400	27 000	255 000

Die *Deutsche Werft* baute 1950 drei Dampfer von je 1710 BRT für die Reederei Zerssen & Co. in Rendsburg. Wenige Wochen später lieferte sie drei Motorfrachtschiffe von je 3080 BRT an die Oldenburg-Portugiesische Dampfschiff-Rhederei ab. Im Jahre 1951 entstand für die Reederei August Bolten ein 1500 tdw tragender Motorfrachter. Ihm folgten eine Reihe großer Motortanker für deutsche, italienische und norwegische Auftraggeber. Im Jahre 1953 erreichte die Deutsche Werft mit ihren Ablieferungen einen neuen Rekord. Mit eier Gesamtsumme von über 219 000 tdw abgelieferten Schiffsraumes stand sie in der Rangliste aller Handelsschiffwerften

der Welt an erster Stelle. Ihr folgten mit 129 000 tdw die *Kieler Howaldtswerke.*

Die *Lübecker Flender-Werke* ließen bereits 1949 zwei Dampfer zu Wasser, die in der Größe noch zu den damals von der Militärregierung zugelassenen Neubauten gehörten. Auftraggeber war die Reederei Ernst Russ. Die *Seebeck-Werft* lieferte ein Jahr später einen ebenfalls nach diesen Bestimmungen gebauten Dampfer von 1433 BRT an die Bremer Argo-Reederei. Auf den *Kieler Howaldtswerken* entstanden im gleichen Zeitraum mehrere Dampfer von je 1689 BRT. Später folgten größere Einheiten für in- und ausländische Rechnung.

Auf den *Howaldtswerken* in Hamburg wurden 1951 nach kleineren Schiffen für die Hamburg-Amerika-Linie zwei 5000-Tonner gebaut. Vier weitere Schiffe von je 6900 BRT, die auch Einrichtungen für eine beschränkte Zahl von Passagieren hatten, liefen 1950/51 für die Hamburg-Südamerikanische Dampfschiffahrtsgesellschaft bei *Howaldt-Hamburg* vom Stapel. Ihnen folgten in den nächsten Jahren zwei weitere 9000 Tonnen große Linienfrachter. Die *Lübecker Maschinenbau-AG* ließ 1950/52 ebenfalls für die Hapag vier Dampfer von je 2696 BRT vom Stapel, nachdem schon vorher mehrere kleinere Motorschiffe die Hellinge verlassen hatten.

Der *Bremer Vulkan* lieferte 1951 an den Norddeutschen Lloyd zwei Frachter von je 2353 BRT, die in der Fahrt nach den Kanarischen Inseln eingesetzt wurden.

Die *Flensburger Schiffbau-Gesellschaft* baute 1951 die ersten Nachkriegs-Neubauten für die Deutschen Afrika-Linien. Es waren drei Dampfer von je 3900 BRT, die allerdings nur 13 Knoten liefen.

Bei der *Schiffbau-Gesellschaft Unterweser* entstand 1950 ein Frachter von 1160 BRT. Ihm folgten ab 1952 mehrere Einheiten der gleichen Gattung.

Die vorgenannten Beispiele können keine Vollständigkeit beanspruchen. Sie betreffen auch nur die ersten Jahre nach 1945, in denen noch die rigorosen Einschränkungen für den deutschen Schiffbau galten, und die erste Zeit nach Abschluß des Petersberg-Abkommens, das schließlich die Tore für die weitere Entwicklung öffnete. Tatsächlich wurden schon damals

mehr Schiffe gebaut, und an ihnen war auch eine ganze Reihe anderer Werften beteiligt. Auch bei den angeführten Werften liefen in diesen Jahren noch weitere Neubauten vom Stapel. Aber auch diese kurze Darstellung zeigt, daß weder die Initiative der Reedereien noch die Leistungsfähigkeit der deutschen Schiffbauindustrie gebrochen waren. Wenn für die *Deutsche Werft* das Jahr 1953 ein Rekordjahr der Ablieferungen von Neubauten nach Beendigung des Zweiten Weltkrieges war, so traf dies allerdings nicht im gleichen Umfange für alle Werften zu. Immerhin aber lebte von diesem Zeitpunkt an die Tätigkeit überall erheblich auf. Der deutsche Schiffbau begann langsam, aber sicher wieder einen führenden Platz im Gremium der führenden Weltwirtschaftsnationen zu erkämpfen.

Schrittweiser Wiederaufbau

Mit dem „Petersberg"-Abkommen vom November 1949 und der Freigabe des Abkommens über die Industriekontrollen, das im Frühjahr 1951 in Kraft trat, war der Weg zum Wiederaufbau einer wirklich leistungsfähigen deutschen Handelsflotte zwar frei geworden, aber es dauerte noch eine gewisse Zeit, bis die Reedereien und damit auch die Werften wieder volle Verfügungsgewalt über die benötigten Neubauten gewannen. Die unter den einschränkenden Bedingungen der verschiedenen Bau- und Fahrbereichverbote erstellten Schiffe waren der internationalen Konkurrenz nicht gewachsen. Um wirklich konkurrenzfähig zu werden, brauchte die deutsche Schiffahrt größere und schnellere Schiffe, als es die bis dahin gebauten waren. Hinzu kam, daß die deutschen Reedereien ihre früheren überseeischen Liniendienste noch nicht wieder aufnehmen konnten, da gerade hier die ausländische Schiffahrtsgesellschaften eine bequeme Erbschaft angetreten hatten. Erst als sich mit dem Ausbruch des Korea-Krieges die Nachfrage nach leistungsfähiger Tonnage sprunghaft verstärkte, kam auch in dieser Hinsicht die notwendige Klarheit. Hatten sich bis dahin die deutschen Verlader auf fremde Dienste stützen können, so zeigte es sich nun, daß die eigene Wirtschaft entscheidend auf eine leistungsfähige Schiffahrt unter eigener Flagge angewiesen war. Die natürliche Folge war eine sprunghafte, erheblich verstärkte

Bautätigkeit auf den Werften. Sie wurde ermöglicht dank der Unterstützung aller Regierungsstellen, der weitreichenden Hilfe der Großbanken, des ungebrochenen Wagemutes der Reedereien und nicht zuletzt durch die Leistungsfähigkeit der deutschen Werftindustrie, die alle an sie gestellten Anforderungen erfüllte. Was hier geleistet wurde, war im wahren Sinne des Wortes ein Teil des so oft zitierten „Deutschen Wirtschaftswunders“. Allein in den Jahren von 1952 bis 1954 haben sich die Neubaulieferungen der deutschen Werften um fast die Hälfte verdoppelt. Der deutsche Schiffbau rückte damit im Jahre 1954, wie vor dem Kriege, wieder nach Großbritannien an die zweite Stelle im Weltschiffbau. Wenn im Jahre 1952 noch 248 000 BRT an Neubauten für deutsche Rechnung abgeliefert wurden, so waren es 1954 bereits 424 000 BRT. Für ausländische Rechnung wurden im gleichen Zeitraum 255 000 BRT (1952) und 470 000 BRT (1954) auf deutschen Werften erstellt.

Dies war nur möglich, weil sich die Werften der neuesten arbeitstechnischen Erkenntnisse und Arbeitsmethoden bedienten und weil durch Serienbau und andere Rationalisierungsmaßnahmen die Kosten so niedrig gehalten wurden, daß Schiffe gebaut werden konnten, die der ausländischen Konkurrenz gewachsen waren. Trotzdem war die Auftragslage in den Jahren 1953 und 1954 rückläufig, erholte sich aber 1955 wieder durch neue Bauaufträge in- und ausländischer Reeder.

In Größe und Geschwindigkeit, weniger im Aussehen, hatten sich die um die Mitte der fünfziger Jahre gebauten Seeschiffe gegenüber denen, die noch nach den einschränkenden Bestimmungen nach Kriegsende gebaut worden waren, sehr erheblich geändert. Die Tanker waren zu Schiffen von einer Größe bis zu etwa 50 000 tdw gewachsen. Beispiele – damals allerdings noch die einzigen – waren der 1954 bei den *Howaldtswerken* in Hamburg gebaute Großtanker „Al-Malik Saud Al-Awal“ (46 585 tdw) und die beiden auf den Hellingen der *Deutschen Werft* entstandenen Tanker „Cabimas“ und „Lagunillas“, die je 32 500 tdw groß waren. Auf der *Deutschen Werft* liefen zwei je 15 000 tdw große Bitumtanker vom Stapel und bei den *Ottenser Eisenwerken* zwei Flüssiggas-Tanker. Die Werft

H. C. Stülcken Sohn und die *AG Weser* bauten mehrere Schwergutfrachter von je rd. 7000 BRT. Die zur gleichen Zeit gebauten Trockenfrachter hatten sogar eine Durchschnittsgröße von 12 000 Tonnen Tragfähigkeit.

Diese Wandlung im Schiffbau war durch die internationale Entwicklung bedingt. Die noch von den ersten Nachkriegsbauten geforderte Höchstgeschwindigkeit von 12 Knoten lag weit unter der, die im Ausland gebaute Schiffe zu dieser Zeit hatten. Man mußte also versuchen, die Geschwindigkeit der deutschen Neubauten der Jahre nach 1952 auf mindestens 15 und mehr Knoten zu steigern. Bei der Entwicklung zum größeren Frachtschiff war die Erkenntnis ausschlaggebend, daß die Trag- und Ladefähigkeit eines Schiffes und damit seine Rentabilität mit seiner Länge schneller wächst als die Bau- und Betriebskosten. Hinzu kam, daß sich die Zeiten, die sich für das Beladen und Löschen der Schiffe ergaben, nur wenig von ihrer Größe abhingen, da beide, zumal bei Massengütern, durch neuartige Umschlaggeräte erheblich verkürzt wurden. Auch neue Bauweisen wie z. B. die Einführung des Elektro-Schweißverfahrens anstelle des früheren Nietverfahrens sowie der Ersatz des Dampfantriebs durch den Ölantrieb trugen zu dieser Entwicklung bei.

Um die Mitte der fünfziger Jahre trat der deutsche Schiffbau in die zweite und entscheidende Phase seiner Nachkriegsentwicklung. Die nachfolgenden Auszüge aus der Bautätigkeit der verschiedenen deutschen Werften können dies am besten verdeutlichen. (Zeitraum 1954 bis 1959.)

Die *Deutsche Werft*, die heute nach dem Zusammenschluß mit den *Howaldtswerken* als *„Howaldtswerke-Deutsche Werft AG“* firmiert, zählt zu den größten internationalen Schiffbaubetrieben. Sie nahm ihre Tätigkeit sofort nach Beendigung des Zweiten Weltkrieges wieder auf, als die schlimmsten Kriegsschäden beseitigt waren. Bereits 1946 wurde der 14 000-t-Tanker „America“ abgeliefert. Aber als Zeichen wiederauflebender deutscher Schiffbautätigkeit war das nicht zu bewerten, da es sich dabei nur um die Fertigstellung eines bereits zu Beginn des Krieges vom Stapel gelaufenen Naubaues handelte. In den Jahren von 1946 bis 1948 konnten nur Reparaturen ausge-

führt werden. Erst 1948 wurde mit dem Bau von Fischdampfern begonnen. Ihnen folgten 1950 die ersten Motorschiffe von rd. 3000 BRT, die für die Oldenburg-Portugiesische Dampfschiff-Rhederei gebaut wurden. Mit der Aufhebung der Schiffbaubeschränkungen im Jahre 1951 ging es rasch aufwärts. Nachdem bereits 1951 ein 5100 tdw großer Motorfrachter für die Reederei August Bolten Wm. Millers Nachf. in Hamburg abgeliefert worden war, folgten 1953 ein 18 500 tdw großer Motortanker für die Reederei Ernst Russ und ein 17 000 tdw großer Tanker für ausländische Rechnung, der eine größere Serie dieser Schiffe einleitete. In den Jahren 1953 bis 1955 entstanden u. a. elf Tanker mit je 18 500 tdw und eine Reihe von mittelgroßen Frachtern und Kühlschiffen für die Reederei Fr. Laeisz, die auch Einrichtungen für eine beschränkte Zahl von Fahrgästen hatten. Die *Deutsche Werft* baute in den Jahren zwischen 1953 und 1958 zahlreiche Schiffe für ausländische Reeder in Liberia, Panama, Dänemark, Holland, Finnland, Italien und Israel. Für Israel wurden u. a. vier Fahrgastschiffe gebaut, die besonders in der architektonischen Gestaltung der Schiffsräume bestachen und eine Geschwindigkeit von 20 Knoten erreichten. Für Israel entstand auf der *Deutschen Werft* in diesen Jahren außer einem Tanker noch eine Reihe von 15 000-tdw-Frachtern. Für die Hapag und die Deutschen Afrika-Linien wurden in den fünfziger Jahren Frachtschiffe von mehr als 17 Kn Geschwindigkeit und für norwegische Reeder solche von 19 kn gebaut. Teilweise handelte es sich dabei um Einheiten von einer Größe bis zu 10 000 tdw.

Die *Howaldtswerke* in Hamburg brachten als erste Nachkriegsbauten für die Hamburg-Südamerikanische Dampfschifffahrts-Gesellschaft zwei Frachter von je 6900 BRT, die zugleich Einrichtungen für 26 Fahrgäste hatten, zu Wasser. Sie liefen unter den damaligen einschränkenden Bestimmungen nur 13 kn. Im Jahre 1953 folgten zwei weitere Schiffe des gleichen Typs, die etwas größer waren. Ihre geringe Geschwindigkeit machte sie bald konkurrenzunfähig, so daß sie schließlich bis auf einen an ausländische Reedereien verkauft wurden. 1954 folgten zwei Schiffe der sogenannten „Santa“-Klasse (6300 BRT) und 1956 zwei Motorfrachter, die als Volldecker ver-

26. Zur *Howaldtswerke – Deutsche Werft AG Hamburg und Kiel* und damit zum größten deutschen Werftunternehmen schlossen sich 1967 die Deutsche Werft AG, die Howaldtswerke Hamburg AG und die Kieler Howaldtswerke AG zusammen. Hier ein Blick auf das Werk II Hamburg-Ross.

27. Das erste deutsche atomgetriebene Handelsschiff, die „Otto Hahn", lief 1964 bei der *Kieler Howaldtswerke AG* vom Stapel und wurde im Februar 1968 an die Gesellschaft für Kernenergieverwertung in Schiffbau und Schiffahrt mbH abgeliefert. Es ist das dritte atomgetriebene Schiff der Welthandelsflotte.

messen und je 8984 BRT groß waren. Zwischen 1955/56 wurden bei *Howaldt-Hamburg* u. a. sieben Motorfrachter sowie zwei 9000 BRT große Einheiten gebaut, die besondere Kühlanlagen hatten. Im Jahre 1957 war der bemerkenswerteste Neubau der 33 400 tdw große Turbinentanker „Caroline Oetker" für die Hamburg-Südamerikanische Dampfschiffahrt-Gesellschaft. Er war bei seiner Indienststellung das damals größte deutsche Handelsschiff. Die *Howaldtswerke* lieferten auch zahlreiche Neubauten an das Ausland, so nach Holland, Indien, Panama und Liberia. Bekannt waren ihre zwischen 1952 und 1959 entstandenen Schnellfrachter, die mit ihrem weißen Anstrich und ihren neuartigen Aufbauten weithin Aufsehen erregten. Sie konnten nur sieben bis zwölf Fahrgäste mitnehmen, waren aber mit ihren 17 Knoten schneller als die vorher gebauten Einheiten.

Die *Howaldts-Werke in Kiel* erfüllten in den ersten Nachkriegsjahren besonders Aufträge für das Ausland. Darunter sind bemerkenswert 24 Fischfabrikschiffe von je 2470 BRT für die Sowjetunion. 1953 baute *Howaldt-Kiel* für die Deutsche Dampfschiffahrts-Gesellschaft *Hansa* die 6704 BRT große „Hohenfels" und 1957 die 8900 BRT große „Cap Palmas". Zum gleichen Zeitraum liefen zwei 6000-Tonner für die Reederei Harald Schuldt in Hamburg und 1958 ein Turbinentanker von 12 430 BRT für die Reederei Zerssen & Co./Thomas Entz Tanker-GmbH. auf der Werft vom Stapel. Sehr schöne Schiffe waren die 1955/59 für die Reederei Fr. Laeisz gebauten Kühl- und Fruchtschiffe.

Die *Flensburger Schiffbau-Gesellschaft* baute in den Jahren von 1953 bis 1956 in erster Linie Trampschiffe mit einer Tragfähigkeit von rund 10 000 Tonnen. Ab 1956 griff die Erkenntnis Raum, daß für den Transport von Massengütern Bulkcarrier mit wesentlich größerer Tragfähigkeit zweckmäßiger seien. Da die vorhandenen Hellinge in wenig gutem Zustand waren und nur den Bau von Schiffen bis zu 16 000 tdw zuließen, wurde beschlossen, die Werft so auszubauen und zu modernisieren, daß künftig Schiffe mit einer Tragfähigkeit bis zu 35 000 tdw gebaut werden konnten. Hand in Hand mit dem Ausbau der Werft ging eine Rationalisierung des Ferti-

gungsablaufes. Allgemein spezialisierte man sich auf den Bau von großen Trampschiffen, Massengutschiffen (Bulkcarrier) und Linienfrachtschiffen. Zwischen 1956 und 1959 wuchs die Größe der auf der Werft gebauten Trampschiffe von 5200 tdw über 10 800 tdw bis zu 14 100 tdw. Beispiele hierfür sind zwei 8506 BRT große Frachter für die *Reederei Friedrich A. Detjen* in Hamburg, ein 12 050 tdw großes Trampschiff für schweizerische Rechnung und die 1955 für die *Unterweser-Reederei* gebaute „Ginnheim", die damals mit 14 270 tdw der größte Neubau der Flensburger Schiffbau-Gesellschaft war. Große Massengutschiffe wurden u. a. für mehrere deutsche und eine norwegische Reederei Mitte der fünfziger Jahre erstellt. Heute ist die Werft in der Lage, Bulkfrachter bis zu 35 000 Tonnen Tragfähigkeit zu bauen. Auch die bei der *Flensburger Schiffbau-Gesellschaft* gebauten Linienfrachter wuchsen von einer Größe von 6500 tdw (1954) über 10 300 tdw bis zu 11 400 tdw im Jahre 1960. Auftraggeber waren neben verschiedenen deutschen Reedereien Schiffahrtsgesellschaften aus Holland, der Schweiz und den Bermudas.

Die *Lübecker Flender-Werke* widmeten sich besonders dem Bau von Fahrgast- und Frachtschiffen, Tankern und Massengutfrachtern, Autotransportschiffen, Kabelschiffen, Kühlschiffen, Tonnenlegern und Fischfang-Fabrikschiffen. So sind z. B. die zur Zeit größten und schnellsten Autotransporter und das größte Kabelschiff der Welt Erzeugnisse der Lübecker Flenderwerke. Seit Bestehen der 1917 gegründeten Werft hat sich ihr Kundenkreis ständig erweitert. Zu ihm zählen neben den namhaften deutschen Redereien zahlreiche Schiffahrtsgesellschaften in Dänemark, Frankreich, Großbritannien, Holland, Indien,

Heckfänger der *Lübecker Flender-Werke AG.*

Norwegen, Schweden und den USA. Im Jahre 1953 entstand bei den Flender-Werken ein 8583 BRT großer Motorfrachter für die Poseidon Schiffahrt GmbH. in Hamburg, dem später eine Reihe Schwesterschiffe folgte. Auf der Werft entstanden nach 1956 auch mehrere der schönen, weißen Motorfrachter der „Cap"-Klasse der Hamburg-Süd, die fast 9000 BRT groß und mit besonderen Tieftanks für pflanzliche Öle und Ladekühlanlagen ausgestattet waren. In diesem Zusammenhang sind auch die zur etwa gleichen Zeit entstandenen Fruchtschiffe der Reederei Willy Bruns in Hamburg zu nennen, sowie eine Serie von 15 000-tdw-Frachtmotorschiffen für verschiedene Reedereien.

Blohm & Voss, einstmals Deutschlands berühmteste Werft, die u. a. vor dem Ersten Weltkrieg den Vierschrauben-Turbinendampfer „Vaterland" (54 282 BRT) und 1930 den Schnelldampfer „Europa" sowie die 27 500 BRT große „Cap Arcona" für die Hapag, den Lloyd und die Hamburg-Süd geliefert hatte, war nach 1945 durch den Bombenkrieg vernichtet. Erst 1954 konnte sie den Schiffbau wieder aufnehmen, mußte sich aber damals noch weitgehenden Beschränkungen unterwerfen. Als erstes wurde ein Schwimmdock gebaut. Kleine Fährschiffe folgten. Der erste große Nachkriegs-Neubau war das Fahrgast-Motorschiff „Wappen von Hamburg" (2496 BRT), das 17 Knoten lief und rund 1500 Fahrgästen Platz bot. Es folgten drei Passagierschiffe für Norwegen, die den Dienst der sogenannten „Hurtig"-Route von Bergen nach Kirkenes versehen. Schwierige Spezialaufgaben brachte die Neugestaltung der heute unter dem Namen „Ariadne" und „Arkadia" fahrenden Turbinenschiffe „Patricia" und „New Australia". Die gute und geschickte Lösung dieser Aufgaben hat den Reedern dieser Schiffe unter einem verwöhnten internationalen Publikum viele neue Freunde erworben. Die Verhältnisse der Nachkriegszeit haben den Bau von Frachtschiffen, insbesondere von Spezialschiffen, in der Vordergrund gerückt. Hier hat *Blohm & Voss* nach gründlichem Studium der Reedereibedürfnisse als besonderen Typ den universell verwendbaren Massengutfrachter geschaffen. Unter ihnen befinden sich Einheiten, die auch Einrichtungen für die Mitnahme von 12 Passagieren haben.

Der *Bremer Vulkan* kann als die Hauswerft der Hamburg-Amerika Linie und des Norddeutschen Lloyd bezeichnet werden. Auf seinen Hellingen entstanden aber auch für andere namhafte deutsche Reedereien sowie für Schiffahrtsgesellschaften in Großbritannien, Norwegen, Panama, Schweden und Honduras schöne und moderne Schiffe. Im Jahre 1953 lieferte die Werft an die Hapag die drei 5570 BRT großen Motorschiffe „Köln", „Kassel" und „Stuttgart" ab. Ein Jahr später wurden drei große Kombi-Schiffe mit einer Tragfähigkeit von 10 000 tdw, einer Geschwindigkeit von 17 Knoten und Einrichtungen für 87 Fahrgäste zu Wasser gelassen. Drei Schiffe der gleichen Klasse baute die Werft 1954/55 für den Norddeutschen Lloyd. Bereits 1951 hatte der *Vulkan* für den Lloyd zwei 2353 BRT große Frachtschiffe gebaut, denen 1955 sechs Motorschiffe von je 2760 BRT folgten. In den nächsten Jahren entstand noch eine Reihe mittlerer Frachter für die Fahrt nach Kuba und Mexico. Darunter befanden sich Einheiten zwischen 5000 und 8000 BRT. Der *Bremer Vulkan* baute 1958/59 den früheren französischen Passagierdampfer „Pasteur" (32 336 BRT) um, den der Norddeutsche Lloyd erworben hatte und nach der Indienststellung in „Bremen" umtaufte. In den Jahren 1958/59 entstanden beim *Bremer Vulkan* drei 8500 BRT große Frachter für den Lloyd, die einen völlig neuen Typ in der Linienfahrt darstellten. Bei ihnen befinden sich die sonst konventionell mittschiffs liegenden Aufbauten weit achtern. Auch die Maschinenanlagen sind dort untergebracht. Zu erwähnen sind wegen ihrer gefälligen Bauform noch vier Kühlschiffe, die der *Vulkan* 1955 und 1959 für die Bremer Reederei Scipio & Co. baute. Sie sind je 3111 BRT groß und laufen 18 Knoten.

Die *AG Weser*, die schon 1929 den 51 735 BRT großen Schnelldampfer „Bremen" des Norddeutschen Lloyd gebaut hatte, begann erst ziemlich spät wieder mit dem Bau von Seeschiffen. Zuerst waren es Umbauten, dann folgten allmählich auch Neubauten mittlerer Größe. Bis zum Jahre 1957 verließen 80 Schiffe die Werft, unter ihnen eine Reihe von Neubauten von 6800BRT für die Deutsche Dampfschiffahrtsgesellschaft *Hansa*. 1958 wurden bei der *AG Weser* zwei Bulkcarrier von je 11 970 BRT und das damals größte Frachtschiff der

Hapag, die 12 500 BRT große „München“, gebaut, die Einrichtungen für die Mitnahme von 12 Passagieren hatte. Große Tankerbauten sind die je 17 200 BRT großen Turbinentanker „Esso Frankfurt“ und „Esso Düsseldorf“ sowie mehrere Tanker von 11 300 bis 14 500 BRT für Liberia. Hinzu kamen zahlreiche Neubauaufträge für griechische, norwegische, panamesische, schwedische, türkische und venezolanische Reeder. Die Tochterwerft der *AG Weser*, die *Seebeck-Werft*, baute zunächst in erster Linie Fischdampfer, dann aber ging auch sie zum Bau großer Seeschiffe bis zu 16 000 tdw über.

Die *Stülcken-Werft* in Hamburg begann 1949 zunächst mit dem Bau von Fischdampfern. Allmählich konnte man auch den Bau großer Frachter aufnehmen. 1954 lief mit der „Lindenfels“, die von der *DDG Hansa* in Auftrag gegeben war, ein neuentwickelte Schiffstyp vom Stapel. Sie war als erste mit dem von der Werft geschaffenen „Stülckenmast“ ausgerüstet, einem Schwergutbaum, der sowohl an der vorderen als auch an der hinter dem Mast befindlichen Luke arbeiten konnte. Ein weiteres besonderes Merkmal war ferner die extrem vorn angebrachte Brücke. Nach der „Lindenfels“ baute *Stülcken* in rascher Folge drei weitere Schwergutfrachter (6800 BRT) der gleichen Klasse. In den Jahren 1958/59 liefen auf der Werft mehrere ähnliche, aber mit 9340 BRT größere Schwergutfrachter vom Stapel. Auftraggeber waren neben der *DDG Hansa* Reeder aus Dänemark, Burma, Israel, Norwegen, Italien, Pakistan und der Schweiz. Die *Stülcken-Werft* ist auch am Bau neuer Kriegsschiffe für die Bundesmarine wesentlich beteiligt. Sie baute ferner 1953 für die Indonesische Marine das Segelschulschiff „Dewarutji“.

Die *Rheinstahl-Nordseewerke* in Emden gehören ebenfalls zu den großen deutschen Werften. Sie hatten neben zahlreichen kleineren und mittleren Seeschiffen bereits im Jahre 1914 einen für die damalige Zeit beachtlichen Tanker von 14 000 tdw gebaut. Nach dem Zweiten Weltkrieg wurde die Werft weitgehend modernisiert. In den Jahren von 1957 bis 1960 liefen auf ihr 35 große Handelsschiffe mit einer Gesamttonnage von 518 000 tdw vom Stapel. Ein Spezialgebiet der Werft ist der Bau großer Erzfrachter. Bemerkenswerte Neubauten der Jahre

1955 bis 1959 sind u. a.: das Turbinen-Erz-Ölschiff „Gertrud Fritzen“ (22 797 tdw), das Motor-Tankschiff „Dora Fritzen“ (16 206 tdw), der Motor-Bulkcarrier „Arensberg“ (16 800 tdw) und die „Hendrik Fisser“ (16 650 tdw). Daneben entstanden im gleichen Zeitraum eine große Zahl von Frachtmotorschiffen, Motortankschiffen und Massengutschiffen in der durchschnittlichen Größe zwischen 10 000 und 12 000 tdw. Die Werft hat einen großen ausländischen Kundenkreis, so aus Großbritannien, Holland, Norwegen und Panama.

Wie verschiedene andere Werften begann die *Rickmers-Werft* nach dem Kriege zunächst mit dem Bau von Hochseefischdampfern. Sie ging in der zweiten Hälfte der fünfziger Jahre wieder zum Bau größerer Seeschiffe über. Für namhafte deutsche Reeder wurde eine Anzahl von Frachtmotorschiffen gebaut. Ihnen folgten Aufträge aus dem Ausland. Im Jahre 1958 konnte das bis dahin größte auf der Werft gebaute Seeschiff, der Massengutfrachter „Walter Leonhardt“, von 14 675 tdw abgeliefert werden. Zu den Hochseefischdampfern gesellte sich im Laufe der nächsten Jahre noch eine Reihe moderner „Heckfänger“ für die Hochseefischerei. Ausländische Aufträge kamen aus Großbritannien, Norwegen, der Schweiz, Chile und Dänemark.

Zahlreiche Aufträge aus dem Ausland hatten auch die *Ottenser Eisenwerke* zu erfüllen. Die Werft brachte außerdem in den fünfziger Jahren einen damals in Deutschland noch unbekannten Schiffstyp heraus, den Flüssig-Gas-Tanker. Sie ging später in der inzwischen liquidierten *Schlieker-Werft* auf.

Die *Orenstein-Koppel/Lübecker Maschinenbau-A.G.* baute in erster Linie große Bagger und Spezialschiffe, daneben Trockenfrachter, Kühlschiffe und Küstenmotorschiffe. 1957/58 wurden u. a. drei Motorfrachter von je rd. 4000 BRT für Knöhr & Burchard Nfg. in Hamburg gebaut. Auslandskunden waren ferner Reedereien aus Indonesien, Israel, Jugoslawien, Pakistan, Brasilien, Thailand und der Türkei.

Die alte Werft von *Jos. L. Meyer* in Papenburg, die schon seit 1797 besteht und die bis heute im Familienbesitz ist, widmete sich hauptsächlich dem Bau von Kleinschiffen und mittleren Seeschiffen bis zu 8000 tdw. Eine besondere Rolle spielt

der Bau von Spezialschiffen verschiedener Art. Bis 1951 waren nicht weniger als 650 Schiffe vom Stapel gelaufen, und zwar Segelschiffe, Schlepper, Frachtschiffe, Passagierdampfer und Fischdampfer. Neuerdings werden auch Tanker, Autofähren, Autotransporter, Motorfrachter und Lotsendampfer gebaut.

Die *Fr. Lürssen-Werft* in Bremen-Vegesack hat als erste Werft in Deutschland nach dem Zweiten Weltkrieg wieder mit dem Bau von Handelsschiffen begonnen. Neben inländischen Reedern zählt zu dem Kundenkreis der Werft eine größere Zahl von ausländischen Schiffahrtsbetrieben. Bekannt ist die Werft ferner durch den Bau von Schiffen für die Marine.

Die Werft *D. W. Kremer & Sohn* ist eine der ältesten im Gebiet der Unterelbe. Im Zweiten Weltkrieg wurde sie erheblich durch Bombenschäden zerstört. Bereits 1945 ging man an den Wiederaufbau. Mit Aufhebung der Schiffbaubeschränkungen wurden wieder Küstenfrachtschiffe auf Stapel gelegt. Die alten Verbindungen zum Ausland wurden neu geknüpft. Heute zählt die Werft wieder zu den leistungsfähigsten der Bundesrepublik.

Außer diesen Werften gab es in den fünfziger Jahren in der Bundesrepublik noch eine ganze Reihe mittlerer und kleiner Schiffbaubetriebe, die am Wiederaufbau einer deutschen Handelsflotte beteiligt waren. Die Mehrzahl von ihnen baute kleine Seeschiffe, Küstenmotorschiffe und Spezialschiffe. Genannt seien hier nachfolgende Werften: *Abeking & Rasmussen,* die für ihren Jachtenbau bekannt waren und für die Bundesmarine Minensuchboote bauten. Die *Atlas-Werke* in Bremen lieferten für norwegische Rechnung mehrere mittelgroße Frachter. Auf der *Hilgers-Werft* in Rheinbrohl entstand 1953 u. a. ein 2245 BRT grockes Dieselelektroschiff, das besonders für die Fahrt nach den Großen Seen in den USA bestimmt war. Die *Adler-Werft* in Bremen baute eine Anzahl von Kümos und kleineren Seeschiffen, die im England-Dienst eingesetzt wurden. Auf der Schiffswerft *Alfred Hagelstein* in Lübeck-Travemünde entstanden bereits 1953 mehrere Frachter von 2300 BRT für ausländische Reedereien. Die Schiffswerft *Paul Lindenau* in Kiel-Friedrichsort lieferte u. a. für die Reederei Bernhard Schulte in Hamburg Mitte der fünfziger Jahre mehrere Seeschiffe der

gleichen Größe. Küstenmotorschiffe entstanden ferner bei *Gebr. Schürenstedt* in Bardenfleth, *Schulte & Bruns* in Emden, *J. J. Sietas* in Hamburg-Neuenfelde, der *Elsflether-Werft*, der *Jade-Werft* in Wilhelmshaven und bei *Martin Jansen* in Leer. Spezialschiffe der verschiedenen Art wurden außer bei der *Lübecker Maschinenbau-Gesellschaft* (große Saugbagger), bei *Jos. L. Meyer* in Papenburg (Lotsenschiffe) und auf der Werft *Lühring* in Brake (Flugzeugtransporter) hergestellt. Auf den Bau großer und leistungsfähiger Schlepper hatten sich die *Mützelfeldt-Werft* in Cuxhaven, die *Oelkers-Werft* und die *Schichau-Werft* spezialisiert. Genannt seien ferner aus der großen Zahl der bereits in den fünfziger Jahren gut beschäftigten Schiffbaubetriebe die *Rheinwerft Walsum* der Gutehoffnungshütte, die *Husumer Schiffswerft*, die *Schlichting-Werft* in Travemünde, die Schiffswerft *Heinrich Brand KG* in Oldenburg, die *Büsumer Werft*, die Werft *C. Cassens* in Emden, die *Kröger-Werft* in Rendsburg, die Werft *August Pahl* in Hamburg, die Werft *Carl Robert Eckelmann* in Hamburg, die Schiffswerft *Julius Diedrich* in Oldersum, die *Beckmannwerft* in Cuxhaven, die *Schiffswerft N. & J. Lührs* in Hamburg, die *Schiffswerft Hugo Peters* in Wewelsfleth, die *Werften Arthur Poew* und *Pohl & Jozwiak* in Hamburg, die *Stader-Schiffswerft* und die *Rolands-Werft in Bremen.*

Zum Schluß noch einige kurze Ausführungen zu den in den Jahren von 1954 bis 1959 in Deutschland gebauten bzw. von deutschen Reedereien im Ausland erworbenen und auf deutschen Werften umgebauten Passagierschiffen. Die deutsche Fahrgastschiffahrt hatte vor dem Ersten Weltkrieg und auch in den zwanziger Jahren eine führende Stellung im Weltschiffbau eingenommen. Nach der Kapitulation war zunächst der Bau solcher Schiffe untersagt. Erst nach Freigabe der Schiffbaubeschränkungen konnte die deutsche Werftindustrie auch auf diesem Sektor wieder aktiv werden. Vorerst allerdings wurden keine neuen Fahrgastschiffe gebaut, sondern geeignete Einheiten im Ausland angekauft und auf deutschen Werften umgebaut.

Im Jahre 1954 stellte der Norddeutsche Lloyd die ehemalige „Gripsholm" der schwedischen Amerika-Linie unter dem Namen „Berlin" in seinen Nordatlantikdienst. Die neue „Berlin"

war ein Schiff von 18 600 BRT und einer Geschwindigkeit von 15 Knoten. Sie war 1950 angekauft und bei den *Howaldts-Werken* in Kiel modernisiert worden. Sie konnte 98 Fahrgäste in der I. Klasse und 878 in der Touristenklasse befördern.

Im Jahre 1958 übernahm der Lloyd ein zweites im Ausland erworbenes Fahrgastschiff, die ehemalige französische „Pasteur". Sie wurde beim *Bremer Vulkan* umgebaut und modernisiert und erhielt den Namen „Bremen". Sie war erheblich größer als die „Berlin", nämlich 32 336 BRT und mit über 23 kn auch wesentlich schneller als diese. An Fahrgästen konnte sie 216 in der I. Klasse und 906 in der Touristenklasse befördern.

Die Hamburg-Amerika Linie verzichtete zunächst auf den Neubau oder den Erwerb von Passagierschiffen, ließ aber in ihren Ostasien-Schnellfrachtern Einrichtungen für eine Anzahl von Fahrgästen einbauen. Ähnlich verfuhren die Hamburg-Südamerikanische Dampfschiffahrts-Gesellschaft, die Dampfschiffahrtsgesellschaft *Hansa* und die Deutschen Afrika-Linien. Andere Reedereien folgten später diesem Beispiel.

Die Hamburg-Atlantik-Linie in Hamburg kaufte 1958 die 1930 in Glasgow gebaute „Empress of Japan" (30 030 BRT), die vor dem Kriege zeitweise das schnellste Fahrgastschiff im Pazifikverkehr war. Nach dem Umbau auf den *Howaldts-Werken* wurde das Schiff in „Hanseatic" umbenannt. Es hatte Einrichtungen für 85 Fahrgäste in der I. Klasse und 1191 in der Touristenklasse.

Ganz allgemein gesehen waren die Jahre 1956 bis 1958 Zeiten einer Hochkonjunktur der deutschen Werften. In diesen Jahren wurden besonders viele Schiffe gebaut. Die Werften hatten sich erholt und waren wieder voll leistungsfähig. Ihre Arbeit hatte überall Anerkennung gefunden. Ein Vergleich der Ablieferung zeigt dies deutlich:

Im Jahre 1956 lieferten die deutschen Werften eine Neubautonnage von 1,05 Millionen BRT aus. Im Jahre 1957 waren es 1,12 Millionen und im Jahre 1958 sogar 1,22 Millionen BRT. Unter den Neubauten befanden sich 290 Seeschiffe, davon 127 für das Ausland. Ende 1958 waren ferner noch 250 Schiffe mit 1,4 Millionen BRT im Bau, darunter 0,84 Millionen BRT für ausländische Auftraggeber.

Die *Howalds-Werke* in Kiel bauten zahlreiche Tanker, unter ihnen die 65 000 tdw große „Olympic Challenger". Die *Deutsche Werft* lieferte 1958 16 große Seeschiffe ab, darunter vier Massengutfrachter und einen Tanker von 35 000 tdw. Einige Werften hatten sich, wie schon erwähnt, ganz auf besondere Schiffstypen spezialisiert. So baute z. B. die *Seebeck-Werft* in erster Linie große Fischdampfer, daneben Motorschiffe, Schlepper und Eisbrecher.

In den Jahren 1956 bis 1957 lieferten deutsche Werften folgende Neubauten ab:

Werft	1956 in tdw	1957 in tdw
Howaldswerke, Kiel	130 000	317 000
Deutsche Werft, Hamburg	245 000	290 000
AG Weser, Bremen	112 000	144 000
Lübecker Flender-Werke	116 000	144 000
Nordsee-Werke, Emden	127 000	128 000
Bremer Vulkan, Vegesack	90 000	126 000
Howaldswerke, Hamburg	119 000	110 000
Flensburger Schiffbau-Gesellschaft	87 000	83 000
Blohm & Voss, Hamburg	12 000	75 000
Orenstein & Koppel, Lübeck	—	45 000
Nobiskrug-Werft, Rendsburg	21 600	17 000
Norder-Werft, Hamburg	—	17 000
Elsflether Werft	19 000	17 000
Werft Lindenau, Kiel	—	14 000
Stülcken-Werft, Hamburg	51 000	—

Neben dem Bau von Handelsschiffen waren die deutschen Werften stark für den Aufbau der neuen Bundesmarine tätig.

Nochmals Kriegsschiffbau

Die Aufnahme der Bundesrepublik in die NATO, die westliche Verteidigungsorganisation, schloß auch die Aufstellung deutscher Seestreitkräfte ein. Da es keine deutschen Kriegsschiffe mehr gab, mußte sich die Marine zunächst mit Einheiten des Seegrenzschutzes, mit Minensuch- und -räumfahrzeugen, die von den ehemaligen Gegnern zurückgegeben wurden, und

mit im Ausland angekauften Fregatten und leihweise zur Verfügung gestellten Zerstörern behelfen. Da es durch die mehr als zehnjährige Ruhepause an Erfahrungen über den Bau von modernen Kriegsfahrzeugen fehlte, war es vielleicht günstig, daß als erste Neubauten auf deutschen Werften kleinere Schiffe in Frage kamen. Von Anfang an wurden zahlreiche Privatwerften in das neue Bauprogramm eingespannt. Das war nötig, weil die Bundesmarine im Gegensatz zu ihren Vorgängern nicht mehr über marineeigene Werften verfügte. Ein Nachteil wiederum war es, daß mit der Gründung der Bundeswehr nur noch eine Zentralstelle, nämlich das Bundesamt für Wehrtechnik und Beschaffung, mit der Beschaffung von Bekleidung, Ausrüstung, Panzern, Flugzeugen und auch Schiffen beauftragt wurde. Militärische Dienststellen brauchten sich nicht mehr wie früher darum zu kümmern, ja, sie waren sogar davon ausgeschlossen. Das Ergebnis war, daß sich im Kriegsschiffbau in den Anfangsjahren Mängel zeigten, die sonst wahrscheinlich zum größten Teil nicht aufgetreten wären. Diese Maßnahme war im Prinzip gut gemeint. In der Praxis war sie ein Fehler. Die sich später bei zahlreichen Neubauten als notwendig erweisenden Umbauten sind der Beweis dafür. Die Marine hat diese bitteren Erfahrungen nicht widerspruchslos hingenommen. Trotzdem hat es durch den umständlichen Instanzenweg Jahre gedauert, bis durch eine Neuorganisation eine zufriedenstellende Koordinierung der jeweiligen Befugnisse und Mitspracherechte erzielt wurde.

Der erste Stapellauf eines kleinen Fahrzeuges für die neue deutsche Flotte fand im Februar 1956 auf der *Burmester-Werft* in Bremen-Burg statt. Es war das Minensuchboot „Lindau“ (370 ts – 16,5 kn), dem in den Jahren von 1957 bis 1959 siebzehn weitere Küstenminensuchboote der gleichen Gattung folgten. Von 1958 bis 1963 liefen dreißig Schnelle Minensuchboote vom Stapel. Sie sind ein verbesserter Typ der früheren Räumboote. Bauwerften waren *Schlichting-Travemünde*, *Schürenstedt-Bardenfleth* und *Abeking & Rasmussen-Lemwerder*. Am Bau der neuen Schnellboote für die Bundesmarine war neben der *Lürssen-Werft* in Bremen-Vegesack, die schon im Zweiten Weltkrieg 170 Einheiten dieser Gattung für die frühere Kriegs-

marine gebaut und nach 1945 auch Schnellboote für ausländische Marinen geliefert hatte, die *Kröger-Werft* in Rendsburg beteiligt. *Kröger* baute 1957 auch die Binnen-Minensuchboote „Hansa“ und „Niobe“.

Auf der *Stülcken-Werft* in Hamburg entstanden zwischen 1958 und 1962 sechs Fregatten vom Typ „Köln“, die 2500 ts verdrängen und 30 Knoten laufen. *Stülcken* ließ zwischen 1960 und 1963 ferner vier Zerstörer zu Wasser, von denen der letzte, die „Hessen“, allerdings nach umfangreichen Erprobungen und Umbauten erst 1968 in Dienst gestellt wurde. Diese Zerstörer haben eine Wasserverdrängung von rd. 4400 ts und eine Geschwindigkeit von 35 Knoten.

Die ersten neun Unterseeboote für die Bundesmarine wurden auf den Kieler *Howaldts-Werken* gebaut. Sie gehören zu einem kleinen Typ von U-Booten und verdrängen 450 ts bei einer Überwassergeschwindigkeit von 10 kn und einer solchen unter Wasser von 17 Knoten. Auf der *Deutschen Werft* und bei *Blohm & Voss* wurden ferner mehrere wiedergehobene U-Boote aus dem Zweiten Weltkrieg umgebaut.

Am Bau kleinerer Kriegsschiffe wie z. B. von mehreren Torpedofangbooten, waren die Werften *Atlas-Bremen* und *Roland-Bremen* beteiligt.

Eine ganze Reihe von Spezial- und Hilfsfahrzeugen wie Tender, Flugsicherungsboote, Hafenschutz- und Küstenwachboote, Schulboote und Torpedofangboote entstanden bei den Werften *Kröger-Rendsburg, Lürssen-Vegesack, Schlichting-Travemünde, Burmester-Bremen/Burg, Abeking & Rasmussen-Lemwerder, Schürenstedt-Bardenfleth* und *Schweers-Bardenfleth.* Die *Howaldts-Werke* in Hamburg bauten 1965/66 insgesamt 22 Landungsschiffe von je 400 ts, die 12 Knoten laufen und 160 Tonnen Ladung aufnehmen können.

Neben den schon genannten Binnen-Minensuchbooten baute die *Kröger-Werft* Anfang der sechziger Jahre noch weitere acht Boote dieser Gattung. Zahlreiche Werften waren auch am Bau von Schul- und Versuchsfahrzeugen beteiligt. So baute die *Nobiskrug-Werft* in Rendsburg 1963 das bisher größte Schiff der Bundesmarine, das Schulschiff „Deutschland“, das auch als Minenleger und Lazarettschiff verwendet werden kann. Die

„Deutschland“ ist 5400 ts groß und hat eine Geschwindigkeit von 21 kn.

Die Werft *Blohm & Voss* baute 1958 das neue Segelschulschiff „Gorch Fock“, das als Bark getakelt ist und 1880 ts verdrängt. Auf dem Schiff können 212 Kadetten mittschiffs in großen Räumen auf dem Zwischendeck untergebracht werden. Außer diesen Räumen sind Wohn- und Wirtschaftsräume für eine Stammbesatzung von 74 Mann vorhanden. Die „Gorch Fock“ ist mit den modernsten Sicherheitseinrichtungen und nautischen Geräten ausgerüstet. Als zusätzlicher Antrieb wurde ein max. 890 PS leistender MAN-Motor eingebaut, der dem Schiff über einen dreiflügeligen Verstellpropeller eine Geschwindigkeit von 10 bis 11 Knoten verleiht.

Die *Norder-Werft* in Hamburg baute 1965 das 1950 ts große Forschungsschiff „Planet“, das Einrichtungen für 18 Wissenschaftler neben einer Besatzung von 40 Mann hat.

Auf den Werften *Burmester-Burg* und *Schürenstedt-Bardenfleth* entstanden mehrere Sperrwaffen-Erprobungsboote und Motorenversuchsboote.

An dem Bau der Tenderflotte der Bundesmarine hatten die Werften *Lindenau-Kiel, Blohm & Voss-Hamburg, Lürssen-Vegesack,* die *Norderwerft* in Hamburg, *Schlichting-Travemünde,* die *Elsflether-Werft* und die frühere *Schlieker-Werft* in Hamburg Anteil.

Die *Lübecker Maschinenbau-AG.* baute 1966 zwei Munitionstransporter, *Blohm & Voss* einen Minentransporter.

Kleine Versorgungsschiffe entstanden bei der *Flensburger-Schiffbaugesellschaft,* bei *Blohm & Voss* und beim *Bremer Vulkan.*

Die *Büsumer Schiffswerft* lieferte einen Materialtransporter von 299 BRT, die *Atlaswerke* in Bremen mehrere Lade- und Nachschubprähme.

Kleine Betriebsstofftransporter wurden gebaut bzw. angekauft von den Werften *Lindenau-Kiel,* der *Norder-Werft* in Hamburg, *Flender-Werft* in Lübeck und der Werft *Ernst Menzer* in Geesthacht.

Die *Hitzler-Werft* in Lauenburg an der Elbe baute 1961 zwei Eisbrecher für die Bundesmarine.

Auf der *Unterweser-Werft* und bei *Schichau-Bremerhaven* entstanden mehrere Hochseeschlepper, die *Schlichting-Werft* in Travemünde baute acht Fischereischutzschiffe und die *Seebeck-Werft* das Wehrforschungsschiff „Meteor". Aufträge für Neubauten oder Umbauten älterer Schiffe wurden schließlich vergeben an die Werften *D. W. Kremer Sohn* in Elmshorn, *Köser & Meyer* in Hamburg, die *Rickmers-Werft* in Bremerhaven, die *Jade-Werft* in Wilhelmshaven und die *Schlieker-Werft* in Hamburg.

Der Ring der deutschen Werften, die am Aufbau der heutigen Bundesmarine beteiligt sind oder waren, spannt sich von einigen Großwerften bis hinunter zu kleinen Werften, die teilweise zudem nicht an der See liegen. Bemerkenswert ist in diesem Zusammenhang, daß zusätzlich zu den an deutsche Werften erteilten Neubau- oder Umbauaufträgen auch solche an ausländische Schiffbaubetriebe vergeben wurden. So entstanden Tender auf französischen Werften, die auch mehrere Minensuchboote bauten, andere wurden von britischen Werften gebaut. Und nicht zuletzt wurden die drei neuen Lenkwaffenzerstörer der amerikanischen „Charles F. Adams"-Klasse bei den *Bath Iron Works* in den USA erstellt.

Die neuesten Einheiten der Bundesmarine werden nur auf deutschen Werften gebaut. Hier handelt es sich in erster Linie um vier Fregatten, die Mitte der siebziger Jahre einsatzbereit sein sollen, und um zwölf weitere Unterseeboote, mit deren Ablieferung 1971/72 gerechnet werden kann.

Schiffbau in den sechziger Jahren

In der zweiten Hälfte der fünfziger Jahre entwickelten sich Auftragslage und Bautätigkeit der deutschen Werften günstig. In den folgenden Jahren änderte sich das wesentlich. Die Baukapazität war größer geworden, die Zahl der Aufträge dagegen kleiner. Hinzu kamen finanzielle Schwierigkeiten, die sich sehr hemmend auswirkten. Die Technik hatte sich auch im Schiffbau ständig vervollkommnet. Die wichtigste Frage für die Reeder war angesichts der ausländischen Konkurrenz die: „Wie komme ich zu dem *wirtschaftlichsten* Schiff?" Am deutlichsten zeigte sich das bei den Tankern und den Massengutfrachtern. Bei bei-

den nahm die Größe buchstäblich von heute auf morgen zu. Im Jahre 1953 war im Tankerbau schon eine Größe von rund 50 000 tdw erreicht. Damals hatte man die 45 000 tdw große „Tina Onassis“ noch wie ein Weltwunder angestaunt. In den letzten Jahren sind dagegen schon Tanker von 200 000 tdw und mehr fast etwas Alltägliches.

Es gibt eine Reihe von Gründen für diese Entwicklung. Ein Großtanker ist wirtschaftlicher, da der Brennstoffverbrauch nicht proportional gleich der Schiffsgröße ist. Er braucht auch keine seiner wachsenden Größe entsprechende Verstärkung der Besatzung. Das ist wesentlich für die Betriebskosten. Was die Baukosten anbetrifft, so gilt auch für sie das Vorhergesagte. Schwierigkeiten entstehen dagegen bei den Hafeneinrichtungen, denn in vielen von ihnen finden die großen Schiffe der Gegenwart nicht mehr die von ihnen benötigten Umschlagmöglichkeiten. Man kann daher annehmen, daß je größer die Schiffe werden, je geringer die Zahl der Häfen wird, die sie anlaufen können, wenn ihre Rentabilität bleiben soll.

Ähnliches gilt für die Trocken- und Massengutfrachter. Auch ihre Größe ist ständig gewachsen. Das kommt natürlich nur für die großen Fahrbereiche in Betracht.

Die *Deutsche Werft* hat seit 1963 keinen Tanker unter 50 000 tdw abgeliefert. Die 1964 fertiggestellte „Altanin“ war in diesem Jahr mit 84 734 Tonnen Tragfähigkeit der bis dahin größte von der Werft gebaute Tanker. Noch 1960 hatte die *Deutsche Werft* für Israel mehrere Frachter von 23 300 tdw gebaut. Im Jahre 1963 hatten sie schon eine Größe von 30 600 tdw. 1965 lieferte die Werft den fast 70 000 tdw großen Bulkcarrier „Sighansa“ für norwegische Rechnung und 1966 baute sie für die Shell-Gruppe mehrere Turbinentanker von je 200 000 tdw.

Bei *Blohm & Voss* entstanden mehrere 26 170 tdw große Motorfrachtschiffe für Massengut. Die Schiffe fallen durch ihre unkonventionalle Bauart auf. Die Ingenieuroffiziere und die Maschinen- und Decksbesatzung wohnen in dem achtern gelegenen Decksaufbau. In dem mittschiffs und vorn liegenden Brückenaufbau liegen neben der Kommandobrücke die Messen und Aufenthaltsräume der nautischen Offiziere. Alle Wohn-

räume sind voll klimatisiert. Weitere Motorfrachtschiffe von 15 450 tdw sind ebenfalls Erzeugnisse von *Blohm & Voss.*

Die Lübecker *Flender-Werke* lieferten für Deutschlands größte Trampschiffreederei Egon Oldendorff einen 31 000 tdw großen Bulkcarrier und einen 23 000 tdw tragenden Auto-Transporter. Ähnlich große und noch größere Massengutfrachter wurden für Rechnung der Reederei Schulte & Bruns in Emden gebaut.

Bei den *Rheinstahl-Nordsee-Werken* in Emden entstanden 1965/66 mehrere Bulkcarrier von 38 400 tdw für die Unterweser-Reederei in Bremen.

Die *AG Weser* lieferte im gleichen Jahr an die Schlüssel-Reederei in Bremen einen Bulkcarrier von 35 000 tdw.

Howaldt-Kiel baute einen 48 000 tdw großen Motortanker für norwegische Rechnung.

Dies sind einige Beispiele von besonders großen Tankern und Massengutfrachtern, die nach 1960 auf deutschen Werften entstanden. Wie war die Entwicklung im einzelnen in den Jahren von 1960 bis 1967?

Allgemein gesehen war die Neubautätigkeit in diesen Jahren rückläufig. Auch der Tonnagebestand der Welthandelsflotte verringerte sich. Wenn es 1959 noch rund 36 221 Schiffe mit zusammen 124 935 479 BRT gegeben hatte, so waren es 1960 nur noch 22 756 Schiffe mit 122 770 000 BRT. Aus diesen Zahlen sieht man, daß die Zahl der Schiffe zwar geringer wurde, ihre Größe aber zugenommen hatte. Zahlreiche überalterte Schiffe, besonders die Kohlebrenner waren ausgemustert worden. Die Bundesrepublik stand im Jahre 1960 mit rund 5 Millionen BRT an zehnter Stelle der Welthandelsflotte. Sie umfaßte neben zahlreichen kleineren Einheiten 2427 Trockenfrachter, 97 Tankschiffe, 15 kombinierte Fracht-Fahrgastschiffe und 890 Seefischereifahrzeuge. Auf den Werften entstanden eine ganze Reihe von Neubauten für deutsche und ausländische Rechnung.

Die *Howaldts-Werke* in Hamburg lieferten für den Norddeutschen Lloyd u. a. zwei Motorfrachtschiffe von je 10 090 BRT. Die *Deutsche Werft* ein besonders schönes Fruchtschiff, die fast 5000 BRT große „Pentelikon“, der drei Jahre später

28.–29. Die *Bayerische Schiffbaugesellschaft mbH vormals Anton Schellenberger,* in Erlenbach am Main, ist das wahrscheinlich älteste Unternehmen des deutschen Binnenschiffbaues: Die Werft im Jahre 1898 (oben) und heute.

30. Das Kabinenschiff M. S. „France“ ist eines der neuen Schiffe der Köln-Düsseldorfer Rheindampfschiffahrt (1700 PS, 228 Kabinenplätze).

31. Querstapellauf des Binnenmotorschiffes „Huberna“ bei der *Deutsche Industrie-Werke AG* in Berlin-Spandau.

von der gleichen Werft drei 5700 Tonnen tragende Kühlschiffe folgten. Bei den *Rheinstahl-Nordsee-Werken* entstanden neben einem 17 000 tdw großen Massengutfrachter, der für den Transport von Volkswagen bestimmt war, zwei 25 000 tdw große Bulkcarrier sowie mehrere Frachtmotorschiffe, teils für deutsche, teils für ausländische Reeder.

Die *Lübecker Flender-Werke* lieferten u. a. an die Reederei August Bolten in Hamburg einen Massengutfrachter von 12 000 BRT und 1965 zwei weitere von 15 500 BRT (22 700 tdw), die 17,5 Knoten liefen und speziell für den Automobiltransport gebaut waren. Sie konnten zwischen 1300 und 1700 Volkswagen befördern. Auf der *Adler-Werft* in Bremen lief das 2500 BRT große Seebäderschiff „Bremerhaven“ vom Stapel. Es konnte 1400 Fahrgäste aufnehmen und war im Dienst nach Helgoland eingesetzt. Die Schiffswerft *J. J. Sietas* in Hamburg-Neuenfelde baute für die Hapag den Seebäderdampfer „Hein Godenwind“, der 800 Passagiere befördern konnte und zwischen Sylt und Helgoland verkehrte. Die *Kröger-Werft* in Rendsburg schließlich lieferte 1960 mehrere moderne Fahrgastschiffe für den Föhrdeverkehr.

Die Weltrangliste der Seeschiffwerften führten im Jahre 1960 die *Kieler Howaldstwerke* an. An 3. Stelle lag die *Deutsche Werft*, an 20. die *Howaldstwerke-Hamburg* gefolgt von den *Rheinstahl-Nordsee-Werken* (21.), dem *Bremer Vulkan* (26.), der *AG Weser* (44.) und den *Lübecker Flender-Werken* (48.). Dazwischen lagen englische, japanische und andere ausländische Werften.

Auch im Jahre 1961 führten die *Kieler Howaldtswerke* noch die Weltrangliste der internationalen Seeschiffwerften an. Anfang des Jahres absolvierte die 24 460 BRT große und über 36 000 Tonnen tragende „Elisabeth Entz“ der Reederei Zerssen & Co./Thomas Entz Tanker GmbH in Rendsburg ihre Probefahrten. Sie war ein kombiniertes Erz-Tankschiff und blieb einer der wenigen Vertreter ihrer Gattung. Im Sommer des gleichen Jahres lief auf der *Howaldtswerft* in Hamburg ein noch größerer Tanker vom Stapel, die 77 500 tdw große „Esso Pembrokeshire“. Sie war ein Gigant, aber immerhin noch etwa 30 000 tdw kleiner als die in Japan gebaute „Universe Daphne“,

die eine Tragfähigkeit von fast 107 000 Tonnen hatte. Bei *Howaldt-Hamburg* waren in diesem Jahr noch mehrere andere Riesentanker für die Esso im Bau, die sich in der Größenordnung von rund 80 000 tdw hielten. Die *Deutsche Werft* lieferte für die Deutschen Afrika-Linien im gleichen Zeitraum mehrere Schwergutfrachter von 10 000 BRT ab, der *Bremer Vulkan* etwas kleinere Frachter, die für den Afrikadienst der Dampfschiffahrtsgesellschaft Neptun-Bremen bestimmt waren. Auf der *Rickmers-Werft* entstand für den eigenen Reedereidienst ein 10 000 Tonner, der 17,5 Knoten lief und zwei Stülcken-Schwergutladebäume, Kühlräume und Tieftanks hatte und in der Ostasienfahrt beschäftigt werden sollte. Die *AG Weser* baute 1961 neben der schon vorher erwähnten „Elisabeth Entz" einen Autotransporter von rund 13 000 BRT für die Bremer Schlüssel-Reederei. Das Schiff konnte 1300 Volkswagen nach Amerika befördern. Auf der *Stülcken-Werft* kamen 1961/63 mehrere Schwergutfrachter von je 12 300 tdw für die DDG Hansa zu Wasser. Die Schiffe hatten durchschwenkbare Schwergutbäume und fahrbare Deckskräne. Auch hier lag wie bei anderen Hochseeschiffen der gleichen Reederei die Kommandobrücke im Vorschiff. Ein Westafrika-Liner war die 1961 bei *Blohm & Voss* erstellte „Najade" (5044 BRT), die für den Transport von Früchten bestimmt war. Ein ganz anderer Typ waren zwei 1961/63 von der *Adler-Werft* abgelieferte Einheiten, die in der Ostsee eingesetzt wurden und dafür mit besonderer Eisverstärkung gebaut worden waren. In diesem Zeitraum wurde bei anderen Werften eine große Zahl von Frachtmotorschiffen verschiedener Größe gebaut, die aber hier nicht alle angeführt werden können. Erwähnt sei nur noch, daß 1961 bei der damaligen *Schlieker-Werft* ein großer Kabelleger für amerikanische Rechnung im Bau war. Nach dem Zusammenbruch der Weft wurde das Schiff 1963 von der *Deutschen Werft* fertiggestellt.

Im Mai 1962 wurde von *Blohm & Voss* das zweite Seebäderschiff der Hapag mit dem Namen „Wappen von Hamburg" abgeliefert. Es war fast doppelt so groß wie sein gleichnamiger Vorgänger und um vier Knoten schneller. In diesem Jahr stand die Bundesrepublik nicht mehr an erster, sondern an dritter Stelle im Weltschiffbau hinter Großbritannien und Japan.

Trotzdem hatte die Bautätigkeit auf den deutschen Werften nicht wesentlich nachgelassen. Immer noch befanden sich fast 940 000 BRT auf den Hellingen. Die Werften waren auch im Umbau stark beschäftigt. Besonders traf dies für Aufträge ausländischer Reedereien zu. Im Mai 1962 wurde auf der *Howaldtswerft* in Hamburg der 88 000 tdw große Tanker „Esso Spain" für die Standard Tankers Co. Ltd. auf den Bahamas zu Wasser gelassen. Es war das größte bis dahin in Deutschland gebaute Seeschiff. Die AG Weser hatte noch größere Tanker zu dieser Zeit im Bau, die fast 152 000 tdw trugen. Bei den *Howaldtswerken* in Kiel war der erste von drei Supertankern von je 170 800 tdw in Auftrag gegeben worden. Auch der Neubau von Schnellfrachtern und Massengutfrachtern auf deutschen Werften florierte noch. Das Motorschiff „Cap San Nicolas" war der erste von sechs Schnelldampfern, die für die Hamburg-Süd gebaut wurden. Das Schiff lief 1961 auf den *Howaldtswerken* in Hamburg vom Stapel. Es war 9900 BRT groß und hatte keine Schornsteine. *Howaldt-Hamburg* bauten ferner im gleichen Jahr für die Bugsier-Reederei in Hamburg die 10 000 BRT große „Ostfriesland" und die *AG Weser* für eine Reederei in Emden einen Massengutfrachter von 36 200 tdw. Auch kleinere Werften waren gut beschäftigt, so *Jos. L. Meyer* in Papenburg, die Frachter bis zu 3000 BRT, Flüssigkeitstanker und Autofähren bauten. Auf der Werft von *J. J. Sietas* in Hamburg-Neuenfelde entstand eine Reihe von Küstenmotorschiffen. Erwähnt sei noch das 18 000 tdw große Motorfrachtschiff „Kremsertor", bei dessen Stapellauf auf der *AG Weser* sich ein nicht alltäglicher Vorgang abspielte. Das Schiff mochte den Schluß der Tauffeierlichkeiten nicht abwarten und rauschte ins Wasser, ehe die Taufpatin die obligatorische Flasche Sekt an seinem Bug zersplittern lassen konnte. Die resolute Dame stieg sofort auf einen Schlepper, fuhr dem Täufling nach und erledigte ihre ehrenvolle Aufgabe, wenn auch etwas verspätet, im Wasser.

Wie schon im Vorjahr waren die deutschen Werften auch 1963 gut mit Auslandsaufträgen eingedeckt. Mit deutschen Aufträgen war es dagegen weniger gut gestellt. Zwar gab es noch eine ganze Zahl von Aufträgen, aber die Reeder hielten sich aus finanziellen Gründen doch zurück. Früher hatten sie es sich

hin und wieder geleistet, Schiffe auf eigene Rechnung zu bauen, um sie dann später bei günstiger Gelegenheit abzusetzen. Damals waren viele Reedereien noch recht wohlhabend, jetzt aber mußten ihnen die Werften, wollten sie Aufträge erhalten, mit langfristiger Zahlung beispringen. Trotzdem waren auch in diesem Jahr eine Reihe bemerkenswerter Neubauten zu verzeichnen. So lieferten die *Howaldtswerke* in Hamburg im Sommer 1963 an die Esso-Tankschiffreederei den 53 500 BRT großen Tanker „Esso Deutschland“ ab. Er war der Nachfolger der „Esso Spain“. Er war etwas größer als diese und hatte eine Tragfähigkeit von 91 630 tdw. Diese Tanker fallen besonders durch ihre eigenartigen Schornsteine auf, die sich nach oben stark verjüngen. Die Kommandoelemente und die Wohnräume liegen achtern. Die *Howaldtswerke* ließen im gleichen Jahr den Seebäderdampfer „Helgoland“ vom Stapel, der durch seine Verwendung als Lazarettschiff in Vietnam bekannt ist. Er war mit 3100 BRT vermessen und konnte 1500 Fahrgäste aufnehmen. Die *Lübecker Flender-Werke* bauten 1963 das Massengutschiff „Johann Schulte“ für die Reederei Schulte & Bruns in Emden. Das Schiff kann 1750 Volkswagen aufnehmen und ist in der Fahrt nach den Großen Seen in Nordamerika beschäftigt. Ein weiterer großer Massengutfrachter ist die 1963 bei *Blohm & Voss* entstandene „Straßburg“. Auch bei diesem 38 000 Tonnen tragenden Schiff fallen die dünnen, achtern angeordneten Schornsteine auf. *Blohm & Voss* bauten ferner zwischen 1963 und 1965 mehrere moderne Kühlschiffe. Ein sogenannter „Weintransporter“ entstand auf der *Lürssen-Werft* in Vegesack. Das Schiff hat besondere Tanks für den Transport von Wein und verkehrt zwischen Deutschland und Spanien.

Das Jahr 1964 begann bei den *Howaldtswerken* in Hamburg mit dem Stapellauf eines Großtankers von 92 000 tdw (53 500 BRT), der „Esso Bayern“. Weitere Riesenschiffe dieser Gattung waren bei den *Kieler Howaldtswerken* und der *Deutschen Werft* im Bau oder im Auftrag. Sie sind noch erheblich größer und für ausländische Reeder bestimmt. Im April 1964 wurde auf der *Seebeck-Werft* in Bremerhaven das größte bis dahin in der Bundesrepublik gebaute Fischerei-Fabrikschiff, die 1860 BRT große „Erich Ollenhauer“ zu Wasser gelassen. Das Schiff gehört

zu den modernsten Einheiten seiner Art. Die Reihenfolge der meistbeschäftigten deutschen Werften zeigte 1964 die *Howaldtswerke* in Kiel an erster Stelle, gefolgt von der *Deutschen Werft*, der *AG Weser*, dem *Bremer Vulkan*, *Howaldt-Hamburg*, den *Nordsee-Werken* in Emden, den *Lübecker Flender-Werken*, *Blohm & Voss*, der *Stülcken-Werft* und der *Flensburger Schiffbau-Gesellschaft*. Auf der Flensburger Werft entstand im gleichen Jahr für die Reederei Schulte & Bruns in Emden ein 48 540 Tonner, der Massengutfrachter „Heinrich Schulte". Auf der *Deutschen Werft* liefen für die Reederei Fr. Laeisz drei 5700 tdw große Kühlschiffe, bei *Howaldt-Hamburg*, den *Lübecker Flender-Werken* und bei *Blohm & Voss* mehrere ähnlich große Kühlschiffe für andere deutsche Reeder vom Stapel. Die Werft *Schulte & Bruns* baute verschiedene Küstenmotorschiffe, die *Rickmers-Werft* mehrere moderne Heckfänger. Ein Neubau besonderer Art war die „Meteor", die für das Deutsche Hydrographische Institut und die Deutsche Forschungsgemeinschaft von der *Seebeck-Werft* gebaut wurde.

Das Jahr 1965 zeigte bei den Neubauaufträgen der deutschen Werften deutlich den Trend zum immer größeren Schiff. Die Zahl der Seeschiffe ging etwas zurück, dagegen stieg die Gesamttonnage. Die Hamburg-Südamerikanische Dampfschifffahrts-Gesellschaft erhielt von *Howaldt-Hamburg* im April des Jahres den Motortanker „St. Nikolai" (64 000 tdw, 37 000 BRT), der das größte Schiff dieser Reederei und damit ihr „Flaggschiff" war. Die gleiche Werft lieferte auch für die Hadag die dritte „Wappen von Hamburg", ein noch größeres Seebäderschiff als seine Vorgänger, ab Bei *Blohm & Voss* gingen ab 1965 mehrere moderne Ostasienfrachter von je 11 000 BRT zu Wasser, die Einrichtungen für 12 Passagiere hatten und mit einer Geschwindigkeit von 22 Knoten bemerkenswert schnelle Schiffe. *Blohm & Voss* lieferte 1965 für die Seerederei „Frigga" in Hamburg den schon früher erwähnten Massengutfrachter „Odin" ,ein Schiff mit einer Tragfähigkeit von 55 000 tdw. Weitere Massengut- und Schwergutfrachter entstanden bei der *Deutschen Werft*, der *AG Weser* und den *Nordsee-Werken* in Emden.

Modernisiert wurde 1965 auf dem reedereieigenen Werft-

betrieb des *Norddeutschen Lloyd* in Bremerhaven die 1953 in Holland gebaute und in „Europa“ umgetaufte „Kungsholm“ der schwedischen Amerika-Linie. Sie ist ein Schiff von 21 511 BRT und kann 789 Fahrgäste befördern. Die „Europa“ war das dritte nach dem Zweiten Weltkrieg vom Lloyd erworbene Fahrgastschiff. Mitte 1966 wurde von den *Flender-Werken* in Lübeck der erste deutsche Nachkriegs-Neubau eines reinen Passagierschiffes, die „Regina Maris“, an die Lübeck-Linie abgeliefert. Das Schiff ist 5800 BRT groß, hat eine Geschwindigkeit von 20 Knoten und bietet Platz für 275 Passagiere. Es ist für Kreuzfahrten im Mittelmeer und im Schwarzen Meer bestimmt und eines der beliebtesten Touristenschiffe in diesen Gewässern. Ein besonders interessanter Neubau dieses Jahres war die 75 000 Tonnen tragende „St. Michaelis“, ein weitgehend automatisierter Motortanker, den die Hamburg-Süd bei *Howaldt* bauen ließ. Ein weiterer 68 000 tdw großer Tanker entstand auf der *Deutschen Werft*. Die Unterweser-Reederei erhielt 1966 das Schwesterschiff der 1965 von den *Rheinstahl-Nordsee-Werken* abgelieferten „Eschersheim“ (23 670 BRT), die „Bornheim“, einen Bulkcarrier von 38 400 tdw. Auch andere deutsche Werften waren 1966 noch gut beschäftigt. Aber die ausländische Konkurrenz machte sich stärker bemerkbar und zwang die deutschen Werften zu Kompromissen oder engeren gegenseitigen Bindungen. Die größte deutsche Werft, die *Howaldts-Werke* in Kiel und die *Howaldts-Werke* in Hamburg, schlossen sich wenig später mit der *Deutschen Werft* zu einem neuen Unternehmen unter der Firma *Howaldtwerke/Deutsche Werft* zusammen. Die Werft *H. C. Stülcken Sohn* in Hamburg wurde rückwirkend mit dem 2. Januar 1966 von *Blohm & Voss* übernommen.

An der Spitze der Rangliste der Weltschiffwerften stand jetzt Japan, gefolgt von Schweden, Großbritannien und der Bundesrepublik. Erst in größerem Abstand schlossen sich Frankreich, Italien und Norwegen an.

Die gegenwärtige Lage

Das vorhergehende Kapitel schloß mit der Neubautätigkeit der deutschen Werften im Jahre 1966 ab. Sie konnte im allgemeinen trotz der starken internationalen Konkurrenz und der

noch ungelösten Probleme der Schiffbaufinanzierung als zufriedenstellend bezeichnet werden. Die Ablieferungen des Jahres 1967 lagen nach einer Mitteilung des Verbandes Deutscher Werften mit 1,3 Millionen BRT über dem Ergebnis von 1966. Erfreulich war besonders der Eingang von Neubauaufträgen in Höhe von 1,5 Millionen BRT. Im Gegensatz hierzu waren 1966 nur 540 000 BRT gebucht worden. Damit konnte für 1968 – und bei den meisten Werften darüber hinaus – die Beschäftigung als gesichert gelten.

In der Produktion und in den neuen Aufträgen sind viele Schiffstypen enthalten, die sowohl von der technischen Konzeption als auch vom Verwendungszweck Beachtung finden. Besondere Bedeutung fanden dabei die neuen *Containerschiffe*, von denen die großen und die mittleren Werften aus dem In- und Ausland 19 Einheiten im Werte von 500 Millionen D-Mark buchen konnten. Aufsehen erregte auch der schon erwähnte Zusammenschluß von drei Großwerften zu einer Betriebsführungsgesellschaft. Die Beteiligten erhoffen sich davon eine Verbesserung der technischen Leistungsfähigkeit und durch ein breiteres Produktionsprogramm eine aussichtsreichere Marktstellung. Dieser Vorgang ist im Rahmen der Konzentrationsbestrebungen im gesamten Weltschiffbau zu sehen. Er ist zu verstehen als ein Teil der engeren Zusammenarbeit und verbesserter Kooperation im gesamten deutschen Schiffbau, die sowohl bei den Großwerften als auch bei den mittleren und kleinen Werften zu verzeichnen ist.

Der deutsche Schiffbau verfügte Ende 1967 über Auftragsbestände, durch die die Kapazitäten im Jahre 1968 und bei den Großwerften weitgehend auch im Jahre 1969 ausgelastet werden können.

Wie stellte sich nun die Situation der deutschen Werften im Jahre 1967 hinsichtlich der von ihnen bis Ende des Jahres abgelieferten bzw. noch in der Fertigung befindlichen Neubauten dar? Nachfolgend seien eine Reihe von Werften angeführt, von denen nähere Angaben vorliegen.

Im Jahre 1967 wurden an deutsche Auftraggeber Neubauten abgeliefert bzw. waren noch im Bau:

Deutsche Werft:	6 Motorfrachtschiffe, und zwar zwei für die Hapag und je eins für die Reedereien Fr. Laeisz, Ernst Russ, Robert M. Sloman und Deutsche Afrika-Linien.
Howaldts-Werke Hamburg:	5 Motorfrachtschiffe, und zwar drei für die Hapag und je eins für die Reedereien Fr. Laeisz und W. Bruns & Co. in Hamburg.
Howaldts-Werke Kiel:	1 Motortanker (45 000 BRT) für die Reederei J. T. Essberger, 2 Kühlschiffe für die Reederei Harald Schuldt & Co., ein Motorfrachter für Leonhardt & Blumberg und 2 Autotransporter von je 15 000 BRT für die Hamburg-Süd und die Reederei Schulte & Bruns in Emden.
Flensburger Schiffbau-Gesellschaft:	2 Motorfrachter für die Reederei E. Oldendorff und einer für die Schlüssel-Reederei in Bremen.
Lübecker Flender-Werke:	vier 10 000 Tonner für den Norddeutschen Lloyd, ein Motorfrachter für Schulte & Bruns und ein Fährschiff für die TT-Linie in Travemünde.
Rheinstahl-Nordsee-Werke, Emden:	3 Motorschiffe für die Hapag und je eins für die Reedereien Willy Bruns & Co. und A. C. Toepfer in Hamburg. Das letztere war ein Massengutfrachter von 31 000 BRT.

AG Weser, Bremen:	3 Motorfrachter von je 10 000 BRT für die Deutsche Dampfschiffahrtsgesellschaft „Hansa“ und ein Schwimmdock für die gleiche Reederei.
Blohm & Voss, Hamburg:	3 Motorfrachter für die Hapag, zwei Motorfrachter und zwei Kühlschiffe für die Hamburg-Süd, außerdem zwei Minentransporter für die Bundesmarine.
Bremer Vulkan-Werft:	3 Motorfrachter von je 10 000 BRT für den Norddeutschen Lloyd und zwei 30 500 BRT große Bulkcarrier für die Reederei E. Oldendorff, Lübeck.
Rickmers-Werft, Bremerhaven:	je ein Heckfänger für Hamburger bzw. Bremerhavener Hochseefischerei-Reedereien.
Schiffbau-Ges. Unterweser:	2 Motorfrachter für die „Orion“ Schiffahrts-Gesellschaft in Hamburg, zwei Küstenmotorschiffe für die Reederei Bruno Bischoff in Bremen und einen Hochseefischdampfer für die Nordd. Hochseefischerei-Ges., Bremerhaven.
F. Schichau, Bremerhaven:	baute ausschließlich große Schlepper für den Norddeutschen Lloyd und die Bundesmarine.
Schlichting-Werft:	2 Kühlschiffe für Hamburger Reedereien und ein kleines Containerschiff.
Nobiskrug-Werft, Rendsburg:	5 mittlere Motorfrachter für Hamburger und Flensburger Reedereien.

Eine größere Zahl mittlerer und kleinerer Werften baute kleine Seeschiffe und besonders Küstenmotorschiffe. Hier sind für 1967 zu nennen: die Werft *J. J. Sietas* in Hamburg-Neuenfelde, die wohl die am meisten beschäftigte deutsche Werft im Kümo-Bau ist und neben Einzelreedern noch für die Oldenburg-Portugiesische Dampfschiff-Rhederei, die Vega-Reederei und die Reederei August Bolten Wm Millers Nachf. in Hamburg solche Schiffe baute, ferner die Schiffswerften:

D. W. Kremer Sohn in Elmshorn, die *Husumer Schiffswerft*, *Büsumer-Werft*, *Hugo Peters-Wewelsfleth*, *Hitzler-Regensburg*, die *Mützelfeldt-Werft* in Cuxhaven, die *Stader-Schiffswerft* und die *Jade-Werft* in Wilhelmshaven, die *Atlas-Werke* in Bremen, *C. Lühring-Brake*, die *Elsflether-Werft*, *Martin Jansen-Leer* und *C. Cassens-Emden*.

Für die Bundesmarine bauten Versorger, Transporter, Küstenwachboote und andere Troß-Schiffe die Werft *Paul Lindenau* in Kiel, die *Lübecker Maschinenbau-Gesellschaft*, die *Kröger-Werft* in Rendsburg, die Werft *A. Pahl* in Hamburg, die *Norder-Werft*, *Abeking & Rasmussen* in Lemwerder und die Werft *Gebrüder Schürenstedt* in Bardenfleth an der Weesr.

Ende 1967 verfügte der deutsche Schiffbau über Auftragsbestände, die eine gute Beschäftigung für 1968 sicherten. Das Jahr schloß mit einem besonderen Ereignis. Am 16. Dezember 1967 wurde das neue Passagierschiff „Hanseatic“ der Deutschen Atlantic-Linie nach dem Umbau auf der *Deutschen Werft* in Dienst gestellt. Es war die frühere israelische „Shalom“ (25 320 BRT), die 650 Fahrgäste aufnehmen kann und besonders für Kreuzfahrten im Mittelatlantik bestimmt ist.

Bei der *Deutschen Werft* war zur gleichen Zeit ein weiteres Passagierschiff im Bau, das den Namen „Hamburg“ erhielt. Auch hier ist Reeder die Deutsche Atlantic-Reederei. Die *Nobiskrug-Werft* lieferte den Motorfrachter „Gratia“ (2377 BRT) und die *Lürssen-Werft* den Motortanker „Jan“ an ihre deutschen Besteller ab.

Im Januar 1968 erhielt die Hamburg-Amerika Linie die beiden letzten von insgesamt zehn Westindienfrachtern, von denen bei den *Rheinstahl-Nordsee-Werken* und den *Howaldtswerken* Hamburg je drei, bei der *Deutschen Werft* und *Blohm & Voss*

je zwei Einheiten gebaut worden. Die Deutsche Werft baute ferner für verschiedene deutsche Reedereien eine Serie von Autotransportern von rund 15 000 BRT, die als Massengutschiffe gelten und außer Automobilen auch Erz laden können.

Das wichtigste Ereignis im Februar des Jahres war die Ablieferung des ersten deutschen Atomfrachters, der NS „Otto Hahn“, an die „Gesellschaft für Kernenergieverwertung in Schiffbau und Schiffahrt“ in Hamburg. Das Schiff ist 16 871 BRT groß und hat eine Geschwindigkeit von fast 16 Knoten. Über die „Otto Hahn“ wird später noch eingehender berichtet werden. Beim *Bremer Vulkan* und bei den *Lübecker Flender-Werken* wurde je ein Schnellfrachter von 10 481 BRT für den Ostasiendienst des Norddeutschen Lloyd fertiggestellt. Die *Howaldtwerke / Deutsche Werft* in Hamburg lieferte der Hamburger Reederei Willy Bruns & Co. ein weiteres Kühlschiff. Das Schiff ist für den Transport von Bananen, aber auch für den von Fleisch eingerichtet. Ein kleinerer Trampfahrer für die Reederei Carsten Rehder in Hamburg kam von der *Lindenau-Werft* in Kiel-Friedrichsost.

Im März 1968 konnte die *Flensburger Schiffbau-Gesellschaft* der Schlüssel-Reederei in Hamburg den fast 22 000 BRT großen Massengutfrachter „Buntentor“ übergeben. Das Schiff soll auch als Ausbildungsschiff für den nautischen Nachwuchs der Reederei dienen und ist mit entsprechenden Unterkunfts- und Unterrichtsräumen versehen. Einen besonderen Motortanker baute die Werft *Ernst Menzer* in Geesthacht für den Hamburger Lloyd Tietjens & Co. Schiffahrt. Es ist ein allerdings nur 999 BRT vermessender, aber mit Spezialtanks aus korrosionsfreiem Edelstahl versehenes Schiff. Ein gleichgroßer Küstentanker wurde von der *Hitzler-Werft* in Lauenburg an die Reederei Knöhr & Burchard in Hamburg abgeliefert.

Die Reederei „Frisia“ in Norddeich bekam gerade zur rechten Zeit vor den Sommerferien im April des Jahres von der Werft *Jos. L. Meyer* in Papenburg ein neues Seebäderschiff, das zudem nur einen geringen Tiefgang hat und dadurch geeignet ist, auch in der Früh- und Spättide den Verkehr zwischen Norddeich, Juist und Norderney zu versehen. Von der Werft *Schulte & Bruns* in Emden wurde an die Reederei W. Bruns & Co. in

Leer ein Motorfrachter (Kümo) für die Stückgutfahrt in der Nordsee und der Ostsee abgeliefert. Im Mai erhielt die Atlantic-Reederei F. & W. Joch in Hamburg von der Kieler *Lindenau-Werft* den ersten von drei Tankern von je 999 BRT, die für den Transport schwerer Ladung nach Ost- und Nordseehäfen bestimmt sind.

Als erste Einheit einer Serie von insgesamt 15 in Auftrag gegebenen Typschiffen, deren Entwurf von den Werften *Bremer Vulkan, Flensburger Schiffbau-Gesellschaft* und *Rickmers-Werft* stammt, wurde Mitte des Jahres der 9000 BRT große Mehrzweckfrachter „Dirk Mittmann“ an die Reederei Ernst Jacob in Flensburg abgeliefert. Das Schiff zählt zu einem neuen Typ, den man wegen seiner vielseitigen Verwendungsmöglichkeiten in Fachkreisen als „German Liberty-Frachter“ bezeichnet. Es kann sowohl Schwergut als auch Getreide und Container laden und ist mit einem 50-t-Schwergutbaum ausgerüstet. Mehrere Küstenmotorschiffe wurden im gleichen Monat von den Werften *Schlichting-Travemünde*, der *Husumer Schiffswerft* und der *Bayrischen Schiffbau-Gesellschaft* für Hamburger, Bremer und Husumer Reedereien fertiggestellt. Im Juli 1968 übergaben die *Rheinstahl-NordseeWerke* in Emden den bisher größten deutschen Massengutfrachter, die 82 445 tdw große „Aegir“ an die Seereederei „Frigga“ in Hamburg. Bei der gleichen Werft war noch ein Schwesterschiff dieses Giganten im Bau. Beide sollen eine Geschwindigkeit von 16 Knoten erreichen. Auf der *Lindenau-Werft* in Kiel und der *Elsflether-Werft* wurden je ein Kümo und bei der *Nobiskrug-Werft* in Rendsburg ein Motorfrachter fertiggestellt. Der von Lindenau abgelieferte Neubau ist ein Spezialtanker und Schwesterschiff der bereits im April/Mai an die Atlantic-Reederei in Hamburg abgelieferten Einheit. Die *Lübecker Flender-Werke* stellten im Spätsommer des Jahres den zweiten Mehrzweckefrachter für die Lübeck-Linie fertig, die *Flensburger Schiffbau-Gesellschaft* ein Schwesterschiff der schon genannten „Dirk Mittmann“.

In der Bundesrepublik gibt es gegenwärtig rund 150 Werften. Von ihnen befassen sich 50 Unternehmen mit dem Bau von Seeschiffen. Insgesamt gibt es etwa 83 000 Beschäftigte in der Werftindustrie.

Die Werftindustrie ist die Schlüsselindustrie in den Küstenländern. In einigen Städten, wie in Emden, Flensburg und Kiel sind im Schiffbau fast die Hälfte aller Beschäftigten tätig. Auch die Zulieferindustrie ist von großer wirtschaftlicher Bedeutung. 60 bis 70 % des Schiffswertes entfallen auf Zulieferungen. Hinter jedem Werftarbeiter stehen 5 Beschäftigte der binnenländischen Zulieferindustrie, an die jährlich Aufträge im Werte von 2 Milliarden DM vergeben werden. Der Schiffbau ist Abnehmer für Erzeugnisse des Maschinenbaus, der Elektroindustrie und der Stahlindustrie. Allein 15 % der Grob- und Mittelblechlieferungen der Stahlwerke gehen in den Schiffbau.

Die Schiffbauindustrie ist auch der exportintensivste deutsche Industriezweig. Er erreichte z. B. im Jahre 1966 gegenüber der durchschnittlichen Exportquote der deutschen Industrie 59,7 % BRT-Neubautonnage.

Nach Angaben des Verbandes Deutscher Reeder konnten bis zum Juli 1968 37 deutsche Schiffe mit 369 225 BRT neu in Dienst gestellt werden. Gleichzeitig allerdings strichen 42 Schiffe mit 116 432 BRT die deutsche Flagge, so daß sich per Saldo ein Nettozuwachs von 252 793 BRT bei der Tonnage ergab, während die Zahl der Schiffe um 5 Einheiten zurückging. Die westdeutschen Werften lieferten bis zum Juli 1968 insgesamt 26 Schiffe mit 191 437 BRT an deutsche Reeder ab. Dagegen wurden auf ausländischen Werften nur drei Neubauten fertiggestellt. Allerdings handelte es sich dabei um große Schiffe wie z. B. den Großtanker „Myrina“ von 95 422 BRT. Sechs Schiffe waren importierte Zweithandtonnage.

Unter den obengenannten 37 neu registrierten Schiffen befanden sich vier Massengutfrachter und neun Tanker, ferner sechs Linienfrachter, dreizehn Trampschiffe und fünf Kühlschiffe. Der schon erwähnte Motorfrachter „Aegir“ war der größte deutsche Bulkcarrier, der Turbinentanker „Myrina“ der größte deutsche Tanker (192 000 tdw). Unter den Linienfrachtern befanden sich vier Ostasien-Schnellfrachter (21,5 Knoten) und unter den Spezialschiffen drei Kühlschiffe.

Die deutsche Handelsflotte war am 1. Juli 1968 wie folgt eingesetzt:

Beschäftigungsbereiche	Zahl der Schiffe	Tonnage in BRT
Passagierschiffahrt	7	97 334
Linienfahrt	424	2 039 193
Trampfahrt	391	1 155 495
Massengutfahrt	66	1 243 833
Tank-/Erzfahrt	106	1 401 803
Kühlschiffahrt	76	277 010
	1070	6 214 668

Allgemein gesehen haben 1968 vor allem die Massengut- und die Tankfahrt zugenommen. Auch die Kühlschiffahrt konnte einen Nettozuwachs von 26 281 BRT registrieren. Die Linienfahrt und die Trampfahrt nahmen dagegen durch Abstoßen älterer Tonnage etwas ab.

Deutsche Werften bauen für das Ausland

Bis in die neunziger Jahre des vorigen Jahrhunderts und auch noch darüber hinaus ließen die großen deutschen Reedereien ihre Überseeschiffe im Ausland, zumeist in England, bauen. Der Grund dafür war, wie schon früher gesagt, daß man dort über weit mehr Erfahrungen verfügte als in dem in viele Einzelstaaten zerrissenen Deutschland, wo lange Zeit die Mittel und Möglichkeiten fehlten, aus eigenen Kräften eine leistungsfähige Großindustrie im Schiffbau aufzubauen.

Der Lloyd ließ bis etwa 1890 mit ganz wenigen Ausnahmen seine damaligen Passagierschiffe auf englischen Werften in Greenock, Hull und Glasgow bauen. Unter ihnen befanden sich Schiffe für mehr als 1000 Fahrgäste wie der Dampfer „Elbe“, der 1117 Passagiere mitnehmen konnte, oder die Dampfer „Fulda“ und „Eider“, die über 1200 befördern konnten. Noch 1889 ließ der Lloyd die 5350 BRT große „Stuttgart“, die Platz für über 2000 Fahrgäste hatte, bei Fairfield in Glasgow bauen. Die Hapag verfuhr in gleicher Weise. Sie ließ zwar 1889 beim *Stettiner Vulcan* die 9500 BRT große „Auguste Victoria“ bauen, übrigens das erste große in

Deutschland gebaute Passagierschiff, aber ihr Schwesterschiff, die gleichgroße „Columbia“, wurde auf einer englischen Werft zu Wasser gelassen.

Bei den großen Panzerschiffen der Kriegsmarine des kaiserlichen Deutschlands war man mangels genügender Erfahrungen im Kriegsschiffbau bis in die siebziger Jahre zu gleichen Maßnahmen gezwungen. Sie wurden teils in England, teils in Frankreich gebaut.

Das änderte sich mit Ausgang des vorigen Jahrhunderts schlagartig. Zwar waren 1900 noch immer 145 000 BRT deutscher Tonnage auf fremden Werften im Bau, aber 1903 waren es nur noch rd. 74 000 BRT. Umgekehrt bauten 1900 deutsche Werften für ausländische Kunden etwa 65 000 BRT Schiffsraum. Trotzdem vergaben immer noch eine Reihe deutscher Reedereien ihre Aufträge zum Teil an ausländische Werften. Bis zum Beginn des Ersten Weltkrieges kamen die bedeutendsten deutschen Neubauten auf deutschen Werften zu Wasser. Zwischen den beiden Weltkriegen dominierte die deutsche Schiffbauindustrie, zumal die Werften im Gegensatz zu der Zeit nach 1945 völlig intakt geblieben waren. Bauten großer deutscher Fahrgastschiffe wie z. B. der „Columbus“ (32 565 BRT–*Schichau-Danzig*), der „Bremen“ (51 735 BRT–*AG Weser*) und der „Europa“ (49 746 BRT–*Blohm & Voss*) sind der Beweis hierfür. Auch das Ausland bediente sich damals der Erfahrungen deutscher Schiffbauer.

Nach der Kapitulation im Jahre 1945 war – abgesehen von den Schiffbaubeschränkungen – die Kapazität der meisten deutschen Werften durch Kriegseinwirkung so geschwächt, daß sie nicht einmal an den Neubau deutscher Tonnage, viel weniger ausländischer denken konnten. Zwar konnten schon 1952 wieder einige Aufträge aus dem Ausland hereingeholt werden, aber der eigentliche Umschwung kam erst 1955. Im Jahre 1954 hatte, wie früher bereits erwähnt, die *Howalds-Werft* in Hamburg für saudi-arabische Rechnung den Riesentanker „Al-Malik Saud Al-Awal“ erstellt. 1955 wurden bereits 100 Seeschiffe verschiedener Größe für ausländische Auftraggeber gebaut. In der Hauptsache waren daran Liberia, Norwegen und die USA beteiligt. Für diese Neubauten waren etwa 50 deut-

sche Werften tätig. Die Jahre von 1956 bis 1958 waren Hochkonjunkturzeiten für Neubauten für ausländische Rechnung. Einige Beispiele dafür seien nachfolgend genannt: *Howaldt-Kiel* erhielt neben dem vorgenannten Auftrag u. a. Bestellungen für ein 30 000 Tonnen tragendes Motorfrachtschiff für Norwegen, für einen Großtanker für die ESSO-New York und einen Flüssigkeitstanker für Schweden. Die *Lübecker Flender-Werke* bauten u. a. ein 8000 BRT großes Fährschiff für Schweden, die *Lübecker Maschinenbaur-Gesellschaft (Orenstein & Koppel)* große Saugbagger für den Iran und Pakistan sowie Frachtschiffe für Israel und Panama.

Die *Deutsche Werft* lieferte Motorfrachtschiffe an die Südafrikanische Union und Panama. *Stülcken-Hamburg* baute für Dänemark, Italien, Burma, die Schweiz, Israel und Pakistan.

Eine große Zahl mittlerer und kleinerer Werften konnte Aufträge für Küstenmotorschiffe, kleine Tanker und Schlepper hereinholen. Genannt seien hier u. a. *Kröger-Rendsburg, D. W. Kremer-Elmshorn, Hitzler-Lauenburg, Rancke-Hamburg,* die *Husumer Werft* und die *Schiffswerft J. J. Sietas* in Hamburg-Neuenfelde. *Schichau-Bremerhaven* lieferte bereits 1951 kleine Fischkutter an die Türkei, die *Atlas-Werft* in Bremen Kümos an Dänemark.

Der größte Auslandslieferant in den fünfziger Jahren war die *Deutsche Werft,* die neben großen Tankern auch Schnellfrachter mit einer Geschwindigkeit bis zu 19 Knoten für norwegische Reeder baute.

Zu den schon erwähnten ausländischen Kunden traten im Laufe der nächsten Jahre solche aus Großbritannien, Griechenland, Venezuela, Honduras, Finnland und Holland. Später kamen noch Belgien, Indien, Indonesien und Kuwait hinzu.

In den sechziger Jahren setzte sich diese Entwicklung fort. Im Jahre 1964 wurden auf deutschen Werften 68 Schiffe mit 620 000 BRT für das Ausland gebaut.

32. Schubboote sind ein Spezialgebiet der *Meidericher Schiffswerft vormals Thomas & Co. GmbH* in Duisburg-Meiderich.

33. Schubboot „Franz Haniel 11“ der *Rheinwerft Walsum der Gutehoffnungshütte Sterkrade AG*, Baujahr 1966.

34. „Ciclope Secondo“, ein Schlepper-Neubau der *Rheinwerft Walsum der Gutehoffnungshütte Sterkrade AG*, Baujahr 1968.

35. Für die Bundesmarine baute die *Schiffbau-Gesellschaft Unterweser AG*, Bremerhaven-Lehe, den Bergungsschlepper „Helgoland“.

Über die Stapelläufe oder Ablieferungen fertiger Schiffe für ausländische Rechnung sagt die Statistik für das Jahr 1967 folgendes aus:

Bauwerft	Auftraggeber aus	Schiffsart
Deutsche Werft, Hamburg	Südafrik. Union	2 Motorfrachter
	Panama	1 Zementtransp.
Kieler Howaldtswerke	Sowjetunion	1 Fischfabrikschiff
	Norwegen	3 Motorfrachter
	USA	1 Turbinentanker
	Schweden	1 Flüssiggastanker
Lübecker Flender-Werke	Schweden	1 Fährschiff
Lübecker Maschinenbau-Ges.	Iran	1 Saugbagger
	Nigeria	1 Motorfrachter
	Israel	1 Motorschiff
	Panama	1 Containerschiff
	Pakistan	1 Saugbagger
AG Weser, Bremen (Seebeckwerft)	Dänemark	1 Motorfrachter
	Frankreich	2 Heckfänger
	Norwegen	1 Flüssiggastanker
	Philippinen	1 Fahrgastschiff
	Pakistan	2 Motorfrachter
Bremer Vulkan	Großbritannien	2 Kühlschiffe
	Indien	1 Turbinentanker
Roland-Werft	Dänemark	3 Motorschiffe
	Norwegen	1 Gastanker
Lürssen-Werft	Indonesien	2 Motorfrachter
	Norwegen	2 Motorfrachter
	Dänemark	1 Fahrgastschiff
	Türkei	4 Schnellboote
Unterweser AG	Dänemark	1 Fahrgastschiff
Rickmers-Werft	Indonesien	1 Motorfrachter

Bauwerft	Auftraggeber aus	Schiffsart
Abeking & Rasmussen	Guinea	1 Schlepper
	Indonesien	4 Schlepper
	USA	2 Jachten
Jos. L. Meyer, Papenburg	Dänemark	3 Gastanker
Martin Jansen, Leer	Dänemark	5 Kümos
Rheinstahl-Nordseewerke	Norwegen	3 Motorfrachter
	Indien	1 Motorfrachter
	Schweden	1 Containerschiff
Schulte & Bruns	Dänemark	2 Kümos
Rheinwerft Walsum	Holland	1 Kümo
Nobiskrug-Werft	Großbritannien	1 Motorfrachter
Husumer Schiffswerft	Dänemark	2 Kümos
	Dänemark	3 Fahrgastschiffe
Krögerwerft	Großbritannien	1 Kümo
	Dänemark	2 Motorfrachter
D. W. Kremer Sohn, Elmshorn	Indien	2 Schlepper
	Indonesien	3 Schlepper
	Philippinen	1 Schlepper
Hitzler, Lauenburg	Holland	1 Chemietanker

J. J. Sietas, die *Schiffswerft Lühring-Brake* und andere Werften lieferten besonders Küstenmotorschiffe an ausländische Auftraggeber.

Abschließend noch einige Beispiele besonders bemerkenswerter Neubauten deutscher Werften für ausländische Rechnung, die in den letzten Jahren abgeliefert wurden.

Im Jahre 1966 baute die *Deutsche Werft* für die „Shell-Gruppe“ drei Turbinentanker mit insgesamt 200 000 tdw. Alle drei Tanker wurden innerhalb eines Jahres abgeliefert. Die Schiffe tragen die Namen „Drupa“, „Darina“ und „Diala“. Jedes von ihnen hat eine Tragfähigkeit von 68 000 tdw. Für

die den Deutschen Afrika-Linien nahestehende „Cap Continent Shipping Co.“ entwickelte die *Deutsche Werft* ferner einen neuen 13 550-t-Motorschiffstyp für die Afrikafahrt.

Die *Lübecker Flender-Werke* bauten in jüngster Zeit zahlreiche Schiffe für ausländische Rechnung. Ein bemerkenswerter Neubau, der besonders durch seine vier Lademasten und sein gefälliges Aussehen auffällt, ist das 12 000-t-Frachtmotorschiff „Havsul“, das für eine norwegische Reederei geliefert wurde. Für eine dänische Reederei entstand der 17 000-Tonnen-Bulkcarrier „Vinland“, bei dem die Kommandobrücke sowie Wohn- und Unterkunftsräumlichkeiten ganz im Achterschiff angeordnet sind. Die *Flender-Werke* bauten ferner u. a. für den Svenska Lloyd in Göteborg den 19 000-t-Tanker „Olivia“ und für eine amerikanische und eine holländische Reederei große Tankschiffe durch Einsetzen eines Mittelstücks zu Bulkcarriern um.

Die *Rickmers-Werft*, die schon Anfang der fünfziger Jahre Fischdampfer und Küstenmotorschiffe für ausländische Rechnung gebaut hatte, lieferte später u. a. ein 10 039 BRT (14 345 tdw) großes Erzschiff, die „Inverfield“, an eine englische Reederei und ein 12 570 Tonnen tragendes Motorfrachtschiff für norwegische Rechnung.

Besonders rege tätig für ausländische Schiffahrtsgesellschaften waren auch die *Rheinstahl-Nordseewerke* in Emden. Hier wurden für amerikanische, schweizerische, panamesische, norwegische und indische Rechnung zahlreiche Tanker und Frachtmotorschiffe gefertigt. Genannt seien die „Naess Liberty“ (37 712 tdw), die „Ariana“ (13 094 tdw), die „Atlantic Spain“, ein „roll-on/roll-off“-Schiff von 16 600 tdw, und die norwegische „Belmona“ (17 110 tdw). Bemerkenswerte Neubauten waren ferner zwei Massengutfrachter von je 33 500 tdw für eine dänische Reederei.

Die *Flensburger Schiffbau-Gesellschaft* lieferte einen Bulkcarrier von 27 950 tdw („Naess Favorita“) für eine amerikanische Firma auf den Bermudas und mehrere 16 000-Tonnen-Frachtmotorschiffe für holländische Rechnung.

Bei *Blohm & Voss* entstanden für ausländische Reeder mehrere schnelle Motorfrachtschiffe für Stückgutfracht, so die

12 500 tdw große „Hoegh Cairn“, die mit Tieftanks für Öle der verschiedensten Art sowie mit Spezialladeräumen und Ladekühlräumen neben großen Trockenladeräumen ausgerüstet war.

Die Werft *Jos. L. Meyer* in Papenburg lieferte mehrere große Autofähren für dänische Auftraggeber.

Aus jüngster Zeit sind noch folgende Neubauaufträge ausländischer Reedereien an deutsche Werften zu verzeichnen:

Zwei norwegische Reedereien bestellten bei den *Rheinstahl-Nordseewerken* gemeinsam ein Kreuzfahrtschiff von rd. 20 000 BRT, das im Sommer 1970 abgeliefert werden soll.

Die *Seebeck-Werft* der *AG Weser*, die 1967 von norwegischer Seite den Auftrag für das 13 100 BRT große Passagierschiff „Starward“ erhalten hatte, bekam den Auftrag für den Bau eines gleichgroßen Schwesterschiffes, das ebenfalls im Jahre 1970 in Fahrt kommen soll.

Die *Orenstein & Koppel/Lübecker Maschinenbau-Gesellschaft* baute für eine Reederei auf den Bahamas das 10 000 BRT große Kreuzfahrtschiff „Freeport“.

Bei allen diesen Neubauten handelt es sich um Passagierschiffe, die für die immer beliebter werdenden Kreuzfahrten in alle Meere bestimmt sind. Sie sind aber auch ein Beispiel dafür, wie rege gerade das Interesse des Auslandes an deutschen Neubauten dieser Art ist.

DER DEUTSCHE SCHIFFBAU HEUTE

Wandlungen der Schiffstypen

Wenn man heute in einen modernen Seehafen kommt, wird man sehr rasch erkennen, welchen großen Wandel, besonders in den letzten fünfzig Jahren, sowohl der Schiffbau als auch die Hafeneinrichtungen erfahren haben. Wohl grüßt den Besucher, von weitem gesehen, wie früher in der Segelschiffzeit und auch noch in der Zeit der „Kohlensteamer", ein Wald von in den Himmel ragenden Masten. An den Kais und den Pfählen liegt Schiff an Schiff. Über die Hafengewässer kreuzen zwar nicht mehr vollbeladene und von Schleppern gezogene Bargen und Lastkähne, aber an ihrer Stelle flitzen schnelle Schlepper und Motorbarkassen von Ufer zu Ufer. Doch wenn wir dann näher kommen, zeigt sich uns ein ganz neues Bild. Die Schiffahrt hat zwar den Ruf, sehr konservativ zu sein, und das mag auch in den vergangenen Jahrhunderten so gewesen sein. Heute aber prägen moderne Formgebung und neuzeitliche Technik auch den Schiffbau. Die Schiffe haben andere Gestalt und Ausmaße bekommen, die Hafenanlagen sind größer und geräumiger, und die Hast der Gegenwart hat allem ihren Stempel aufgedrückt.

Sehen wir uns einmal die Schiffe selbst an. Der Steven, früher in gerader Linie ins Wasser führend, läuft heute nach vorn oder nach achtern aus und trägt oftmals an der Spitze einen dicken Wulst. Das Heck ist gerundet und abgeflacht. Von den langen und dicken, kerzengerade in die Höhe weisenden Schornsteinen gibt es heute auch nicht mehr viele, denn die Abgase der modernen Antriebsmaschinen entweichen durch andere, fast unsichtbare Öffnungen. Masten gibt es wohl noch überall, aber sie haben keine Ähnlichkeit mehr mit den Masten

der früheren Dampfer, schon gar nicht mit den mit Rahen gespickten der Segelschiffzeit. Es sind schwere und manchmal fast klobig wirkende stählerne Säulen, an denen elektrisch bewegliche Ladebäume angebracht sind.

Die Kaialagen sind geräumiger, größer und heller als damals. Und überall laufen Kräne, Elektrokarren und Gabelstapler.

Es ist ein völlig neues Bild. Wohl gibt es noch wie ehemals die Trampschiffahrt, wenn auch ihre Schiffstypen andere geworden sind. Daneben ist die Linienfahrt entstanden, die nach Zeit und Bestimmungsort wie die Eisenbahn oder der Luftverkehr arbeitet.

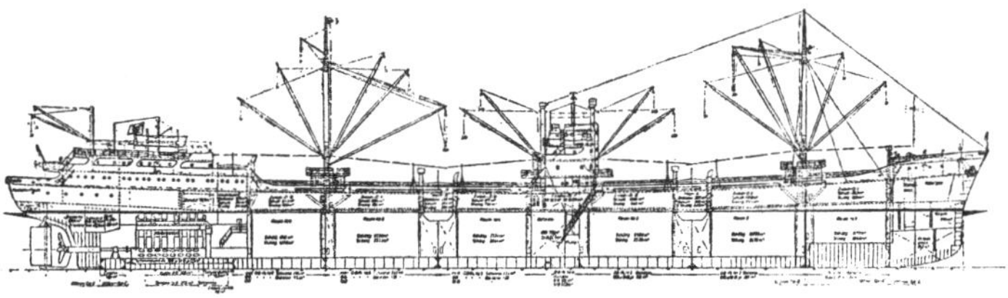

Längsschnitt durch ein modernes Motorfrachtschiff für Massen- und Stückgut (15 450 tdw) von *Blohm & Voss*

Die Schiffe sind ganz allgemein größer und schneller geworden, insbesondere aus wirtschaftlichen Gründen, die auch früher galten, aber die heute für die Rentabilität der Schiffe und ihrer Eigner ausschlaggebend sind.

Ein Schiff mit hoher Geschwindigkeit kann mehr Reisen ausführen. Es kann im gleichen Zeitraum mehr Güter befördern und damit höhere Einnahmen erzielen. Natürlich sind auch hier Grenzen gesetzt. Immer noch gibt es für reine Frachtschiffe bestimmte Geschwindigkeitsgrenzen, die bei 15 bis 17 Knoten liegen. Aber für empfindliche Ladungen gibt es Spezialschiffe mit weit höheren Geschwindigkeiten, so z. B. die heutigen Kühlschiffe.

Die Entwicklung zum *großen* Frachtschiff war ebenfalls allein durch wirtschaftliche Überlegungen bestimmt. Je mehr man laden kann, um so rentabler ist ein Schiff. Die Bau- und Betriebskosten spielen dabei nur eine zweitrangige Rolle. Ent-

scheidender sind die Kosten, die während der Liegezeit im Hafen entstehen. Es kommt daher auf kurzfristiges Be- und Entladen der großen Schiffe an. Die modernen Lade- und Löscheinrichtungen ermöglichen heute ein schnelles Arbeiten.

Auch die Versandart der Güter hat sich geändert mit der Einführung des *Container-Transports* und des *„Roll-on-roll-off"-Verkehrs*, auf die später noch zurückzukommen sein wird. Schon heute werden zahlreiche Schiffe für diese Verkehrsarten gebaut. Sie kommen in erster Linie für den Massenguttransport in Betracht.

Für den Stückgutverkehr baut man seit den fünfziger Jahren den sogenannten „Schutzdecker". Diese Schiffe sind „Eindeckschiffe", international unter der Bezeichnung *Shelterdecker* bekannt. Bei ihnen zieht man bei der Vermessung des Schiffes unter gewissen Bedingungen einen Teil des Laderaumes zur Errechnung des Bruttoraumgehaltes (BRT) ab. Da viele Gebühren, die für das Schiff zu zahlen sind, nach dem Bruttoraumgehalt bemessen werden, sind sie für den reinen Shelterdecker naturgemäß geringer. Die Tragfähigkeit der „Eindecker" ist allerdings geringer als die der „Volldecker". Beim Stückgutverkehr müssen die Güter jedoch ohnehin unter voller Ausnutzung des Laderaumes gestaut werden. Die heutigen modernen Seeschiffe sind auch viel leichter als ihre Vorgänger. Das liegt an der veränderten Bauweise. An die Stelle des früheren Nietverfahrens ist das moderne Elektroschweißverfahren getreten. Neuzeitliche Erkenntnisse über die Festigkeit der im Schiffbau verwendeten Materialien und der Konstruktionen haben zu vermindertem Materialbedarf und zu geringeren Baukosten geführt. Die leichteren Schiffe verlangen auch eine geringere Antriebsleistung. Die Ersparnisse an Brennstoff sind beträchtlich. Der Dieselmotor z. B. verbraucht kostenmäßig weniger Brennstoff als die früheren Dampfanlagen. Der Brennstoff für ein Motorschiff benötigt weniger Raum als bei einem „Kohlenbrenner", so daß mehr Platz für die Ladung zur Verfügung steht.

In engem Zusammenhang mit der Wandlung im Schiffbau steht auch die Notwendigkeit, möglichst günstige Arbeitsverhältnisse für die Besatzungen der neuzeitlichen Schiffe zu schaf-

fen. Ohne geeignete und leistungsfähige Seeleute kommt auch eine moderne Handelsflotte nicht aus. Ein größeres Schiff benötigt keine wesentlich stärkere Besatzung als ein kleineres: Dank der Elektrotechnik und der Automatisierung ist die Besatzung eines modernen Großtankers oder eines Massengutfrachters zahlenmäßig weit geringer als früher bei Segelschiffen und Dampfern. Dafür muß der einzelne Mann mehr können, d. h. besser ausgebildet sein.

Der Gedanke, daß nur der Dienst auf einem Segelschiff dem jungen angehenden Seemann das A und O seines künftigen Berufes vermitteln kann, ist heute ein Relikt der Vergangenheit. In der internationalen Handelsschiffahrt ist man längst dazu übergegangen, auf geeigneten Motorschiffen Ausbildungsmöglichkeiten für eine beschränkte Zahl von Jungmannen zu schaffen. Hier können sie sich im Rahmen des Gesamtbetriebes des Schiffes die notwendigen Grundlagen für ihren späteren Dienst erwerben, ganz gleich, ob sie nun Nautiker, Techniker oder ein sonstiger Spezialist werden wollen. (Es gibt auch nur noch wenige Kriegsmarinen, die Segelschiffe als Ausbildungsschiffe unterhalten. Die Bundesmarine hat zwar noch das Segelschulschiff „Gorch Fock“, aber sie hat daneben die „Deutschland“, die man als Mehrzweck-Schulschiff ansprechen kann, und sie hat zu Ausbildungszwecken der verschiedenen Art auch noch eine Reihe von Tendern und älteren Kriegsschiffen.) Das bedeutet nicht, daß der nautischen Ausbildung eine geringere Bedeutung zugemessen wird als etwa der technischen. Beide sind heute unerläßlich. Die deutschen Werften und Reedereien haben alles getan, um die neue Handelsflotte auch im internationalen Wettkampf konkurrenzfähig zu machen. Die nach dem Zweiten Weltkrieg eingeleitete Wandlung im modernen Seeschiffbau ist noch keineswegs abgeschlossen. Immer wieder werden neue Verbesserungen erdacht und erprobt. In diesem Zusammenhang muß eine Maßnahme erwähnt werden, die einer Intensivierung der Schiffbauforschung dient. Ende 1965 wurde von neun Großwerften und sieben mittleren Werften in Hamburg das *„Forschungszentrum des Deutschen Schiffbaues“* gegründet. Inzwischen sind weitere Förderer hinzugetreten. Insgesamt repräsentieren die beteiligten Betriebe

mit rund 60 000 Beschäftigten etwa 80 Prozent der deutschen Werftindustrie. Auch die Zuliefererindustrie unterstützt das Vorhaben, ebenso eine Reihe von Institutionen, u. a. der *Germanische Lloyd*, der *Verband Deutscher Reeder* sowie der Bund und die Küstenländer.

Das Forschungszentrum hat sich die Aufgabe gestellt, neben der selbständigen Durchführung von Forschungsprojekten die Förderung und Koordinierung der Vorhaben zu unterstützen, die von Spezialinstituten, Hochschulen und Einzelfirmen durchgeführt werden. Darunter fallen: Systematische Modelluntersuchungen für Schiffe mit großer Völligkeit, Untersuchungen zum einseitigen maschinellen Schweißen von Stumpfnähten, Untersuchungen über die Anwendung von Bugwülsten und Untersuchungen über das Zusammenwirken von Schiff und Propeller bei teilgetauchten Propellern.

Geprüft und erprobt werden ferner die Genauigkeiten verschiedener Meßverfahren, mit denen die effektive Wellenleistung bestimmt wird, sowie Maßnahmen, die zur Ermittlung der Mindestlagerlänge bei Anwendung nur eines Lagers im Stevenrohr dienen.

Der Technische Beirat des Forschungszentrums hat sich mit der Untersuchung weiterer Vorhaben beschäftigt wie z. B. der optimalen Auslegung von Tankheizungen, der Festigkeit von Leichtern und der Ermittlung der Querkräfte, die an den Lagern der Schraubenwelle durch den Propeller entstehen und wirksam werden.

Mit diesen Beispielen ist der Kreis der Untersuchungen keineswegs erschöpft. Die EWG-Kommission hat Vorschläge veröffentlicht, mit deren Hilfe für diese Aufgaben Mittel bereitgestellt werden sollen. Von den Werften und Zuliefererbetrieben sind diese Vorschläge aufgegriffen und durch die Gründung des Forschungszentrums die Voraussetzungen für gezielte Maßnahmen geschaffen worden.

Das moderne Seeschiff

Das moderne Seeschiff stellt im Schiffbau der letzten Jahrzehnte etwas ganz Neues dar. Das betrifft nicht nur die starke Veränderung seiner Bauform, sondern auch die Art seiner heu-

tigen Verwendung. Die Fracht, die ein Seschiff der Gegenwart befördern muß, ist anders und vielseitiger als früher. Der Fahrbereich erstreckt sich heute praktisch über den ganzen Erdball. Noch um die Jahrhundertwende gab es nur wenige Schiffe für spezielle Arten von Ladung, wie z. B. für Kohle und Getreide. Ein Schiff nahm das mit, was sein Reeder oder dessen Makler als Fracht bestimmt hatten. Heute gibt es für die Beförderung besonderer Güter eine große Anzahl von Spezialschiffen. Es gibt schnelle und normale Linienfrachter, Tramper, Massengutfrachter, Tanker, Schwergutfrachter und Autotransporter, um nur die wichtigsten zu nennen. Die *Linienfrachter* werden nach ihrer Größe und Geschwindigkeit unterteilt. Linienfrachter heißen sie, weil sie auf festgelegten Routen und nach vorher festgelegten Häfen laufen. Ihre Fahrt wird wie bei der Eisenbahn durch einen ausgearbeiteten Fahrplan bestimmt, den sie einhalten, ganz gleich, ob Fracht vorliegt oder nicht. Linienfrachter müssen pünktlich sein. Die Schiffe, die diese Dienste versehen, halten sich zumeist in der Größe mittlerer Seeschiffe. Sie sind etwa 5000 BRT groß und haben eine durchschnittliche Geschwindigkeit von 16 Knoten. Befördern können sie praktisch alles, seien es nun Stückgüter oder Maschinen.

Ihre rascheren Schwestern sind die „Schnellen Linienfrachter“, die zumeist eine Größe bis zu 10 000 BRT und eine Geschwindigkeit bis zu 20 Knoten haben. Sie befördern dringlich benötigte oder leichtverderbliche Güter. Man könnte sie mit den Schnellgüterzügen der Eisenbahn vergleichen. Sie laufen zumeist nach weitentlegenen überseeischen Häfen.

Die dritte Art sind die kleinen Linienfrachter, die überwiegend im europäischen Bereich verkehren, z. B. in der Ostsee, nach Portugal und Spanien und nach skandinavischen Häfen an der Nordsee. Nicht überall in diesen Häfen finden sie moderne Lade- und Löschmöglichkeiten. Daher sind sie oft mit eigenen Ladebäumen ausgestattet. Ihre Größe schwankt zwischen 1500 und 2000 BRT.

Der nicht fahrplanmäßig gebundene Bruder des Linienfrachters ist der *Tramper*. Von ihm gibt es große, mittlere und kleine Einheiten. Man findet sie in allen Teilen der Welt und auf allen Ozeanen. Sie nehmen ihre Ladung, wo sie sie finden,

ganz gleich, welcher Art sie ist. Der Trampreeder muß immer auf Suche nach Fracht sein. Bei der *Baltic Exchange* in London werden freie Ladungen und Schiffe notiert. Die Höhe der Frachtraten richtet sich im Gegensatz zum Liniendienst nach Angebot und Nachfrage. Wird z. B. in Zeiten politischer Hochspannung der Laderaum knapp, steigen die Raten. Besteht ein Überangebot an Tonnage, kann es vorkommen, daß der Marktpreis kaum die Selbstkosten deckt. Früher standen die Tramper in der Rangordnung der Schiffe ziemlich unten. Heute können sie den Vergleich mit den Linienfrachtern aufnehmen. Das zeigt sich auch im Bau und der Einrichtung der Tramper. Die Normalgröße der Trampschiffe liegt zwischen 2000 und 5000 BRT. Deutschlands größte Trampschiffreederei ist die Reederei E. Oldendorff in Lübeck.

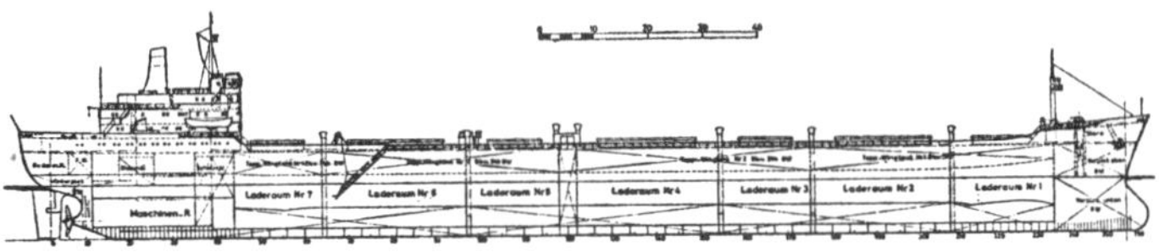

Längsschnitt durch den Massengutfrachter „Bornheim" (38 400 tdw) der *Rheinstahl Nordseewerke*, Emden

Massengutfrachter sind die Schwerstarbeiter unter den modernen Handelsschiffen. Sie laden Kohle, Erz, Getreide und in bestimmten Fällen auch Öl. Ihre Fahrtrouten verlaufen im Norden Europas, an den Küsten Nord- und Südamerikas und reichen weit in den Pazifik und den Indischen Ozean hinein. Es sind zumeist Frachtmotorschiffe in der Größe zwischen 12 000 und 30 000 BRT mit einer Geschwindigkeit von rd. 15 Knoten. Der Massengutfrachter braucht nur wenige Ladebäume, denn das Beladen erfolgt durch Schütten, die Entladung durch Absaugen. *Schwergutfrachter*, die Verwandten der „Massengutfrachter", sind für die Beförderung von schweren Gütern wie z. B. Lokomotiven, Maschinen und übergroßen Generatoren eingerichtet und besitzen zu diesem Zweck, wie z. B. die „Peter Rickmers" (10 000 BRT – 17,5 kn), Stülcken-Schwergutladebäume. Auch sie fahren in „alle Welt".

Zu den Spezialschiffen gehören auch die *Autotransporter*.

Früher, als das Kraftfahrzeug noch nicht *das* Fortbewegungsmittel war, beförderte man die Autos neben dem Stückgut als Zusatzladung. Heute braucht man besonders eingerichtete Schiffe für diese Art Ladung. Der Autotransporter ist eigentlich ein schwimmendes Parkhaus. Er kann, wie z. B. die von den *Flender-Werken* gebauten „Margarethe Bolten" und „Marie Louise Bolten" der gleichnamigen Reederei in Hamburg, bis zu 1700 Kraftwagen befördern. Autotransporter zählen zu den Massengutfrachtern, weil sie z. B. beim Autotransport nach den USA auf dem Rückweg mangels entsprechender gleicher Fracht ausgesprochenes Massengut wie Kohle laden. Die abgezirkelten Autodecks werden dann hochgehievt, so daß der ganze Laderaum für das Massengut frei ist.

Eine besondere Klasse unter den modernen Seeschiffen sind die *Kühlschiffe*. Sie fallen schon durch ihre schnittige Form und den zumeist schneeweißen Anstrich auf. Kühlschiffe transportieren ausschließlich leicht verderbliche Lebensmittel, seien es nun Früchte wie z. B. Bananen, Fleisch von geschlachteten Tieren oder auch Fische und Konserven. Sie haben zu diesem Zweck großräumige Kühl- und Frischhalte-Einrichtungen. Es gibt in Deutschland besondere Reedereien für den Transport solcher Güter, u. a. die Firmen Laeisz, Bruns & Co., Scipio & Co., Hamburg-Südamerikanische Dampfschiffahrtsgesellschaft und Robert M. Sloman jr. in Hamburg. Die Kühlschiffe sind

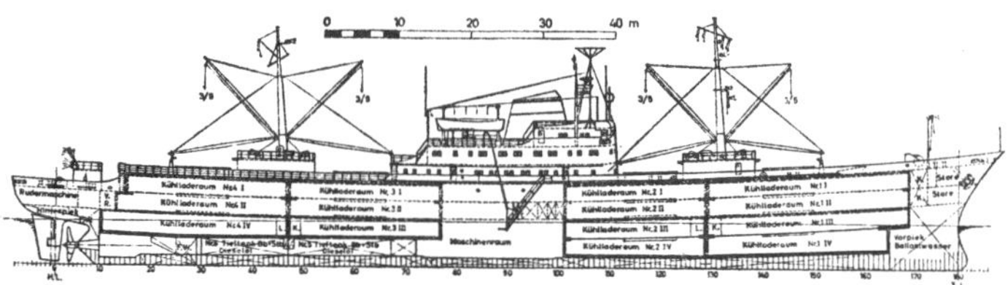

Längsschnitt durch das Kühlschiff „Weter" (5218 tdw)
der *Rheinstahl Nordseewerke*, Emden

zumeist mit 3000 bis 5000 BRT, aber auch mehr, vermessen. Ihr weiteres Merkmal ist ihre ziemlich hohe Geschwindigkeit, die von 17 bis 21 Knoten reicht. Bauwerften dieser Schiffe sind u. a. *Blohm & Voss*, die *Flender-Werke*, die *Howaldtswerke*/

Deutsche Werft AG und der *Bremer Vulkan.* Es gibt gegenwärtig in der Bundesrepublik rund 75 Kühlschiffe, von denen aber mindestens zwanzig nur Kümo-Größe erreichen. Diese Flotte ist jung, denn die ältesten dieser Schiffe sind knapp 6 bis 8 Jahre alt. In diese Flotte teilen sich rund zehn Reedereien, die fast alle ihren Sitz in Hamburg haben. Die neuesten Kühlschiffe sind die „Polarlicht" und die „Polarstern", die eine Tragfähigkeit von je 6500 Tonnen haben und Früchte aus den karibischen Häfen nach USA-Häfen bringen. Sie sind „schornsteinlose" Schiffe, da sie nur Abgaspfosten haben. Ihre Geschwindigkeit liegt bei 23 Knoten.

Flüssigkeitstanker, deren Größe unter 15 000 tdw liegt, verkehren zumeist in der Ostsee. Man findet sie aber in kleineren Einheiten auch in den Ausgangsgebieten der größen Ströme. Sie befördern in der Hauptsache Gas- und Heizöl oder Benzin, können jedoch nach entsprechender Reinigung der Tanks auch Schüttgut übernehmen. Das wichtigste Merkmal aller Tanker, gleich welcher Größe, ist der über das ganze Deck führende Laufsteg.

Küstenmotorschiffe, kurz „Kümos" genannt, sind zumeist Schiffe zwischen 299 und 499 BRT. Sie befördern jede Art von Gütern. Man findet sie nicht nur in der Nord -und der Ostsee, sondern auch im Mittelmeer und im Schwarzen Meer. Ihre Schwestern sind die *Küstentanker,* deren Zahl ständig zunimmt.

Abschließend noch einige Worte zu den heutigen deutschen *Passagierschiffen.* Deutschland hat einstmals, ungeachtet zweier Weltkriege, in dem Spitzengremium der internationalen Fahrgastschiffahrt gestanden. Heute ist – infolge der Zunahme des Luftverkehrs – das große Fahrgastschiff das Waisenkind der

Fahrgast- und Autofährschiff „Stockholm" (1000 Passagiere), gebaut von der *Lübecker Flender-Werke AG.*

Handelsflotte. Der Fahrgastverkehr mit Schiffen über den Nordatlantik, früher das Rückgrat der Passagierschiffahrt, lohnt nicht mehr. Die wenigen deutschen Schiffe dieser Art verkehren noch im Sommer auf der alten Route, im Winter werden sie zu Kreuzfahrten ins Mittelmeer, nach den Kanarischen Inseln oder nach Afrika eingesetzt. Das lohnt sich angesichts der Reiselust des zahlungskräftigen Publikums in der Bundesrepublik.

Kombischiffe sind große Motorschiffe, die in der Hauptsache Fracht befördern und zugleich modernste Einrichtungen für die Mitnahme einer begrenzten Zahl von Fahrgästen haben. Die großen Kombischiffe der Hapag und des Lloyd vom Typ „Hamburg“ bzw. „Bayernstein“ können 87 Fahrgäste mitnehmen, für die ausgezeichnete Unterkünfte zur Verfügung stehen. Andere Kombischiffe nehmen 12 Passagiere mit. Sie laufen hauptsächlich in der Fahrt nach Ostasien. Ein Neubau 1. Ordnung auf diesem Gebiet ist die 23 000 BRT große „Hamburg“, die auf der *Howaldts-/Deutsche Werft* gebaut wurde. Sie ist ein echter „Luxusliner“ von überaus schnittiger Form und wurde im Frühjahr 1969 in Dienst gestellt.

Obwohl es genügend neue Typen in der Schiffahrt gibt, kündigt sich ein weiterer Fortschritt an. Das „Schiff vom Fließband“ wird immer interessanter. So befanden sich nach Angaben des Deutschen Reeder-Verbandes im September 1968 bereits 22 Einheiten des Mehrzweckfrachters „German Liberty“ in Fahrt, Bau oder Auftrag. Hier handelt es sich um einen rd. 15 000 Tonnen tragenden Trockenfrachter, der sowohl in der Linien- als auch der Trampfahrt Verwendung finden kann.
Der Serienschiffbau hat aber auch eine wirtschaftliche Kehrseite. Der Vorsitzende des Verbandes Deutscher Schiffswerften, Dr.-Ing. Paul Voltz, führte dazu im Mai 1969 aus: „Risikoerhöhend wirkt sich auch aus, daß eine stark rückläufige Marktnachfrage wegen der rationellen sowie anlagen- und kapitalintensiveren Fertigung zu viel höheren Verlusten führen würde, als sie im Schiffbau in der Vergangenheit aufgetreten sind. In diesem Falle würde auch die heute mit viel Anstrengungen aufgebaute Serienfertigung gegen uns wirken. Es bestehen gegenwärtig rund zwei Drittel unserer Auftragsbestände aus

Serienschiffen von drei oder mehr Einheiten. Daraus folgt, daß unsere gegenwärtigen Angebotspreise überwiegend den Bau von Serien berücksichtigen; ein Umstand, der gerade in Zeiten rückläufiger Marktnachfrage die Erzielung der notwendigen Preise für Einzelschiffe erschwert."

Supertanker und Baukastenschiffe

Die *Supertanker* sind heute im wahren Sinne des Wortes die „Giganten" auf den Weltmeeren. Die modernsten unter ihnen übertreffen in Größe und Fassungsvermögen sogar die Flugzeugträger der US-Marine, die selbst schon Riesen sind. Tanker kamen Ende der achtziger Jahre des vorigen Jahrhunderts auf. Das erste Tankschiff war die hölzerne „Andromeda", die mit 2500 Tonnen vermessen wurde. Ihr folgte als erster Tankdampfer die 3000 Tonnen große „Glückauf" der Reederei W. A. Riedemann in Geestemünde. Er wurde 1886 in Dienst gestellt und führte zusätzlich zu seinem Dampfantrieb eine Takelage als Rahsegelschuner. In den folgenden Jahrzehnten nahmen die Tankergrößen nur allmählich zu. Im Ersten Weltkrieg wurden Tanker bis zu einer Größe von 10 000 tdw gebaut. Im Zweiten Weltkrieg entwickelten die Amerikaner schon Einheiten mit 16 700 tdw, die zudem im Serienbau erstellt wurden. In den fünfziger Jahren dieses Jahrhunderts setzte eine sprunghafte Vergrößerung ein. Der erste auf einer deutschen Werft gebaute Supertanker war die schon erwähnte „Tina Onassis", die eine Tragfähigkeit von 45 700 tdw hatte. Bauwerft waren die *Howaldts-Werke* in Hamburg. Seitdem ist die Entwicklung rasant vorangeschritten. Ende der fünfziger Jahre gab es Riesentanker von 100 000 tdw und inzwischen befahren schon solche von 200 000 tdw die Meere. Vertreter dieser Gattung sind die drei Turbinentanker „Drupa", „Darina" und „Diala", die von der *Deutschen Werft* für die Shell-Gruppe 1966 gebaut wurden. Diese Tanker haben eine Länge von rund 340 Metern, eine Breite von 50 Metern und einen Tiefgang von 18 bis 19 Metern. Sie werden von 32 000 PS angetrieben und haben eine Geschwindigkeit von 17 Knoten. Zur Navigation werden Fernsehkameras eingesetzt, die der Schiffsführung auf der Brücke, die auf diesen Schiffen ganz achtern liegt, auf

einem Bildschirm zeigen, was 250 Meter entfernt vor dem Bug vor sich geht. Diese Giganten fassen eine Ladung, für deren Transport mit der Eisenbahn jeweils 200 Güterzüge mit 35 Kesselwagen benötigt würden.

Diese Entwicklung ist noch nicht beendet. Die Konstrukteure auf den Großwerften befassen sich schon mit Plänen für Supertanker bis zu 500 000 Tonnen. Es gab sogar Zeitungsmeldungen, die von einer Größe bis zu einer Million Tonnen sprachen. Technisch wären solche Riesenbauten wohl möglich. Ob es auch wirtschaftlich der Fall wäre, ist eine noch offene Frage. Ihre Beantwortung hängt davon ab, ob die Importländer überhaupt über einen Rohölbedarf verfügen, der den Einsatz solcher Einheiten rechtfertigt. Zum anderen müßten die Häfen, die diese Schiffe anlaufen, als Tiefwasserhäfen umgebaut werden. Und schließlich wären diese Giganten auch nur dann rentabel, wenn sie im Serienbau erstellt würden. Die Besatzungsfrage dagegen spielt kaum eine Rolle. Die ersten Tankschiffe, wie die vorgenannte „Glückauf", benötigten 30 Mann Besatzung, ein heute gebauter 200 000-Tonner nur 36 Mann. Das ist möglich durch die weitgehende Automatisierung der Lade- und Löscheinrichtungen, des Schiffsantriebs und der Navigationseinrichtungen. Auch ein anderer Vergleich macht die Kostendegression deutlich: die 1953 gebaute „Tina Onassis" benötigte 17 500 PS, um 45 700 Ladetonnen mit einer Geschwindigkeit von 17 Knoten über den Ozean zu bringen. Für die zehn Jahre später gebaute „Esso Deutschland" lauteten die Vergleichszahlen: 26 870 PS, 91 630 Ladetonnen, 17,5 Knoten. Insgesamt gesehen sind die Transportkosten je Tonne Ladung bei einem Tanker von 170 000 tdw nur halb so hoch wie bei einem 30 000-tdw-Tanker. Durch einen 300 000 tdw großen Tanker werden sie auf ein Drittel gesenkt.

Die Bauweise moderner Schiffe

Der Bau dieser Supertanker wird heute noch vielfach als Einzelfertigung betrieben, da die Reeder für spezielle Transportaufgaben maßgeschneiderte Schiffe bestellen. Zum besseren Verständnis des technischen Fortschrittes ist ein kurzer Blick in die Vergangenheit interessant. Nach der traditionellen Bau-

36.–37. Bau eines modernen Containerschiffes, hier auf dem Gelände der früheren *Deutsche Werft AG* in Hamburg (heute Howaldtswerke – Deutsche Werft AG Hamburg und Kiel).

38.–39. Bei *Blohm & Voss* wurde das Voll-Container-Schiff „Elbe-Express“ der Hamburg-Amerika Linie gebaut. Das 170 m lange Schiff (14 500 BRT, Tragfähigkeit 10 800 t, Geschwindigkeit 20,6 Knoten) hat 4 Laderäume. Es kann 736 20-Fuß-Container transportieren.

weise wurde zunächst ein Gerippe aus Holz oder Stahl, aus Spanten, Stringern und Schotten errichtet, das auf dem Helgen mit einer hölzernen oder stählernen Außenhaut verkleidet wurde. Nach dem Stapellauf erfolgte die Ausrüstung, die häufig länger dauerte als der Bau des Schiffskörpers. Die Werften haben diese handwerklich betriebene Einzelfertigung auf einen industriellen Produktionsablauf umgestellt. Stationen auf diesem Wege waren die Mechanisierung der Arbeit durch Hebezeuge und durch den Einsatz von Maschinen für die Stahlbearbeitung, die Normung von Einzelteilen, die Einführung des Schweißverfahrens und schließlich durch die Vorfertigung von Sektionen und die Planung des Fertigungsablaufes.

Die heutigen Bemühungen zielen auf die weitere Rationalisierung der industriellen Fertigung und die Umstellung auf Kleinserienfertigung. Dabei gilt es, die Arbeitsabläufe ebenso zu planen wie Teile des Gesamtbauwerkes Schiff. Diese Aufgabe versucht man durch die integrierte Datenverarbeitung zu lösen, die verschiedene Bereiche in eine Optimierungsrechnung einbezieht. Computer werden für Entwurfs- und Konstruktionsaufgaben eingesetzt. Die Ergebnisse dieser Berechnung werden ohne arbeits- und zeitaufwendiges Übertragen auf Konstruktionszeichnungen zu Programmen für automatische Anzeichen- und Brennschneidmaschinen verarbeitet. Das gleiche Zahlenmaterial ist, gekoppelt mit Daten der betrieblichen Fertigungsplanung, der Ausgangspunkt für Optimierungsberechnungen des Arbeitsablaufes. Ziel ist der optimale Arbeitsablauf unter jeweils wechselnden Bedingungen, der nach Systemen der Netzwerktechnik festgelegt wird. Dieses Vorgehen ermöglicht nicht nur die Wahl der kostengünstigsten Fertigungsmethode, sondern ist auch die Voraussetzung für schnelleres Bauen. Ein weiterer Vorteil ist, daß die Werft schnell und damit frühzeitig auch konstruktive Detailaufgaben zu lösen vermag und damit teil- und vollinstallierte Sektionen bauen kann.

Die bisherige Sektionsbauweise bestand im Wesentlichen im Vorfertigen von Teilen des stählernen Schiffskörpers. Die Probleme der zeitaufwendigen und kostspieligen Ausrüstung waren damit aber nicht gelöst. Erst ein weiterer Fortschritt der Schiffbautechnik, nämlich die frühzeitige Installation der Sektionen

mit Rohrleitungen und Teilen der Innenausstattung ermöglichte den Bau von Schiffen nach dem *Baukastenprinzip*. Das äußere Kennzeichen dieser neuartigen Bauweise ist bei den Großwerften der Übergang zu Hebezeugen mit 300 bis maximal 800 Tonnen Hubkraft, die häufig in Form großer Bockkräne aufgestellt werden. Man benötigt dazu ferner große Schiffbauhallen, durch deren versetzbare Dächer die schweren Großteile unmittelbar auf den Schiffbauplatz, sei es nun die Helling oder das Dock, gehoben werden. Dort werden diese Teile zusammengesetzt. Es ist also, auf Landgewohnheiten übertragen, eine Art „Fertighausbau". Die Produktion von Baukastenelementen muß vor allem unter dem Gesichtspunkt der Serienfertigung gesehen werden. Es ist selten möglich, den Bau großer Serien gleicher Schiffe zu erreichen. Wohl aber ist eine Serienfertigung von einzelnen Baukastenelementen möglich. Diese Entwicklung, die neuesten Datums sind, zielt auf individuelle Schiffe nach den Wünschen der Reeder und auf die Typisierung von teilinstallierten Sektionen, die nach diesem Prinzip für gleiche und auch für verschiedene Schiffe verwendet werden können. Die Vorteile des Baukastenprinzips liegen auf der Hand. Es ermöglicht eine Verkürzung der Bauzeiten und auch eine entscheidende Verbesserung der Arbeitsbedingungen auf den Werften. Während bisher mehr als 60 % der Arbeitsstunden in der Materialvorbereitung und im Zusammenbau der Sektionen auf den Helgen geleistet werden mußten, könnten in Zukunft schätzungsweise 70 % der Arbeitsstunden in Hallen durchgeführt werden. Die Werftarbeiter hätten damit leichtere Arbeitsbedingungen, auch wären die Voraussetzungen für eine bessere Arbeitsplanung geschaffen.

Während das *Baukastenschiff* noch im Anfangsstadium steht, ist der *Supertanker* längst eine Realität. Im Sommer 1968 befanden sich in der Welthandelsschiff-Flotte bereits 16 derartige Riesenschiffe, die jeweils mehr als 150 000 Tonnen Tragfähigkeit besaßen, in Fahrt. 155 Einheiten dieser Gattung waren noch im Bau oder im Auftrag. Der größte Tanker, der unter deutscher Flagge fuhr, war 1968 die „Myrina" der Deutschen Shell Tanker-Reederei. Sie wird mit 95 836 BRT vermessen und trägt 190 060 tons Öl. Allerdings ist die „Myrina" kein

Produkt deutscher Werften. Sie wurde in England gebaut. Am Bau von Supertankern sind mehrere deutsche Werften beteiligt. Genannt seien hier die *Deutsche Werft* in Hamburg, die *Howaldtswerke* in Hamburg und Kiel und die *AG Weser* in Bremen.

Containerschiffe

Von keiner neuen Schiffsgattung ist in den letzten Jahren so viel die Rede gewesen wie von den sogenannten „*Containerschiffen.* Sie sind der Gipfel der modernen Schiffbaukunst, denn sie sind nicht nur technisch einzigartig, sondern auch wirtschaftlich von besonderer Bedeutung. Was versteht man eigentlich unter einem „Container"? Es ist schlicht gesagt ein „Großbehälter", dessen Urahne der „Pappkarton zur Wiederverwendung" ist. Auf einem Containerschiff wird die Ladung also nicht in Einzelstücken, sondern in „Containern" nach festgelegten Bestimmungsorten verstaut. Wenn man sich das vergegenwärtigt, dann versteht man auch, daß Containerschiffe eine besondere Art von Schiffen sein müssen. Ihre Größe spielt dabei die geringste Rolle. Wichtig ist ihre Bauart, die erheblich von derjenigen der konventionellen Frachtschiffe abweicht. Beim Stauen von Stückgut – von Massengut wie Erz, Kohle, Erden und dergleichen soll hier nicht die Rede sein – wird jeder Winkel eines Schiffsladeraumes nach Möglichkeit ausgenutzt. Der Container dagegen beansprucht eine besondere Art von Stauung und bestimmt damit auch die Bauart des Laderaumes.

Es gibt große Containerschiffe und kleine, je nachdem, wohin ihre Ladung signiert ist. Ältere Schiffe können nur mit gewissen Schwierigkeiten zu Containerschiffen umgebaut werden. Das ist zudem mit beträchtlichen Kosten verbunden. Ein „echtes" Containerschiff ist noch erheblich teuerer und bedeutet hohe Investitionen. So kosten z. B. Containerschiffe der sogenannten ersten Generation, die etwa 800 bis 1300 20-Fuß-Container befördern können, zwischen 40 und 50 Millionen DM; Containerschiffe der zweiten Generation, die mehr als 2000 Container befördern, zwischen 80 und 100 Millionen DM. Hinzu kommen die Herstellungskosten der Container. Reeder und

Hafenverwaltungen stehen damit vor neuen und kostspieligen Aufgaben.

Wie sieht ein „Container“ aus? Die Behälter waren anfangs 10,7 Meter lang, 2,45 Meter breit und 2,6 Meter tief. Sie wogen, vollgeladen, etwa 25 Tonnen. Gebaut sind sie aus Aluminium oder Eisen. Man ging schon aus Kostengründen nicht sofort zum Bau neuer Containerschiffe über, sondern beließ es zunächst beim Umbau geeigneter älterer Schiffe. Die Werft von *Blohm & Voss*, die damals noch bestehende *Schlieker-Werft* und die *Rheinstahl-Nordseewerke* in Emden bauten für amerikanische Rechnung mehrere der sogenannten T-2-Tanker von je rund 17 000 tdw zu Containerschiffen um. Das Achterschiff blieb erhalten, während Vor- und Mittelschiff neugebaut und dann an das Achterschiff angesetzt wurden. Die T-2-Tanker waren rund 160 m lang. Durch den Umbau wurden sie auf 222,50 m verlängert und zudem um einen Meter breiter. Die Kommandobrücke liegt im Vorschiff, so daß das übrige Schiff und seine Laderäume durch einen an Deck fahrbaren Kran bedient werden können.

Am 24. Februar 1967 hatte die Partenrederei „Craigavad“ in Elsfleth der durch ihre Boots- und Kleinschiffneubauten bekannten Werft von *Gebr. Schürenstedt* in Bardenfleth ein Containerschiff von 500 BRT in Auftrag gegeben. Auf den Tag genau ein Jahr später wurde es abgeliefert. Es ist 73 m lang und 12,80 m breit. Die Tragfähigkeit beträgt 1250 tdw, die Geschwindigkeit 13,2 Knoten. Unter Deck können bis zu 40 Container und auf Deck 46 verstaut werden. Das Schiff ist für den Liniendienst zwischen England und Irland bestimmt.

Je einen weiteren Container-Neubau erstellten im August 1967 die *Schlichting-Werft* in Travemünde und die *Büsumer Werft* für die Argo-Reederei in Bremen. Auch diese beiden Schiffe sind mit 499 BRT vermessen. Sie können auch als *Roll-on/Roll-off-Schiffe* verwendet werden und haben zu diesem Zweck eine Heckklappe und eine vom Hauptdeck zum Wetterdeck führende Auffahrtrampe zum Laden und Entladen von Kraftfahrzeugen, Trailern, Containern und palettierter Ladung, wie überhaupt jeglichen rollenden Gutes. Die *Schlichting-Werft* lieferte ferner im Januar 1968 an die Reederei August

Bolten ein Vollcontainerschiff unter 1000 BRT, das ebenfalls für den England-Irland-Dienst bestimmt ist.

Ein besonders denkwürdiger Tag für die deutsche Schiffahrt und den deutschen Schiffbau war der 25. Oktober 1968. An diesem Tag eröffneten die beiden deutschen Großreedereien, die Hapag und der Nordlloyd, einen Gemeinschaftsdienst mit Vollcontainerschiffen nach Nordamerika. Als erstes Schiff verließ die „Weser-Expreß", ein rd. 13 000 BRT großer Neubau dieser Art, den Hamburger Hafen zur Jungfernfahrt nach den USA. Schon einen Tag zuvor war der zweite große Vollcontainer, die „Elbe-Expreß", der Hapag übergeben worden.

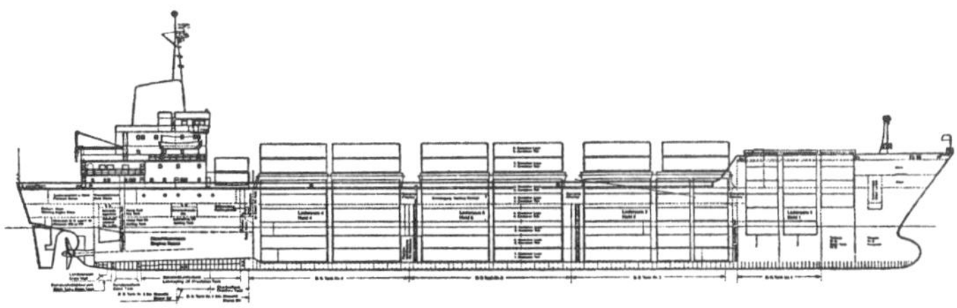

Längsschnitt des Vollcontainerschiffes „Weser-Expreß"
(und deren Schwesterschiffe), 14 500 BRT, 10 800 t Tragfähigkeit,
736 20-Fuß-Container, gebaut von den Werften *Bremer Vulkan* und
Blohm & Voss für *Hapag-Lloyd*

Zwei weitere Neubauten der gleichen Größe, die „Alster-Expreß" und die „Mosel-Expreß", sollen noch um die Jahreswende ihren Dienst aufnehmen. Bauwerften sind *Blohm & Voss* und der *Bremer Vulkan*.

Jedes dieser Schiffe wird 736 Containereinheiten von je 20 Fuß oder eine entsprechende Anzahl von 40 Fuß Länge übernehmen können. Abgangs- bzw. Bestimmungshäfen sind Bremerhaven, Hamburg, Antwerpen, Rotterdam, New York, Baltimore und Norfolk.

Diese Schiffe sind vollautomatisiert und besitzen neuartige Flossenstabilisatoren, d. h. seitlich ausfahrbare Flossen, die ein Rollen und Schlingern weitestgehend ausgleichen. Bisher kannte man diese Bauart nur bei den modernen Passagierschiffen. Vorhanden sind ferner auf jedem Schiff Krängungsversuchs- und Krängungsausgleichanlagen, die gewährleisten, daß es auch bei

ungleichmäßiger Belastung stabil bleibt und die Ladung nicht verrutschen oder sich beim Laden und Löschen verklemmen kann. Jeder der vier Laderäume hat 59 Zellen, in denen die Container gelagert werden, wobei sechs von den Behältern übereinander gestellt werden können. Auf den Laderaumluken können weitere, festverzurrte Container, untergebracht werden. Die Seitenhöhe der Neubauten beträgt 14,6 Meter, das ist rund 1,5 Meter höher als bei konventionellen Frachtschiffen. Auch die Back ist erhöht und zudem mit einem Wellenbrecher versehen. Natürlich gibt es auf ihnen auch die modernsten Navigationsgeräte wie Radaranlagen, Echolote, Kreiselkompasse mit Selbststeuereinrichtung, Wetterkartenschreiber und Funkpeiler, die eine Reichweite bis zu 1500 Seemeilen haben. Die Besatzung beträgt 33 Mann pro Schiff, die alle in modern ausgestatteten Einzelkabinen untergebracht sind. Diese in ihrer Art und Größe einmaligen Schiffe sollen wöchentlich zwischen Europa und Amerika verkehren. Daneben sind wöchentliche Abfahrten mit konventioneller Ladung nach und von Philadelphia vorgesehen. *Vollcontainer* dürften *das* Frachtschiff auf den Weltmeeren werden. Hapag und Nordlloyd wollen für ihre Frachtschiffneubauten nach Möglichkeit Teil- und Vollcontainerschiffe bevorzugen. So erklärte der Sprecher des Reedereivorstandes bei der Vorlage des Geschäftsberichtes des Nordlloyd für das Jahr 1967, „der Lloyd werde sich konsequent auf den weltweit zunehmenden Containerverkehr einstellen. Im Gemeinschaftsdienst mit der Hapag nach Ostasien würden Großbehälter mit Mehrzwecke-Frachtschiffen befördert. Man werde in naher Zukunft noch größere und schnellere Australienfahrer von rund 22 Knoten und einer Tragfähigkeit bis zu 30 000 Tonnen in Auftrag geben“.

Kein Zweifel kann darüber bestehen, daß der Übergang vom bisherigen Frachtverkehr zum Containerverkehr einschneidender sein dürfte als vor hundert Jahren der vom Segelschiff zum Dampfschiff.

Für die heutige Bewertung des deutschen Schiffbaues im Ausland ist von Bedeutung, daß ausländische Reedereien auf deutschen Werften Containerschiffe in Auftrag gegeben haben. Auf der *Ross-Werftanlage* der *Howaldtswerke/Deutsche Werft* lief

im Juni 1968 die für ein britisches Reederkonsortium gebaute „Encounter Bay“ vom Stapel. Sie ist mit rund 27 000 BRT und einer Tragfähigkeit von 29 150 tdw erheblich größer als die Neubauten für Hapag und Nordlloyd. Von diesen wahrhaft revolutionierenden Großfrachtern sollen noch weitere vier auf deutschen Werften gebaut werden. Sie sollen 1300 Behälter aufnehmen können. Die „Encounter Bay“ ist 227,3 m lang und 30,48 m breit. Mit Ausnahme der Ladevorrichtung für die Übernahme von Proviant hat sie kein Ladegeschirr. Die insgesamt vorgesehenen sechs Schiffe sollen in Europa nur Tilbury bei London anlaufen. In Australien sollen Spezialeinrichtungen für das Laden und Löschen in Freemantle, Melbourne und Sidney entstehen.

Das erste deutsche Atomschiff

Am 13. Juni 1964 lief bei den *Howaldtswerken* in Kiel das erste deutsche, mit atomarem Antrieb ausgerüstete Handelsschiff, die „Otto Hahn“, vom Stapel. Das Schiff wurde am 1. Februar 1968 von der Bauwerft an die „Gesellschaft für Kernenergieverwertung in Schiffbau und Schiffahrt“ in Hamburg übergeben. Es ist nach dem sowjetischen Eisbrecher „Lenin“ und dem amerikanischen Atomfrachter „Savannah“ das dritte atomgetriebene Schiff der Welthandelsflotte. In den Flotten der großen Seemächte gibt es bereits eine größere Zahl von Kriegsschiffen mit Atomantrieb. So besitzen die Vereinigten Staaten mehr als 70 Atom-U-Boote. Die Sowjetunion verfügt über schätzungsweise 45 Atom-U-Boote, Großbritannien über drei und Frankreich über zwei. Als bisher einzige Seemacht der Welt besitzen die USA darüber hinaus mehrere Überwasser-Kriegsschiffe mit Atomantrieb: den ersten Atom-Flugzeugträger, die rund 86 000 ts große „Enterprise“, den Atomkreuzer „Long Beach“ und die Atom-Zerstörer „Truxtum“ und „Bainbridge“.

Die verhältnismäßig lange Bauzeit von dreieinhalb Jahren für die „Otto Hahn“ erklärt sich daraus, daß die deutsche Wissenschaft und der deutsche Schiffbau bei seiner ersten Planung für ein Atomschiff vor Neuland standen. Die Ausschreibung erfolgte Ende 1960 und die Vergabe des Auftrages Ende November 1962. Hinzu kam, daß man für die zukünftige Ver-

wendung des Schiffes zunächst an einen Tankerbau dachte, sich dann aber für einen Massengutfrachter entschied. Nach den damaligen Erkenntnissen war für einen solchen eine Schiffsgröße von etwa 17 000 BRT angemessen. Aber die technische Entwicklung war rascher als gedacht. Inzwischen sind heute für Massengutfrachter (Bulkcarrier) bereits 50 000 tdw ein guter Durchschnitt, und für Tanker sogar über 100 000. So kommt es, daß die nukleare Antriebsanlage der „Otto Hahn“ modern ist, ihre äußere Gestalt und Größe aber der internationalen Entwicklung nachstehen.

Das Schiff ist mit 16 871 BRT vermessen und hat eine Tragfähigkeit von 15 000 tdw. Es ist 172 m lang, 23,4 m breit und hat einen Tiefgang von 9,2 m. Durch eine Antriebsleistung von 11 000 WPS bei 100 UpM erhält es eine Geschwindigkeit bis zu 16 Knoten. Unter Berücksichtigung der zu erwartenden Auslastung der Maschinenanlage wird der eingesetzte Kernbrennstoff für mehr als drei Jahre ausreichen. Die Baukosten beliefen sich auf insgesamt 55,4 Millionen D-Mark, davon allein 27,5 Millionen für die Reaktoranlage. Durch einen 190 Tonnen schweren Stahlkessel sowie Betonmauern von mehr als einen halben Meter Stärke werden Mannschaft und Schiff gegen schädliche Strahlen abgeschirmt. Ein zweifacher Doppelboden soll eine Beschädigung der Reaktoranlage bei Havarien verhindern. Trotzdem wird man, wie das Beispiel der „Savannah“ gezeigt hat, wahrscheinlich beim Anlaufen fremder Häfen über die Gefahren durch etwaige Strahlungsschäden an Land jeweils verhandeln müssen. Die „Otto Hahn“ ist als Erzfrachter konstruiert. Sie dient vorerst noch hauptsächlich zur Erprobung. Für diesen Zweck hat sie neben den Unterkünften für eine Besatzung von 66 Mann Platz für 47 Wissenschaftler, denen auch Laboratorien und Forschungseinrichtungen an Bord zur Verfügung stehen.

Über die wirtschaftliche Bedeutung atomgetriebener Handelsschiffe gibt es noch unterschiedliche Auffassungen. Man hält solche Schiffe im Betrieb noch für zu kostspielig und damit für nicht rentabel. Trotzdem wäre eine voreilige Kritik nicht angebracht. Die gewonnenen Erkenntnisse sind ein wertvoller Aktivposten. Sie werden aber nicht allein durch wissenschaftliche For-

schungen, sondern auch durch praktische Erfahrungen untermauert werden müssen. Dabei wird man der Wirtschaftlichkeit von Kernenergieanlagen ein besonderes Augenmerk zuwenden.

Trotz mancher Mängel, die das erst deutsche Atom-Handelsschiff gegenwärtig noch aufweist und zu denen im Laufe der weiteren Erprobung vielleicht noch andere kommen können, muß der Bau dieses Schiffes als eine Pioniertat sowohl der Wissenschaft als auch des Schiffbaus gewertet werden. Er stellt einen Sonderfall dar, der auch in der Zeit der heutigen rasanten Entwicklung der Technik besondere Beachtung verdient. Die „Otto Hahn“ ist ein Schrittmacher für eine neue Epoche in der internationalen Handelsschiffahrt.

Spezialschiffe und andere

Neben den zahlreichen Seeschiffneubauten der deutschen Werften dürfen die oftmals zwar kleineren, aber nicht weniger wichtigen Einheiten der verschiedenen *Spezialschiffe* nicht vergessen werden. Sie dienen, wie schon die Bezeichnung besagt, besonderen Aufgaben. Es gibt Hochsee- und Hafenschlepper, Lotsenschiffe, Forschungsschiffe, Bergungs- und Hebefahrzeuge, Saugbagger, Schwimmkräne und Autofähren, um nur die wichtigsten zu nennen. Eine ganze Reihe mittlerer und kleiner Werften haben sich auf den Bau solcher Spezialschiffe eingestellt.

Die *Hafenschlepper* sind die kleinen und flinken, sehr starken Schiffe, die den großen Seeschiffen beim Ein- oder Auslaufen wie Wachhunde zur Seite stehen. Es gibt darunter einige, die selbst mit den größten Überseeschiffen fertig werden. Sie sind zumeist um die 100 BRT groß und von erheblicher Leistungsfähigkeit. Andere Aufgaben haben die großen in den Atlantikhäfen stationierten *Hochseeschlepper.* Es sind Schiffe von über 1000 BRT, die einen großen Aktionsradius von z. B. 15 000 Seemeilen haben. Beispiele hierfür sind die „Pacific“ und die „Atlantic“ der Hamburger Bugsier-, Reederei- und Bergungs-AG, die auf der *Schichau-Werft* in Bremerhaven entstanden und mit je 1093 BRT vermessen sind. Sie haben eine Maschinenleistung von 4125 PS, mit der sie eine Geschwindigkeit bis zu 18 Knoten erreichen. Ihre Besatzung beträgt 26 Mann. Ihre Ausrüstung besteht aus allen Utensilien, die zur Bergung oder

zum Abschleppen großer, auf hoher See havarierter Schiffe dienen. Wenn es notwendig ist, können auf ihnen auch Schiffbrüchige Unterschlupf finden. Bergungsschlepper sind überaus seefeste Schiffe, die auf keinen Sturm Rücksicht zu nehmen brauchen.

Lotsenschiffe sind die Tag und Nacht im Dienst befindlichen Helfer der Hochseeschiffahrt. Sie liegen oftmals weit draußen vor der Küste auf den bekannten Anlaufkursen zu den großen Seehäfen und warten auf ihre „Kunden". Sie können weder durch gute Seekarten und noch durch geschickte Navigationsoffiziere und Steuerleute voll ersetzt werden. Fast jedes Schiff, das von See kommt, setzt daher die bekannte Lotsenflagge im Vortopp, die anzeigt, das es einen Lotsen braucht, der die Schiffsführung bis in den Hafen hinein übernimmt. Die Lotsenboote sind ebenfalls überaus seefeste Fahrzeuge, denen Wind und Wetter nichts antun können. Um den Lotsen den Dienst zu erleichtern, wurden in den letzten Jahren „Lotsenversetzschiffe" eingesetzt, auf denen sich die Lotsen aufhalten, bis der Dienst sie wieder ruft. Ein Beispiel dafür ist die „Kommodore Ruser", ein Schiff von 760 BRT, die bei *Jos. L. Meyer* in Papenburg entstand, eine Stammbesatzung von 28 Mann hat und außerdem 42 Lotsen Unterkunft bietet.

Feuerschiffe sind die getreuen Wächter und Helfer der internationalen Schiffahrt. Sie liegen weit draußen verankert vor den Flußmündungen und weisen besonders bei Nacht den einlaufenden Seeschiffen den Kurs. Auf der *Meyer-Werft* in Papenburg entstand das bekannte Feuerschiff „Elbe 1", das vor der Elbmündung Wache hält.

Hebe- und *Bergungsschiffe* sind die „Aufräumer" unter den Spezialschiffen. Sie sorgen dafür, daß die Fahrrinnen stets frei von Hindernissen sind. Eine Spezialart sind die in manchen Kriegsmarinen vorhandenen Einheiten zur Hebung gesunkener Unterseeboote. Sie sind mit Pumpen und starken, über Trommeln laufenden Bergungseilen ausgerüstet. Gewöhnlich nehmen zwei von ihnen das Wrack in die Mitte und hieven es langsam hoch.

Ähnliche Aufgaben haben die großen *Schwimmkräne*, die zumeist im Hafen arbeiten. Ein Beispiel für diese Art ist der

788 BRT große Schwimmkran „Athlet“, der von der *Seebeck-Werft* der *AG Weser* 1962 gebaut wurde, ein anderes die „Magnus“, die ein Jahr später bei den *Kieler Howaldtswerken* fertiggestellt wurde. Schwimmkräne von besonderer Leistungsfähigkeit wurden auch auf den *Flender-Werken* in Lübeck-Travemünde gebaut. Die gleiche Werft baute für ausländische Rechnung 7000–10 000 Tonnen große *Schwimmdocks*, die, da sie keine eigene Antriebsmaschine besitzen, im Schleppzug nach Übersee gebracht wurden.

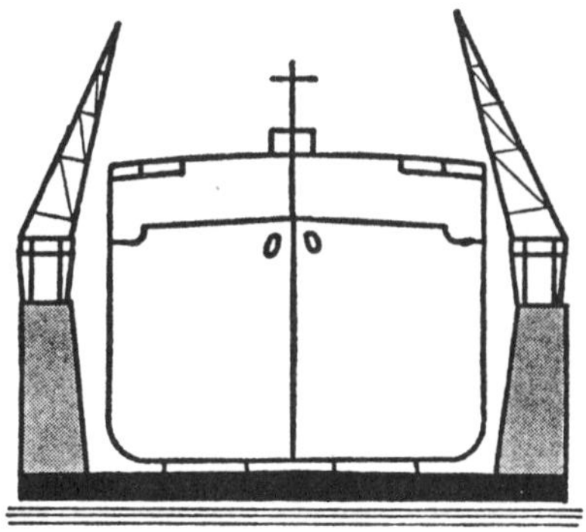

Mit der Größe der Schiffe mußten auch Größe und Tragfähigkeit der Docks zunehmen: das 23 000-t-Dock von *Blohm & Voss* faßt Schiffe bis 28 000 tdw

Eine wenig bekannte Art von Spezialschiffen sind die *Saugbagger*, deren Aufgabe die Vertiefung der Schiffahrtsrinnen ist. Mehrere dieser über 4000 BRT großen Einheiten wurden u. a. von der *Lübecker Maschinenbau-Gesellschaft* erstellt.

Einen besonderen Platz unter den Spezialschiffen nehmen noch die verschiedenen Zwecken dienenden *Forschungs-Schiffe* ein. Ein Musterbeispiel ist die 2600 BRT große „Meteor“, die 1964 für die Deutsche Forschungsgemeinschaft und das Deutsche Hydrographische Institut bei der *Seebeck-Werft* in Bremerhaven abgeliefert wurde. Die heutige „Meteor“ hatte bereits in der Kaiserlichen Marine und der späteren Reichs- und Kriegsmarine einen Vorgänger. Es war das auf der Kaiserlichen Werft in Danzig 1915 gebaute Vermessungsschiff gleichen Namens,

das durch seine weltweiten Forschungsreisen bekannt war. Die alte „Meteor“ hatte eine Wasserverdrängung von 1200 ts. Die heutige ist fast doppelt so groß. Sie ist im Grunde genommen ein schwimmendes Laboratorium und verfügt über besondere Einrichtungen für biologische und geologische Forschungen. Sie hat eine Stammbesatzung von 57 Mann und Platz für 18 Wissenschaftler. Ein kleiner Bruder ist das Watt-Forschungsschiff des Hamburger Amtes für Strom- und Hafenbau, die auf der Schiffs- und Yachtwerft *Hein Garbers* in Hamburg gebaute „Neuwerk“. Sie arbeitet, wie die Bezeichnung besagt, besonders in den engeren Küstengewässern. Auch die Bundesmarine verfügt über mehrere Forschungs- und Vermessungsschiffe. Das größte von ihnen ist die 1965 erbaute „Planet“, die 1950 ts vermißt und auf der *Norder-Werft* gebaut wurde. Weitere kleinere Einheiten dieser Bestimmung sind die „Süderoog“, die „Gauss“ und die „Alkor“, die der Kieler Universität zur Verfügung steht. Die Werft *August Pahl* in Hamburg-Finkenwerder, die *Husumer Schiffswerft*, die Werft *D. W. Kremer Sohn* in Elmshorn, die *Jadewerft* in Wilhelmshaven, die *AG Weser*, die Werft *Aberking & Rasmussen* in Lemwerder, *Gebr. Schürenstedt* in Bardenfleth, *Friedr. Schweers* in Bardenfleth, die Schiffswerft *C. Cassens* in Emden, *Gebr. Schlömer* in Oldersum und die Werften *Theodor Buschmann* und *Ernst Menzer* in Hamburg haben ebenfalls Spezialschiffe und -boote der verschiedenen Arten und Bestimmung gebaut.

Einer der letzten und modernsten Neubauten unter den Spezialschiffen ist die im September 1968 von der *Schlichting-Werft* in Travemünde an das Bundesernährungsministerium abgelieferte „Frithjof“, ein 1800 BRT großes Fischereischutzboot, das eine Geschwindigkeit von über 16,5 Knoten erreicht.

DER DEUTSCHE BINNENSCHIFFBAU

Alles anders als früher

Der deutsche Binnenschiffbau kann auf eine ähnliche Entwicklung wie der Seeschiffbau zurückblicken. Auf deutschen Flüssen wurden schon vor dem Dreißigjährigen Krieg Schiffe gebaut. Die Quellen, aus denen man genauere Angaben entnehmen kann, sind allerdings hier wie dort sehr rar.

Eines der wahrscheinlich ältesten Unternehmen seiner Art dürfte die heutige *Bayerische Schiffbaugesellschaft mbH. vorm. Anton Schellenberger* in Erlenbach am Main sein. Sie kann ihren Ursprung bis in das Jahr 1668 zurück verfolgen. Nach den noch vorhandenen Unterlagen im Archiv der Schifferstadt Wörth war es ein Hans Michael Schellenberger, der 1652 nach Wörth kam und ab 1668 Holzschiffe baute und das Fährrecht erwarb. Anfangs bauten die Schellenberger Holzschiffe bis zu 100 Tonnen, später bis zu 200 Tonnen Tragfähigkeit. Neben diesen Schiffen gab es die sogenannten „Schelche", die kleiner und etwa 12–20 Meter lang waren, einen flachen Boden und einen ungedeckten Laderaum hatten.

Soweit man weiß, hat sich an der Bauart der Schiffe und an der Ausstattung der Schiffbauplätze bis gegen Ende des 19. Jahrhunderts wenig geändert. Erst von da an setzte eine rasche Aufwärtsentwicklung sowohl in der Technik des Schiffbaues als auch in der Art der Schiffbauwerkstätten ein. Eine eigentliche Industrie war es noch nicht. Hatte man zunächst nur im Sommer gearbeitet, so ging man nun auch zur Winterarbeit über, indem man geheizte Werkstätten schuf. Als etwa um das Jahr 1890 herum auf dem Main die ersten eisernen Binnenschiffe aus Holland auftauchten, ging man auf den deutschen Flüssen langsam zum Eisenschiffbau und schließlich zum Dampfschiffbau

über. Wie auf dem Main war es zum größten Teil auch auf dem Rhein, der Oder, der Elbe und anderen Flüssen. Ein Hindernis, das nur nach und nach beseitigt werden konnte und das erhebliche Kosten verursachte, war die notwendige Regulierung der Wasserstände und die Beseitigung der Gefahren, die den dicht am Wasser liegenden Schiffbauplätzen durch Hochwasser drohten.

Die ältere Generation kann sich noch daran erinnern, wie es vor dem Ersten Weltkrieg auf den Flüssen aussahr. Damals wurde das Bild von den Schleppzügen beherrscht, einer Art aneinander geketteter Konvois von Lastkähnen ohne eigenen Antrieb, die von großen Raddampfern gezogen wurden. Motorschiffe gab es damals noch nicht, Einzelfahrer, d. h. Lastkähne mit eigener Maschine, auch wenig.

Den Bestand der deutschen Binnenschiffe, ihre Gattung und Tragfähigkeit nach dem Stande vom 31. 12. 1912 zeigt am deutlichsten die nachfolgende Statistik: (Nauticus 1914):

Stromgebiet	Personen-dampfer	Fracht-dampfer	Schlepp-dampfer	ohne eigene Triebkraft
des Rheins	244	77	445	3 805
der Elbe	685	696	925	12 999
der Weser	28	15	72	529
der Ems	22	24	41	888
der Oder	93	35	349	4 432
der Donau	4	3	13	136
Bodensee	39	26	4	21
der Weichsel	41	12	53	640
Küstengebiet östl. der Weichsel	56	39	94	1 012
Küstengebiet zwischen Weichsel und Oder	3	—	—	—
Küstengebiet westlich der Oder	131	65	43	525
Küstengebiet zwischen Weser und Ems	3	1	—	30
Oberbayerische Seen	32	1	—	3

Insgesamt gab es im damaligen Deutschen Reich 29 533 Binnenschiffe, davon 25 042 ohne eigene Triebkraft. Von den genannten Binnenschiffen mit eigener Triebkraft dienten 68 Schiffe Sonderzwecken als Fischerei- oder Fährfahrzeuge, Bergungsdampfer und Eisbrecher.

Das war die Lage vor Ausbruch des Ersten Weltkrieges. Von den Auswirkungen dieses Krieges blieben die Binnenschiffswerften ebenso wie die Seeschiffswerften im wesentlichen verschont. Man konnte daher nach Überwindung der ersten Schwierigkeiten fast überall an einen verstärkten Aufbau und eine zeitgemäße Modernisierung des Schiffbaubetriebes gehen. Die Schiffe wurden rentabler und größer, der Verkehr auf den Flüssen reger und stärker. Das Eigenleben als Handwerkbetrieb hörte auf. An seine Stelle trat der industrielle Werftbetrieb. Die alten Radschleppdampfer traten mehr und mehr in den Hintergrund. Der Neubau von Schrauben-Schleppdampfern mit größter Leistungsfähigkeit und moderner Konstruktion rückte vor. Auch die Zahl der sogenannten „Selbstfahrer“ nahm zu. Ein paar Beispiele aus der Zeit vor und zwischen den beiden Weltkriegen zeigen die eingetretenen Veränderungen.

In den ersten Jahrzehnten des 19. Jahrhunderts waren die Binnenschiffe, vor allem stromauf, zumeist von Pferden gezogen worden. Der sogenannte „Treidelverkehr“ hielt sich lange Zeit auf fast allen Flüssen. 1829 errichtete das damals älteste schwerindustrielle Unternehmen des Ruhrgebietes, die *Gutehoffnungshütte* in Oberhausen, in Ruhrort eine moderne Schiffs- und Reparaturwerft. Im Jahre 1830 lief dort der erste auf einer deutschen Binnenschiffswerft erbaute Rheindampfer, die „Stadt Mainz“, vom Stapel. Ein Vorstoß in technisches Neuland war gelungen. Bis 1838 wurden sechs weitere Schiffe zu Wasser gebracht. Sie wiesen noch Mängel in ihrer Haltbarkeit auf, denn sie waren durchweg aus Holz gebaut und bogen sich bei schwerer Ladung stark durch. Man ging bei der Gutehoffnungshütte daher 1838 dazu über, im Schiffbau nur noch Eisen zu verwenden. Das erste Schiff dieser Art war die „Graf von Paris“, das erste ganz aus Eisen gebaute Rheinschiff. In den folgenden Jahren entstand auf der Ruhrorter Werft eine große Zahl der schönsten und schnellsten Dampfer, die damals den Rhein be-

fuhren. Zugleich trug die Werft wesentlich zur weiteren Entwicklung der Rheinschiffahrt bei. Erwähnt seien hier das zweimastige Segelschiff „Hoffnung“, das wegen seiner doppelten Bestimmung als Fluß- und als Seeschiff einen flachen Boden ohne Kiel erhielt, der erste „Remorqueur“, die „Ruhr“, die schon damals nicht weniger als acht Schiffe im Schlepp nach sich zog, ferner die „Prinz von Preußen“, von der die Ruhrorter „Duisburger Zeitung“ 1851 schrieb, sie sei „ein Triumph der deutschen Industrie und übertreffe an Schnelligkeit alle Boote, welche in England und Holland angefertigt wurden“. Die Ruhrorter Werft der *GHH* verlagerte später das Schwergewicht auf die Herstellung von Schleppern und eisernen Kähnen. Daneben wurden weiterhin Güterdampfschiffe und Trajektschiffe, Schraubendampfer, Raddampfer und Spezialschiffe gebaut. Bis zum Ende des 19. Jahrhunderts hatte die Werft insgesamt 202 Schiffe abgeliefert. Dann wurde die ausländische Konkurrenz, besonders die holländische, der niedrigere Löhne und geringere Eisenpreise zugute kamen, zu stark, so daß die Schiffbauwerkstätten stillgelegt werden mußten. 1916 wurde die moderne *Rheinwerft Walsum* errichtet, die bald zu einem der leistungsfähigsten Schiffbaubetriebe auf dem europäischen Kontinent wurde. Nach 1918 beschränkte man sich notgedrungen zunächst auf Reparationslieferungen. Später kam der Neubau von Kähnen hinzu. Im Jahre 1922 wurde der erste Dieselmotorschlepper Deutschlands, die „Franz Haniel XXVIII“, zu Wasser gelassen. Das Schiff war nach zeitgenössischen Berichten eine „epochemachende“ Neuerung.

Die nächsten Jahre brachten technische Verbesserungen auf jedem Gebiet, als Aufträge aus Belgien, Frankreich und der Schweiz, aus Rußland, Mexiko und Kolumbien hereinkamen. Die *Rheinwerft Walsum* war inzwischen in der Lage, jeden Wunsch, auch nach Spezialschiffen, zu erfüllen, darunter Personen- oder Motortankschiffe, Fähren, Kranpontons und Zollboote. Im Jahre 1936 brachte die Werft die ersten Rhein-See-Motorschiffe heraus. Im Zweiten Weltkrieg entstanden hauptsächlich Versorgungsfahrzeuge und Flugzeugprahme. Nach dem Kriege war die *Rheinwerft*, die durch Bombenangriffe und Artilleriebeschuß schwer beschädigt worden war, zunächst nur

40.–41. Kai-Aufnahme und Schaltraum des Voll-Container-Schiffes „Weser-Express“, eines Schwesterschiffes der „Elbe-Express“. Bauwerft *Blohm & Voss*, Hamburg.

42.–43. Das Turbinenfahrgastschiff „Hamburg“ (25 000 BRT), von der *Deutsche Werft AG*, Hamburg, für die Deutsche Atlantik Linie GmbH gebaut, ist das erste deutsche Passagierschiff dieser Größe, das nach dreißigjähriger Pause wieder auf einer deutschen Werft gebaut wurde. Die „Hamburg“ lief am 21. 2. 1968 vom Stapel.

mit Instandsetzungsarbeiten beschäftigt. Nach Aufhebung der alliierten Schiffbaubeschränkungen ging man wieder zum Neubau von Schiffen über. Den Vorzug hatten Spezialschiffe. Dazu gehörte unter anderen das für Venezuela gebaute Frachtmotorschiff „Vencemos I", das mit seinen 3300 Tonnen Tragfähigkeit das größte auf einer deutschen Binnenschiffwerft gebaute Seeschiff für den Transport von losem Zement ist. Weitere seegehende Frachtmotorschiffe folgten. Sie wurden vorwiegend zwischen Afrika, Spanien und Hamburg für den Transport von Südfrüchten eingesetzt. Bis zum Jahre 1952 hatten mehr als 900 Schiffsneubauten die Hellinge der Walsumer Werft verlassen: Passagierschiffe, Säuretanker, Erzkräne, Zementschiffe und andere. Den bedeutendsten Teil des Bauprogramms nahm der Bau von Tankschiffen für die Flußschiffahrt ein. Auch heute noch spielt die *Rheinwerft Walsum* im deutschen Schiffbau eine führende Rolle.

Die *Meidericher Schiffswerft*, bekannt durch den Bau von Tankmotorschiffen, Dieselschleppern, Erzkähnen und Spezialschiffen, entstand 1907 aus der seit 1898 bestehende Schiffswerft Thomas, die im Kaiserhafen von Duisburg-Ruhrort ihren Sitz hatte. Sie siedelte im Gründungsjahr in das Hafenbecken A über und nannte sich seit diesem Zeitpunkt *Meidericher Schiffswerft*. Schon vor dem Ersten Weltkrieg machte sie sich nicht nur in der engeren Heimat, sondern auch im gesamten Rheingebiet von der Schweiz bis nach Holland wegen ihrer besonderen technischen Leistungen einen Namen. Auf dem Arbeitsprogramm standen neben Reparaturen in zunehmenden Umfang Schiffsneubauten der verschiedensten Art, besonders Schrauben-Schleppdampfer von größter Leistungsfähigkeit und modernster Konstruktion. Im Jahre 1926 lief der erste Dieselschlepper auf dem Rhein, die „Rudolf Diesel", vom Stapel. In den Jahren von 1928 bis 1931 folgten u. a. Zwei- und Dreischraubenschlepper für die Weser und den Oberrhein. 1935 brachte die Werft den ersten Gasgeneratorschlepper heraus, dem eine große Zahl weiterer Schlepper dieser Gattung folgten. Motorgüterschiffe und Motortankschiffe verschiedener Größe wurden neben hochwertigen Schleppern erstellt, daneben Spezialschiffe wie Bagger, Klapp- und Elevierschuten u. a. gebaut.

Um die an sie gestellten Anforderungen in jeder Hinsicht erfüllen zu können, wurde die Werft technisch gut ausgerüstet. Eine 110 Meter lange Helling gab die Möglichkeit, je nach Wasserstand, bis zu 10 Schiffe mit den größten Abmessungen auf Land zu nehmen. Zwei Schiffbauhallen mit Schnürboden, eine Kesselschmiede, mechanische Werkstatt sowie eine Rohrschlosserei wurden geschaffen. Weitere Verbesserungen folgten. So wurde 1923 am Hafenkai die einzige im Rheingebiet bestehende Hubwerkkrananlage errichtet, die die Werft in die Lage versetzte, ohne Hellingnahme Schiffe für Propellerwechsel, Wellen-, Sternbüchsen-, Tunnel- und Ruderreparaturen mittelts des 100-Tonnen-Hubwerks anzuheben.

Der Zweite Weltkrieg stellte auch die *Meidericher Schiffswerft* vor schwierige Aufgaben, deren Bewältigung durch die ständigen Luftangriffe erschwert wurde. Im Kriege selbst erlitt die Werft große Beschädigungen. Aber bereits kurz nach Kriegsende konnte – wenn auch unter englischer Aufsicht – mit der Wiederaufnahme der Arbeiten begonnen werden. Zunächst wurden Hebeschiffe gebaut, die aus schwimmenden Wrackteilen und ganzen Schiffen erstellt wurden. Es folgte der Bau von Fähren, um anstelle der zerstörten Brücken Flußübergänge zu schaffen, sowie die Motorisierung schon vorhandener Kähne. In den ersten Nachkriegsjahren konnte die Werft über 40 Schiffe dieser Art für das In- und Ausland umbauen. Mit der Aufhebung der alliierten Kontrollmaßnahmen begann man mit dem Neubau von größeren Schiffen. So wurde im Jahre 1953 ein 1000-Tonnen-Motorgüterschiff, der 250. Neubau seit Bestehen der Werft, vollendet. In dem folgenden Jahrzehnt verließen insgesamt über 60 technisch hochwertige Neubauten die Hellinge, darunter neben den schon erwähnten Dieselschleppern und Tankmotorschiffen noch Bunkerboote und andere Spezialschiffe. In den Jahren 1959/60 baute die *Meidericher Schiffswerft* einen großen Schubschiffverband, der aus dem Schubboot „Nijpaard“ und vier Leichtern mit einer Tragfähigkeit von insgesamt 6000 Tonnen bestand. Weitere Schub- und Schleppboote folgten, darunter eine Einheit, die in der Lage war, zwei Schubleichter sicher in einen Hafen hinein- und wieder hinauszuschieben und große Kähne zu schleppen. Neben dem Bau von hoch-

modernen Schubschiffen, die auch gegenwärtig noch eine Seltenheit sind, baute die Werft große Schwimmgreiferschiffe für die Wasserstraßenbehörden, Baggereischiffe und Kies- und Motorklappschuten für das Ausland.

Im Gegensatz zu den beiden bisher geschilderten Werften ist die *Schiffswerft Oberwinter* am Rhein ein junges Unternehmen. Sie wurde nach Beendigung des Zweiten Weltkrieges auf Veranlassung der französischen Besatzungsmacht zuerst als Reparaturbetrieb gegründet. Damals waren infolge der Kriegsauswirkungen die meisten der vorhandenen Binnenschiffe zerstört oder unbrauchbar geworden. Der Schiffsverkehr war fast völlig zum Erliegen gekommen. Der Wiederaufbau einer, wenn auch noch so kleinen Binnenflotte lag im Interesse der drei westlichen Besatzungsmächte. Dem neuerrichteten Reparaturbetrieb wurde die Aufgabe gestellt, durch Kriegseinwirkung versenkte oder beschädigte Schiffe zu reparieren und wieder fahrtüchtig zu machen. Als nach der Währungsreform die gesamte Wirtschaft der Bundesrepublik zu expandieren begann, konnte man an den Neubau von Binnenschiffen denken. Mit der Wiederherstellung der deutschen Souveränität wurde die Werftanlage zunächst vom Land Rheinland-Pfalz übernommen. Im Jahre 1951 wurde sie von der Rechtsvorgängerin, der „Gesellschaft für Schiffahrt und Handel“, gekauft und in die heutige *Schiffswerft Oberwinter* umgegründet. Man begann mit der Planung von Schiffsneubauten. 1953 konnten die ersten Aufträge hereingeholt werden, Anfang 1953 wurde der Kiel für den ersten Neubau, das Motorschiff „Ruhr 54“, gestreckt. Ihm folgten Schwerlastfähren und weitere Motorgüterschiffe. Zwischen 1954 und 1958 wurden hauptsächlich Motortank- und Motorgüterschiffe gebaut. Gegen Ende der fünfziger Jahre war das Neubaugeschäft rückläufig, da der Nachholbedarf der Nachkriegsjahre gedeckt war. Neu gebaut wurden bis in die sechziger Jahre hinein Spezialschiffe wie z. B. Schubboote, Erzschuten, Kiestransportschiffe und auch kleinere Fahrgastschiffe. Daneben wurden zunehmend Großreparaturen und der Umbau von Schleppkähnen zu Motorschiffen vorgenommen. Anfang 1961 ging man, wie auch bei anderen Werften des Binnenlandes, zum Bau von Küstenmotorschiffen über. So wurden im August 1966

und Ende des gleichen Jahres bereits zwei Kümos abgeliefert. 1967 wurde ein Spezial-Fischereischiff für skandinavische Reeder gebaut. Bei diesem Fahrzeug handelt es sich um eine bisher einmalige Kombination zwischen Fang-, Verarbeitungs- und Tiefkühltrawler für den Krabbenfang vor der westafrikanischen Küste. Im gleichen Jahr wurden schließlich noch mehrere mittelgroße Kümos gebaut, die eine Tragfähigkeit über 1000 tdw haben. Insgesamt wurden seit der Gründung bis Ende 1968 rund 9850 größere und kleinere Schiffseinheiten auf der *Schiffswerft Oberwinter* repariert, modernisiert und umgebaut. Hinzu kommen Neubauten von 24 Motorgüterschiffen, 24 Motortankern und 42 Spezialfahrzeugen.

Auch die schon eingangs erwähnte *Bayerische Schiffbaugesellschaft* wurde während des Zweiten Weltkrieges stark beschädigt, aber rasch wieder instandgesetzt. Während des Krieges hatte die Werft neben dem Bau von Binnenschiffen Fahrzeuge für den Kriegsbedarf wie Fahrprähme und Landungsboote gebaut. Nach 1945 war man zunächst mit Reparaturen und dem Bau von Flußfähren beschäftigt. 1951 begann man mit dem Neubau von Binnentankschiffen und ging bald zu Küstenmotorschiffen über. In den Jahren von 1955 bis 1957 wurden 25 % der gesamten neuen deutschen Binnentankerflotte von der Erlenbacher Werft abgeliefert. Sie stand damit damals in dieser Tonnage an der Spitze aller deutschen Binnenwerften.

Insgesamt wurden seit der Gründung der Werft im Jahre 1896 bis heute über 1000 Neubauten abgeliefert, und zwar Binnenfahrzeuge wie Motorgüter- und -tankschiffe, Leichter, Spezialschiffe für die chemische Industrie, Fahrzeuge aller Typen für die Strombauverwaltungen und Tiefbaufirmen, Schlepper, Schubboote, Fahrgastschiffe, Feuerlösch- und Bunkerboote und Seeschiffe bis 2700 Tonnen, vor allem Seetanker für Öl, Bitumen, Säure, Flüssiggas und vegetabile Öle. In den letzten Jahren wurde der Bau von Apparaten, Behältern, Silos und Paletten aufgenommen.

Genannt sei in diesem Zusammenhang noch die Köln-Düsseldorfer Rheindampfschiffahrts-AG, die ihren Ursprung auf das Jahr 1825 zurückführen kann und beim Bau ihrer in aller Welt bekannten „Weißen Schiffe“ eine ganze Reihe deutscher Schiffs-

werften wie *Sachsenberg, Ruthof, Berninghaus, Schmidt* und *Bodeweser* in Anspruch nahm. Die Köln-Düsseldorfer hatte bereits im Jahre 1853 siebenundzwanzig Schiffe im regelmäßigen Personen- und Eilgüterdienst in Fahrt. Die Zahl ihrer Dampfer stieg bis 1914 auf 33 Einheiten. Im Jahre 1927 wurden die ersten Motorschiffe in Dienst gestellt, 1938 das erste Großmotorschiff „Köln". Im Zweiten Weltkrieg erlitt die Gesellschaft schwerste Beschädigungen und Verluste, teils durch Bombenangriffe, teils durch Schiffsversenkungen und Beschlagnahme von Schiffen. Am Ende des Zweiten Weltkriges hatte die Reederei nur noch ein einziges fahrfähiges Schiff. Dann aber ging man wieder rüstig an den Neuaufbau. Versenkte Schiffe wurden gehoben und wieder instandgesetzt. Im April 1949 konnte bereits ein regelmäßiger Dienst zwischen Köln und Mainz aufgenommen werden. Die Flotte wuchs inzwischen auf 14 Einheiten. Im Jahre 1960 wurde neben den bisherigen Diensten ein besonderer „Kabinendienst" zwischen Rotterdam und Basel eingerichtet. Von 1926–1967 entstanden auf den schon genannten Werften insgesamt 25 neue Schiffe für den Rhein- und den Moselverkehr. Darunter befinden sich vier Kabinenschiffe, „Europa", „Helvetia", „Nederland" und „France". Es handelt sich um Schiffe von einer Länge von 100 m und einer Breite von 12 m, die auf zwei Decks über rund 100 Außenkabinen und außerdem über einen großen Speisesaal, einen Grillroom, eine Bar und einen rundum verglasten Aussichtssalon verfügen. Auf dem oberen Sonnendeck befindet sich ferner ein Schwimmbad, das bis auf 28 Grad erwärmt werden kann. Bauwerften dieser Riesenschiffe waren die *Ruthof-Werft* und die *Ewald Berninghaus-Werft.*

Wenn im Vorhergehenden nur auf einige Binnenschiffswerften näher eingegangen wurde, so wird damit die Bedeutung der zahlreichen anderen Werften dieser Art nicht geschmälert. Sie alle haben je nach ihrer Größe zum Ansehen des deutschen Binnenschiffbaus in aller Welt beigetragen.

Genannt seien folgende Werften und Schiffbaubetriebe an den deutschen Strömen (ohne Anspruch auf Vollständigkeit):

Schiffswerft Daniel Bergsiek, Rinteln an der Weser,
Schiffswerft Fritz Bausch, Köln-Deutz,
Binot & Reincke, Köln,
Bodan-Werft, Kreßbronn/Bodensee,
Schiffswerft Hans Boost, Trier,
Schiffswerft J. Braun KG, Speyer/Rhein,
Brockmann & Dorowski, Bodenwerder/Weser,
Büsching & Rosemeyer, Minden/Westf.,
Deggendorfer-Werft, Deggendorf,
Dortmunder Schiffswerft Fritz Figge, Dortmund,
Philipp Ebert & Söhne, Neckarsteinach,
Schiffswerft Wilh. Fleischhauer, Zons am Rhein,
Schiffswerft F. u. H. Harbisch, Duisburg,
Hilgers Aktiengesellschaft, Rheinbrohl,
Schiffswerft Hitzler, Regensburg,
Schiffswerft Johann Hupp, Eibelstadt am Main,
Ferdinand Kleinholz, Duisburg-Ruhrort,
Schiffswerft Heinrich Lohbeck, Duisburg,
Schiffswerft Fritz Lünnemann, Duisburg-Ruhrort,
Schiffswerft Gebr. Luwen, Duisburg-Ruhrort,
Mondorfer Schiffswerft, Mondorf,
Neckar-Werft, Neckarsulm,
Neckermann & Hofmann, Würzburg,
Niederrheinische Schiffswerft, Duisburg-Ruhrort,
Schiffswerft Rasche KG, Lohnde,
Rheinwerft, Mainz-Mombach,
Ruhrorter Schiffswerft, Duisburg-Ruhrort,
Christof Ruthof, Regensburg und Mainz-Kastell,
Schiffswerft Germersheim, Germersheim/Rhein,
Schiffswerft Gustavsburg, Gustavsburg,
Schiffswerft Hameln, Hameln,
Schiffswerft Oberkassel, Beuel am Rhein,
Schiffswerft Oberweser, Bodenwerder,
Schottel-Werft Josef Becker KG, Oberspay/Rhein,
Schiffswerft Otto von Strünk, Duisburg-Ruhrort,
Triton-Werft, Duisburg-Meiderich,
Weser-Werft, Minden i. W.,
Schiffswerft Ziefle, Kehl am Rhein.

Die Binnenschiffahrt ist ein volkswirtschaftlich unentbehrlicher Verkehrsträger, der die Transporte von Massengütern auf langen Strecken so günstig wie kein anderes Verkehrsmittel durchführt. Es muß daher verwundern, daß dieser Tatsache in der breiten Öffentlichkeit weit weniger Beachtung geschenkt wird als beispielsweise der Seeschiffahrt. Man liest in den Zeitungen immer wieder von neuen Seeschiffen, von neuen Verkehrsmöglichkeiten über die Ozeane und von der Errichtung neuer moderner Anlagen in den Seehäfen. Von der Binnenschiffahrt hört man verhältnismäßig wenig.

Die Binnenschiffahrt und die mit dem Bau von Binnenschiffen befaßten Werften haben in der Vergangenheit nicht nur rosige Zeiten erlebt. Auf den Binnenschiffbau schlugen die Folgen der ungenügenden Ertragslage der Binnenschiffahrt besonders stark zurück. Infolge der nachlassenden Investitionstätigkeit der Reeder ist die Neubautätigkeit zurückgegangen. Die wirtschaftliche Notlage der Reeder führte auch zu einem rückläufigen Reparaturgeschäft. Es ist daher nicht verwunderlich, daß sich ein Teil der größeren Binnenschiffsreedereien immer mehr mit dem Neubau von solchen Schiffen beschäftigt, die sowohl auf den Flüssen als auch im näheren Küstenbereich verwendet werden können. Küstenmotorschiffe werden heute auch im Binnenwasserverkehr eingesetzt.

Der Verwaltungsrat des Verbandes Deutscher Schiffswerften hat sich schon Ende 1967 mit der Situation in der Binnenschiffahrt und den Auswirkungen des verkehrspolitischen Programms auf den Binnenschiffbau befaßt. Die Werftindustrie unterstützte dabei mit Nachdruck die Auffassung von Bundesverkehrsminister Leber, daß die krisenhaften Erscheinungen in der Binnenschiffahrt vor allem durch eine verstärkte Rationalisierung überwunden werden müßten. Um die zur Rationalisierung erforderlichen Mittel aufbringen zu können, müßte nach der Erklärung des Ministers wieder ein funktionsfähiger Markt vorhanden sein, der nicht nur die fast völlig zum Erliegen gekommene Investitionsneigung wieder auslösen müsse, sondern der überdies über Umfang und Richtung der Investitionen entscheide.

Das verkehrspolitische Programm sieht eine Abwrackaktion vor, die gemeinsam von der Regierung und dem Gewerbe getragen werden soll. Darüber hinaus will die Bundesregierung durch Stabilisierung der Beförderungsentgelte und durch den Zusammenschluß mittelständischer Unternehmen in Genossenschaften auf die wirtschaftliche Gesundung der Betriebe hinwirken. Diese Maßnahmen dürften langfristig für die Stabilität der Nachfrage nach Neubautonnage sorgen. Voraussetzung ist aber auch, daß diese Maßnahmen mit den Konkurrenzländern abgestimmt werden.

In der vom Bundesverband der deutschen Binnenschiffahrt durchgeführten Abwrackaktion haben 1184 Schiffahrtunternehmen ihre Bereitschaft erklärt, 1731 Binnenschiffe mit einer Tragfähigkeit von mehr als 615 000 Tonnen abzuwracken. 1098 dieser Schiffe (mit 433 000 Tonnen) haben keine eigenen Antrieb, 633 sind Motorschiffe (182 000 Tonnen) und 274 Schlepper.

Die zur Abwrackung vorgemerkten Einheiten ohne Antrieb entsprechen einem Anteil von 23,7 % der Gesamttonnage, bei den Motorschiffen dagegen nur von 5,3 %.

Die Ergebnisse dieser Aktion waren noch in anderer Hinsicht aufschlußreich. Die Antworten auf die Frage nach dem Verwendungszweck der Abwrackprämien machten deutlich, daß von den genannten 1184 Unternehmen 856 ihr einziges oder alle ihre Fahrzeuge abwracken wollen. Bei den restlichen Betrieben soll nur ein Teil der Tonnage aus der Fahrt gezogen werden. Aufschlüsse über das zu erwartende Neubauvolumen und die Bereitschaft, moderne und leistungsfähige Binnenschiffe in Auftrag zu geben, konnte der Verwaltungsrat u. a. aus folgender Übersicht über die voraussichtliche Verwendung der Prämien ziehen: Es wurden gestellt:

220 Anträge auf Prämien für Investitionen in anderen Binnenschiffen,
71 Anträge auf eine wirtschaftliche Verwendung außerhalb der Binnenschiffahrt,
644 Anträge auf Tilgung ovn Schulden,
206 Anträge auf Unterstützung zur Gründung einer neuen Existenz und
107 Anträge auf sonstige Verwendung.

Aus dem Vergleich dieser Zahlen mit den abwrackwilligen Betrieben ergibt sich, daß 119 Betriebe die Absicht haben, weiter in der Binnenschiffahrt tätig zu sein. Von 737 Unternehmern muß man allerdings annehmen, daß sie das Gewerbe verlassen wollen.

Auf kurze und mittlere Sicht steht der Binnenschiffbau weiterhin vor Auftragslücken. Aus dem Ergebnis der vorstehenden Befragung geht weiter hervor, daß die vorgesehene Abwrackaktion in den meisten Fällen nicht mit der sofortigen Ersetzung der Tonnage verbunden sein wird, sondern nur langfristig zur Belebung der Investitionstätigkeit beitragen kann. Außerdem ist zu erwarten, daß das Reparaturgeschäft Einbußen erleben wird, da gerade die reparaturanfällige alte Tonnage abgewrackt werden soll. In der Übergangsphase soll der Umbau von großen und in gutem technischen Zustand befindlichen Schiffen in leistungsfähige Großraumschiffe verstärkt werden. Besondere Bedeutung verdient dabei die Containerisierung der Binnenschiffahrt. Der sogenannte „Europaleichter" ist für 54 Container von 20 Fuß Länge und der für den Rheinverkehr konstruierte Leichter für 70 Container der gleichen Länge ausgelegt. Kostengünstige Transportmöglichkeiten in diesem Umfang sollen weitere Voraussetzungen für die zusätzliche Containisierung in der Seeschiffahrt schaffen.

Vergleicht man die Größe eines heute üblichen Binnenschiffes mit der eines jetzt im Bau befindlichen Seeschiffes, so ergibt sich folgendes Bild:

Ein modernes Binnenfrachtmotorschiff ist 67 Meter lang, 8,20 Meter breit und hat eine Tragfähigkeit von ca. 950 Tonnen.

Ein entsprechendes Seeschiff hat eine durchschnittliche Länge von 60 Metern bei einer Breite von 10,70 Metern und eine Tragfähigkeit von 1010 Tonnen.

Auffallender ist der Unterschied in der maschinellen, nautischen und seemännischen Ausrüstung beider Schiffe.

Ein normales Binnenschiff ist mit einer Antriebsmaschine von 500–800 PS ausgerüstet und hat außerdem ein Hilfsaggregat für den Antrieb einer Pumpe, eines Kompressors und eines Generators.

Bei den im Bau befindlichen Seeschiffen kommt eine Haupt-

antriebsmaschine mit einer Leistung von 900 PS und Verstellpropelleranlage zum Einbau. Ferner sind für die Versorgung des Schiffes mit Strom und Wasser drei Hilfsaggregate erforderlich. Als besondere nautische Ausrüstung bedarf ein solches Schiff einer Radaranlage, einer Kurzwellen-Anlage, einer UKW-Funksprechanlage und einer Selbststeueranlage.

Ein Binnenschiff braucht nur Unterkunftsräume für die Kapitänsfamilie, eine Matrosenfamilie und einen ledigen Matrosen, ein Seeschiff entsprechender Größe dagegen Unterkünfte und Wohnräume für den Kapitän, vier Offiziere, den Koch und mindestens vier Mann Besatzung.

Interessant sind noch einige Angaben über die heute von verschiedenen Werften gebauten Schubboote und Schlepper.

Die Abmessungen eines modernen Schubbootes betragen: Länge über alles 32 m, Breite über alles 11,2 m, Seitenhöhe 2,65 m. Die Schubboote sind mit einem nach den neuesten Gesichtspunkten für die Ein-Mann-Bedienung ausgestatteten Steuerstand versehen und mit einer Bordsprechanlage ausgerüstet. Maschinenraum, Rudermaschinenraum und Unterkünfte haben eine Spezialisolierung, um Vibration und Geräusche zu dämpfen. Die Verschalungen der Wohnräume sind federnd aufgehängt und das Steuerhaus auf Schwingmetall gelagert.

Wohn-, Wirtschafts- und Sanitätsräume sowie eine geräumige Messe für 14 Mann und zwei Gäste, die mit künstlicher Lüftung ausgestattet sind, wurden eingebaut.

Um mit den Schubbooten große Mengen zu befördern, müssen sie im Tag- und Nachtbetrieb eingesetzt werden können. Diesen Zwecken dienen Radaranlagen und eine Funktelefoneinrichtung.

Während der Fahrt auf dem Mittelrhein werden jeweils zwei Schubleichter vor das Schubboot gekoppelt, und zwar in der Bergfahrt voreinander und in der Talfahrt nebeneinander.

Hochseeschlepper haben im allgemeinen eine Länge über alles von 31 m, eine Breite von 8,70 m und einen mittleren Tiefgang von 3,50 m. Neben zwei Bergungspumpen gehören zwei Feuerlösch-Monitore und ein vollständiges Schlauchtauchergerät einschließlich Druckkammer zur Ausrüstung. Das Schleppgerät wird hydraulisch betätigt. Hinter dem Deckshaus befindet sich

ein Zweibeinmast mit einem 1-t-Ladegeschirr. Im Deckhaus und im Vorschiff sind Kammern, Messe, Küche und Sanitätsräume für den Kapitän und die Besatzung von 12 Mann untergebracht. Die Antriebsanlage leistet 1300 PS, die Fahrtgeschwindigkeit beträgt ca. 12 Knoten.

Diese Angaben gelten für das von der *Rheinwerft Walsum der Gutehoffnungshütte* erbaute Schubboot „Franz Haniel 11“ und den Hochsee-Bergungsschlepper „Ciclope Secondo“. Sie entsprechen den auf anderen Binnenschiffswerften erstellten Einheiten der gleichen Gattung.

DER SCHIFFBAU IN DER DDR

Von der Vergangenheit zur Gegenwart

In der Ostsee gab es schon in der Zeit der Deutschen Hanse zahlreiche Schiffbaubetriebe. Wismar, Wolgast, Rostock, Stralsund, Danzig und Stettin waren Zentren hansischer Seemacht und hansischen Schiffbaus. Brandenburg unterhielt Staatswerften und Reparaturbetriebe in Königsberg, Kolberg und Pillau. Dort wurden Kriegsschiffe und Handelsschiffe gebaut. Auch hier war bis in das 19. Jahrhundert hinein der Schiffbau ein reiner Handwerksbetrieb. Erst dann wuchs er zur Industrie empor. Vor dem Ersten Weltkrieg gab es in Danzig eine Kaiserliche Werft, auf der eine ganze Reihe später bekannt gewordener Kriegsschiffe entstand. In Stettin war die schon öfters zitierte *Vulcan-Werft* beheimatet, in Danzig und in Elbing die nicht weniger bekannte *Schichau-Werft.* Zwischen den beiden Weltkriegen wurden die *Oder-Werke* in Stettin und die *Neptun-Werft* in Rostock bekannt.

Wie alle deutschen Werften mußten nach 1939 auch die Schiffbaubetriebe an der Ostsee in erster Linie für Zwecke der Kriegsmarine arbeiten. Die Kapitulation im Mai 1945 bedeutete auch für sie das Ende. Nur sehr wenige ostdeutsche Werften, wie z. B. die *Schichau-Werft,* konnten sich später in der Bundesrepublik etablieren. Die anderen mußten, nachdem die teilweise sehr schweren Schäden durch Kriegseinwirkung beseitigt worden waren, für die sowjetische Besatzungsmacht arbeiten. Die ersten Jahre waren durch die Erfüllung umfangreicher Reparationsleistungen gekennzeichnet. Das änderte sich auch nicht, als die Besatzungsbeschränkungen aufgehoben wurden, denn Sowjetrußland war „seehungrig" geworden und nahm die Dienste und Erfahrungen der ostdeutschen Werften voll in Anspruch.

Als man in der DDR an den Aufbau einer eigenen Handelsflotte denken konnte, fehlte es nicht nur an den notwendigen finanziellen Mitteln, sondern auch an dem erfahrenen seemännischen Personal für die sogenannte „Große Fahrt". Mit der Aufstellung des ersten „Fünfjahresplanes" (1951–55) erhielt die „Generaldirektion Schiffahrt" der DDR den Auftrag, ein Programm für den Aufbau einer ostdeutschen Handelsmarine zu entwickeln. Vorgesehen war der Bau von 22 Handelsschiffen mit einer Gesamttonnage von 58 000 tdw. Darunter sollten sich Küstenmotorschiffe bis zu je 500 BRT, Frachter von 1000 bis 3000 BRT für die Nordsee und die Ostsee, Frachter für den Mittelmeerdienst bis zu 6000 BRT und Motorfrachter für die Ostasienfahrt in der Größe bis zu 10 000 BRT befinden. Der erste Kümo wurde 1950 in Dienst gestellt. Es war die 1200 tdw große „Vorwärts", die damals bereits 47 Jahre alt war. Die bisher in den Ostseehäfen beheimateten Reedereien waren enteignet worden. An ihre Stelle trat der volkseigene Betrieb (VEB) „Deutsche Seereederei" mit Sitz in Rostock. Ihm oblag es, als „Staatsreederei" den gesamten Fahrgast- und Handelsverkehr der DDR zu bereedern und zu leiten. Er hatte die weitere Aufgabe, den materiellen und personellen Aufbau der neuen Handelsschiffahrt der Ostzone durchzuführen.

Das ursprüngliche Ziel, den ersten Fünfjahresplan bis 1955 zu erledigen, wurde nicht erreicht, teils, weil es an ausreichendem Fachpersonal fehlte, teils, weil die Forderungen der Sowjetunion auf Lieferung von Neubauten den Vorrang bekamen und damit den Aufbau für Zwecke der DDR weitgehend blockierten. Zu diesem Zeitpunkt bestand die Handelsmarine der DDR aus zehn Schiffen mit einer Tragfähigkeit von 13 937 tdw. Sie war also um das mehr als Vierfache geringer als ursprünglich vorgesehen. Dann wurde es besser. Im Jahre 1960 gab es bereits 47 Schiffe mit 196 898 BRT und sechs Jahre später 150 Einheiten mit 658 496 BRT. Diese Tonnage unterteilte sich in 138 Trockenfrachter, darunter 44 Küstenmotorschiffe, 10 Massengutfrachter, 4 Fruchtschiffe und 3 Fracht- und Lehrschiffe, sowie 12 Tanker. Der zweite Fünfjahresplan sieht vor, daß bis 1970 insgesamt 189 Schiffe vorhanden sind. Auch das räumt der Handelsflotte der DDR im Kreise der Weltschiffbau-Länder erst

einen bescheidenen 13. Platz ein, wie die nachstehende Statistik zeigt:

Schiffbau in	Neubau-Tonnage 1967
Japan	7 496 876 BRT
Schweden	1 308 473 BRT
Großbritannien	1 297 678 BRT
Bundesrepublik	1 002 167 BRT
Frankreich	552 960 BRT
Norwegen	522 069 BRT
Italien	507 141 BRT
Dänemark	487 990 BRT
Spanien	405 965 BRT
Polen	400 445 BRT
Niederlande	338 818 BRT
Jugoslawien	273 235 BRT
DDR	243 733 BRT

Interessant ist, daß die DDR dagegen im Bau von Fischereifahrzeugen einen wesentlich höheren Stand aufweist. Sie erreicht hier hinter Japan und Polen den 3. Platz mit einer Neubautonnage in 1967 von 73 261 BRT. Nach den auf der Leipziger Frühjahrsmesse 1969 bekanntgegebenen Zahlen konnte 1967 vom „Industriezweig Schiffbau der DDR“ mit der Ablieferung von 125 Seeschiffen von zusammen 271 768 BRT der kontinuierliche Produktionsanstieg beibehalten und das Vorjahresergebnis von 108 Nerbauten mit 254 056 BRT um sieben Prozent übertroffen werden.

Hinzu kommen noch 24 Binnenschiffe und über 100 andere Fahrzeuge von Binnenschiffwerften.

An das Ausland wurden 1967 88 Neubauten abgeliefert, davon die Hälfte an Staaten des Ostblocks. Fünf Neubauten gingen nach Norwegen, einer in die Schweiz, 19 nach Dänemark und 10 nach Schweden. Auch Kunden aus der Bundesrepublik bezogen von Werften in der DDR 1967 drei Schiffe. In den nächsten Jahren ist mit einem weiteren Anstieg der Produktion zu rechnen. Die Schiffbauindustrie der DDR liegt damit auf der gleichen Linie wie die der meisten anderen sozialistischen Länder. Auch hierfür wieder eine statistische Übersicht:

Land	Zahl der Schiffe 1960	Zahl der Schiffe 1967
Sowjetunion	1138 mit 3 429 999 BRT	2238 mit 10 617 000 BRT
Jugoslawien	237 mit 661 000 BRT	351 mit 1 196 000 BRT
Polen	262 mit 619 000 BRT	421 mit 1 210 000 BRT
DDR	49 mit 150 000 BRT	347 mit 404 000 BRT

Werften und Schiffe in der DDR

In der DDR gibt es gegenwärtig acht Werften, die sämtlich als „Volkseigene Betriebe (VEB)“ firmieren: Warnowwerft in Warnemünde, Neptun-Werft in Rostock, Mathias-Thesen-Werft in Wismar, Volkswerft in Stralsund, Peene-Werft in Wolgast, Elbe-Werft in Boizenburg, Roßlauer Schiffswerft, Magdeburger Schiffswerft.

Neben diesen volkseigenen Betrieben gibt es noch wenige kleine Privatwerften, die nur Binnenschiffe bauen. Außerdem sind acht Werften unter halbstaatlicher Leitung vorhanden. Bedeutung für den Seeschiffbau haben praktisch nur die volkseigenen Betriebe, die unter staatlicher Leitung stehen. Unter ihnen nimmt die Warnowwerft den ersten Platz ein.

Nach einer Absprache innerhalb des „Rates für gegenseitige Wirtschaftshilfe“ wurden die Werften in der DDR von Anfang an auf den Bau bestimmter Schiffstypen festgelegt. So bauen die Warnowwerft in erster Linie Frachtschiffe über 6000 tdw, die Schiffswerft Neptun Frachtschiffe unter 6000 tdw sowie Spezialschiffe wie Fähren, Forschungsschiffe für wissenschaftliche Zwecke und Hebeschiffe. Die Mathias-Thesen-Werft erstellt Fahrgastschiffe für den Verkehr über See und solche für den Verkehr auf den Binnenwasserstraßen, daneben noch größere Fischereifang- und Verarbeitungsschiffe sowie Schwimmdocks. Auf der Volkswerft in Stralsund entstehen große Fischereifahrzeuge und Schwimmkrane. Die Elbe-Werft in Boizenburg baut Binnenfrachtschiffe, kleine Seefahrzeuge, Spezialkühlschiffe und Werkstattschiffe, die Roßlauer Schiffswerft Binnenfrachtschiffe und Bagger. Auf der Schiffswerft Magdeburg werden ebenfalls Binnenfrachtschiffe gebaut, daneben aber auch Seeschlepper.

Insgesamt gesehen konzentriert sich der Schiffbau in der DDR nach der bisherigen Planung auf den Bau mittelgroßer Seefrachtschiffe verschiedener Typen und auf den von Fischerei-, Transport- und Verarbeitungsschiffen, Fahrgastschiffen, Spezialfahrzeugen, Schleppern, Binnenfrachtschiffen und Schubeinheiten.

Die Produktionsleistung der einzelnen Werften in den Jahren 1965/66 sah wie folgt aus:

Die Warnowwerft lieferte im Jahre 1965 fünf Motorfrachtschiffe von je 12 300 tdw an die UdSSR und ein gleiches Schiff an Norwegen. Die Deutsche Seereederei erhielt im gleichen Zeitraum vier Motorfrachtschiffe von je 10 300 tdw sowie ein Tankreinigungsschiff.

Im Jahre 1966 wurden sechs Motorfachter von je 12 000 tdw fertiggestellt. Davon gingen vier an die UdSSR und je einer an die Volksrepublik China und an eine schweizerische Reederei. Für eigne Zwecke der DDR wurden sechs Motorfrachter und ein Schwimmkran hergestellt.

Auf der Mathias-Thesen-Werft entstanden 1965 drei Fang- und Verarbeitungsschiffe für das Fischkombinat Rostock und je ein Fahrgastschiff und ein Expeditionsschiff für sowjetische Rechnung. Im Jahre 1966 wurden fünf Seeschiffe mit zusammen 36 050 BRT für die DDR und ein weiteres Fahrgastschiff für die Sowjetunion gebaut.

Die Schiffswerft „Neptun" in Rostock baute 1965 zehn Frachter von je 4200 tdw und zwei Hebeschiffe für die Sowjetunion, fünf Frachter für norwegische Reeder, einen 7500-t-Frachter für die Volksrepublik China und zwei Motorfrachtschiffe für eine Hamburger Reederei. Im Jahre 1966 lieferte die Neptun-Werft sieben Frachter an die Sowjetunion, vier an Norwegen und drei an eine Hamburger Reederei. Die Deutsche Seereederei erhielt dagegen nur drei Holz-Frachtschiffe.

Die überwiegend mit dem Bau von Fischereifahrzeugen befaßte Volkswerft in Stralsund lieferte 1965 sogar 23 Fang- und Gefrierschiffe an die Sowjetunion. Die landeseigene Fischereiflotte erhielt nur ein kleineres Kühl- und Transportschiff. Im Jahre 1966 wurden insgesamt 61 Fischereifahrzeuge auf der Werft gebaut.

44.–45. Der Stolz der neuen deutschen Handelsflotte: Das Turbinenfahrgastschiff „Hamburg“ (600 Passagiere, 400 Mann Besatzung) auf See und im Hamburger Hafen vor den St. Pauli-Landungsbrücken.

46.–47. In jeder Hinsicht ein Superlativ: Im April 1969 lief bei der *AG Weser* in Bremen die „Esso Scotia“ mit 253 000 Tonnen Tragfähigkeit vom Stapel (347,8 m lang, 51,8 m breit, 37 Mann Besatzung). Sie ist das bisher größte auf einer deutschen Werft gebaute Schiff.

Die übrigen volkseigenen Werften bauten im gleichen Zeitraum nur kleinere Schiffe wie Kümos, Binnentanker, Trawler, Fischkutter, Logger, Kühlschiffe und Schlepper, daneben auch Bagger, Kutter und Schubeinheiten.

Ein bemerkenswerter Neubau der Mathias-Thesen-Werft ist die für die Sowjetunion gebaute „Aleksandr Pushkin", ein Fahrgastschiff von rund 20 000 BRT, das eine Geschwindigkeit von 20 Knoten erreicht.

Eine Gesamtübersicht über die Schiffbautätigkeit in Mitteldeutschland im ersten Halbjahr 1968 gibt nachstehende Statistik:

Insgesamt wurden in diesem Zeitraum 52 Seeschiffe mit rund 142 400 BRT an in- und ausländische Auftraggeber abgeliefert. Darunter befanden sich 13 Trockenfrachter, 27 Fischereifahrzeuge, ein Fahrgastschiff und 11 Spezialfahrzeuge, Schlepper und Werkstattschiffe. Diese Neubauten wurden an folgende Länder abgeliefert:

Land	Zahl der Schiffe	Größe in BRT
Sowjetunion	31	81 882
Frankreich	2	19 300
Norwegen	3	6 600
Bundesrepublik	1	4 032
Dänemark	9	1 539
DDR	6	29 056

Nach einer Veröffentlichung der „Ostsee-Zeitung" in Rostock vom Januar 1967 hat sich die Handelsflotte der DDR in den Jahren von 1952–1967 wie folgt entwickelt:

1952: ein Schiff von 1550 tdw,
1960: 47 Schiffe mit zusammen rund 278 000 tdw, die einen Liniendienst nach der UdSSR, Finnland, Albanien, der Levante und Holland/Belgien bedienen.
1963: 97 Schiffe mit zusammen rund 600 000 tdw. Der Liniendienst ist auf Westafrika, Kuba, Mexiko, Ostafrika und Indien ausgedehnt.
1966: 150 Schiffe mit einer Gesamttonnage von 910 000 tdw.

Zu den bisherigen Liniendiensten sind solche nach Indonesien und Pakistan getreten.

1967: 164 Schiffe mit zusammen rund einer Millionen tdw. Sie laufen etwa 300 Häfen in 70 Ländern an.

Im Jahre 1970 soll die Tonnage der Handelsflotte der DDR auf 189 Schiffe mit rund 1,3 Millionen tdw steigen.

Anhang

DEUTSCHE SCHIFFBAUMEISTER

Der deutsche Schiffbau war bis in das beginnende 19. Jahrhundert hinein eine Domäne von Einzelgängern. Sie übten unter der Berufsbezeichnung „Schiffszimmermeister“ oder auch „Schiffbaumeister“ ihr Handwerk, den Bau von Booten und Schiffen in jeder Art und Größe, in eigenen Betrieben aus. Es waren im eigentlichen Sinne Werkstätten, wie sie auch andere Handwerke hatten, und zumeist wurden nur wenige Gesellen und Lehrlinge beschäftigt. Die bei ihrer Tätigkeit erworbenen Erfahrungen und Kenntnisse vererbten die „Meister“ an ihre Söhne oder andere Verwandte. Ihre Zahl war gering, aber sie waren gesuchte Fachleute. Sie legten den Grundstein zu dem späteren deutschen Schiffbau, der im 19. Jahrhundert zu einer Industrie heranwuchs. Die Namen der meisten dieser alten Schiffbaumeister sind heute unbekannt. Nur wenige leben in Stadt- oder Familienchroniken fort. Soweit feststellbar sollen ihre Lebensläufe hier aufgezeichnet werden.

Hans Michael Schellenberger
dürfte einer der ersten urkundlich beglaubigten Schiffszimmermeister gewesen sein. Sein Name wird bereits in einer Urkunde erwähnt, die sich im Archiv der Schifferstadt Wörth befindet. Danach hat er seit 1668 in Wörth Holzschiffe gebaut und das Fährrecht innegehabt. Von dieser Zeit an taucht der Name wiederholt in den Annalen der Stadt auf. Einer seiner Nachfolger war Anton Schellenberger, der 1886 den Wörther Betrieb von seinem Vater Michael Adam Schellenberger übernahm. Er ging 1896 zum Eisenschiffbau über. Unter seinen Söhnen und deren

Nachkommen hat sich die Werft, die 1918 in *Bayerische Schiffbaugesellschaft vormals Anton Schellenberger* umbenannt wurde, zu einem der führenden Schiffbaubetriebe entwickelt, in dem sowohl Binnenschiffe als auch Küstenmotorschiffe gebaut werden.

G. C. Peckelhering
war einer der Schiffbaumeister, die dem Großen Kurfürsten in den achtziger Jahren des 17. Jahrhunderts beim Aufbau der Brandenburgischen Flotte halfen. Nach seinen Plänen und unter seiner Aufsicht entstand u. a. 1680 in Pillau die Fregatte „Friedrich Wilhelm zu Pferde". Peckelhering wird auch der Bau der Staatsjacht des Kurfürsten, der sogen. „Großen Yacht", zugeschrieben, die auf einer Werft in Kolberg entstand.

Willm Rolf Meyer
gründete im Jahre 1795 in Papenburg eine eigene Holzschiffswerft. Er war der Abkömmling einer alten Schiffszimmermeister-Familie, die nachweislich bereits um 1696 auf Papenburger Schiffbauwerkstätten tätig war. Zur Zeit der Gründung der *Meyer-Werft* gab es in Papenburg bereits acht Werften dieser Art. Auf ihnen wurden Segelschiffe wie Kuffs, Schoner, Briggs und ähnliche gebaut. Diese Schiffe befuhren nicht nur die Nordsee und die Ostsee, sondern bedienten Häfen an der südamerikanischen Küste und erreichten auf ihren Fahrten sogar Australien. Auch unter dem Sohn von Willm Rolf Meyer blieb die Werft eine reine Holzschiffwerft. Im Jahre 1872 gründete ein Enkel, und zwar Jos. L. Meyer, eine Eisenschiffswerft, der er auch seinen Namen gab und den sie noch heute führt. Sie ist bis Gegenwart im Familienbesitz.

Rickmer Clasen Rickmers
stammt aus einer alten Helgoländer Familie, die schon im Dreißigjährigen Krieg auf der Insel nachweisbar ist. Während seine Vorfahren den Seemannsberuf wählten, erkor er sich den eines Schiffbauers. Nach seiner Lehrzeit bei dem Schiffszimmermeister Jakob Andresen Siemens fuhr er zunächst zur See, um Erfahrungen mit großen Schiffen zu sammeln. 1832 kaufte er in

Bremerhaven die kleine Werft des Schiffszimmermeisters Cornelius Jantzen Cornelius, auf der zuerst Boote und Schaluppen entstanden. Nach dem Bau von Kuffs und Galioten lief 1840 das erste größere Schiff, die Bark „Maria Franziska“, auf der Rickmers-Werft vom Stapel. Es folgten weitere Segelschiffe, 1843 das erste Voll-Schiff, ein Walfischfänger von 850 Tonnen. Nach den schlechten Jahren von 1848/49, die auch die *Rickmers-Werft* hart mitnahm, gelang ein neuer Aufschwung. In den fünfziger Jahren war die Werft eine der ersten unter den deutschen Schiffbaubetrieben. Die bei ihr entstandenen Vollschiffe errangen Weltruf. Nach Einführung des Eisenschiffbaus ging auch Rickmers zum Bau solcher Schiffe über. Heute steht die Werft unter der Leitung der fünften Generation, die die Familientradition in gerader Linie ebenso erfolgreich weiterführt.

Johann Hinrich Kremer
übernahm 1833 die bereits seit 1764 in Elmshorn bestehende Werft, die vor ihm den Schiffszimmerleuten Johann Flügge, Matthias Döhrns und Claus Kruse nacheinander gehört hatte. Er brachte die Werft, die bis dahin wenig erfolgreich gewesen war, zu einem ansehnlichen Unternehmen, in dem schon größere Segelschiffe gebaut wurden. Sein Sohn, Diederich Wilhelm Kremer, setzte die Arbeit des Vaters zielbewußt fort. Ende des vorigen Jahrhunderts war die Werft *„D. W. Kremer Sohn“* ein moderner Großbetrieb für den Bau von Seeschiffen und allen Einrichtungen für den modernen Schiffbau. Heute zählt sie zu den leistungsfähigsten deutschen Privatwerften.

Johann Lange
aus dessen seit 1784 erworbener Werft in Vegesack der spätere *Bremer Vulkan* hervorging, baute 1817 das erste brauchbare deutsche Dampfschiff auf der Weser, dem er den gleichen Namen gab. In den Jahren von 1836 bis 1847 entstanden auf seiner Werft u. a. der erste Raddampfer für die Elbeschiffahrt und der erste Hochseedampfer aus Eisen, die „Bremen“. Lange war er einer der bekanntesten Schiffbaumeister in der ersten Hälfte des 19. Jahrhunderts.

J. Tischbein
war der Gründer der späteren „Schiffswerft Neptun" in Rostock. Ihm werden u. a. der Bau des ersten hölzernen Schiffsbaggers und weiterer eiserner Seeschiffe zugeschrieben.

J. C. Bufe
Schiffbaumeister in Cuxhaven, erwarb 1821 für 6200 Mark „in Golde" die von J. J. Dürels seit 1802 betriebene Schmiede am Schleusenspiegel von Cuxhaven und baute sie zu einer der damals modernsten Werften aus. Schon 1855 beschäftigte er in seinem Handwerksbetrieb mehr als hundert Arbeiter. In diesen Jahren lief hier u. a. das damals größte Vollschiff auf der Elbe, die Bark „Europa", vom Stapel. Bufes Witwe verkaufte nach seinem Tode die Werft an Franz Mützelfeldt aus Lauenburg, der sie zu der heutigen bekannten *„Mützelfeldt-Werft"* ausbaute.

Martin Schweers
gründete als Schiffbaumeister im Jahre 1836 die heutige *Werft Fr. Schweers* in Bardenfleth. Zunächst ein reiner Handwerks- und Bootsbaubetrieb, ging man 1876 zum Bau von Spezialfahrzeugen über. Heute werden daneben auch Einheiten für staatliche Zwecke wie Zoll- und Polizeikreuzer, Feuerlöschboote, Seenotkreuzer und Schlepper gebaut.

Hinrich Schürenstedt
Bootsbaumeister, errichtete 1838 in Bardenfleth an der Weser einen Handwerksbetrieb, in dem zunächst kleinere Fahrzeuge wie Rettungsboote hergestellt wurden. Nach erfolgreichem Start ging man später zum Bau von Fracht- und Spezialschiffen bis zu einer Länge von 80 Metern über. Die Werft, die heute als *„Gebr. Schürenstedt KG"* firmiert, pflegt neben dem Stahlbau auch noch den Holzschiffbau.

Johann Hinrich Friedrich Stülcken
war 1832 als Schiffszimmermeister Verwalter einer kleinen Werft am Billwerder Neuendreich. Er siedelte 1839 nach Altona über und gründete dort einen rein handwerklichen Betrieb. Im

Jahre 1845 begann er auf Steinperder mit dem Bau kleinerer Schiffe, zu denen schon bald größere Einheiten kamen. Eine der ersten war 1857 eine Dreimastbark für die Reederei Fr. Laeisz, die den Bau der berühmten „Flying-P-Liner“ einleitete. Im Jahre 1859 baute *Stülcken* das erste Hamburger Schwimmdock, ein hölzernes Kastendock. Unter seiner Witwe und seinen Söhnen wurde der bisherige Handwerksbetrieb zu einem industriellen Unternehmen, das später Weltruf erlangte. 1888 erfolgte unter dem damaligen Inhaber der Werft die Umbenennung in *„H. C. Stülcken Sohn“*.

Ferdinand Schichau
der ursprünglich Ingenieur war, ist der Gründer der berühmten *Schichau-Werft*, die ursprünglich in Elbing beheimatet war. Er war auch der Erbauer des ersten deutschen Schrauben-Seedampfers, der ersten Dreifachexpansionsdampfmaschine und der ersten Hochsee-Torpedoboote der damaligen Kaiserlichen Marine. Er wurde 1814 geboren und starb 1896 im hohen Alter von 82 Jahren.

Bernhard Riedemann
Schiffbauer in Bremerhaven, gründete Ende der siebziger Jahre an der Geeste unter dem Namen *„Riedemann-Werft“*, gemeinsam mit dem Kapitän August Voege einen kleinen Werftbetrieb. Über die ersten Jahre nach der Gründung liegen keine authentischen Angaben vor. Im Jahre 1905 wurde der Betrieb unter dem Namen „Schiffswerft Delphin“ in das Handelsregister des Amtsgerichts Lehe eingetragen. Er firmierte bis zum Jahre 1910 unter verschiedenen Namen wie „B. W. Riedemann & Co.“ und „Schiffbau-Gesellschaft Unterweser GmbH.“. Inhaber bzw. Geschäftsführer waren die Schiffbauer Anton Kraus aus Brake, B. W. Riedemann aus Lehe, die Kaufleute Ulrich Ernst und Friedrich Janssen und der Schiffbauingenieur Max Rindfleisch. Die beiden letzteren waren auch die ersten Vorstandsmitglieder der 1921 in *„Schiffbau-Gesellschaft Unterweser Aktien-Gesellschaft“* umgewandelten Firma. Die Leitung der Werft liegt heute in den Händen von Schiffbau-Ingenieur Herbert Bautze und Diplomingenieur Kaufmann Piwonski. Die Werft hat einen an-

erkannt internationalen Ruf und stellt u. a. moderne Fähr-, Roll-on-Roll-off-Schiffe sowie Containerschiffe bis zu 9000 tdw her. Sie hat auch mehrere Spezialschiffe für die Bundesmarine gebaut.

Friedrich Lürssen
wurde am 1. 3. 1851 in Lemwerder geboren. Er lernte im väterlichen Bootsbaubetrieb und gründete im Jahre 1875 in Aumund seine eigene Werft. Fr. Lürssen hat besonders die Entwicklung des Motorbootbaus entscheidend vorangetrieben, in erster Linie als Beförderungsmittel für Fahrgäste und als Privat-Motorjacht. Die auf der *Lürssen-Werft* gebauten Boote wurden von seinem Sohn ab 1903 bei internationalen Motorbootrennen erfolgreich gesteuert. Im Jahre 1911 wurde bei einem internationalen Rennen dieser Art vor Monaco die „Meisterschaft des Meeres" errungen. Im Jahre 1910 trat Friedrich Lürssen in den wohlverdienten Ruhestand und übergab die Werftleitung an seinen Sohn Otto. Er schloß am 30. 11. 1916 in Aumund die Augen.

Carsten Waltjen
errichtete 1843 zusammen mit seinem Freund Heinrich Leonhard bei Bremen eine Eisengießerei und Maschinenfabrik. Ihm wurde bald klar, daß es zu damaliger Zeit in Bremen keine Schiffswerft gab, die dem anspruchsvollen Bedarf der dortigen Reeder an modernen und zuverlässigen Schiffen gerecht werden konnte. Um sich auf diesem Gebiet die nötigen Kenntnisse zu verschaffen, reiste Waltjen nach England und unterzog sich dort einem eingehenden Studium des Schiffbaus. Im Jahre 1846 baute er dann das erste Dampfschiff aus Eisen, einen Raddampfer von 350 BRT. *Leonhard* trat später aus der Firma aus, die seither unter dem Namen *Waltjen & Co.* firmierte. Mit der Ausweitung der Schiffahrt wuchsen auch die Aufgaben im Schiffbau. Da Waltjen allein nicht über die Mittel zur Gründung einer leistungsfähigen Werft verfügte, tat er sich mit 17 anderen Bremer Kaufleuten zusammen und gründete eine Aktiengesellschaft, der man den Namen *Aktien-Gesellschaft Weser* gab. Sie wurde die heutige 125jährige Großwerft, auf der u. a. eine Reihe der größten Tanker der Welthandelsflotte entstand.

Hermann Blohm und Ernst Voss
gründeten 1877 in Hamburg die Werft und Maschinenfabrik *Blohm & Voss.* Die Gründung war eine Pionierarbeit zweier Epochen. Es war die Zeit des Überganges vom Segelschiff zum Dampfer, vom Holz- zum Eisenschiffbau, aber auch die Zeit, in der es an der deutschen Nordseeküste noch keinen bedeutenden Schiffbau gab. Die deutschen Reeder bestellten ihre Schiffe vorwiegend in England, dem damals ersten Industrieland der Erde. Da war es schon ein Wagnis, in Hamburg eine Werft mit Maschinenfabrik und Kesselschmiede zu gründen und dabei auch noch sofort mit dem zu dieser Zeit neuartigen Eisenschiffbau zu beginnen. Die beiden mutigen Werftgründer hatten es anfangs nicht leicht und mußten ihr erstes Schiff auf eigene Rechnung bauen. Aber sie setzten sich durch und entwickelten die Werft zu einem Unternehmen, das sich auszeichnete durch Güte der Arbeit und Pünktlichkeit der Lieferung sowie durch Konstruktionen, die praktisch, solide und von bestem Nutzeffekt waren. Durch die Verwirklichung dieser Grundsätze wurde *Blohm & Voss* schließlich zu einem weltbekannten Unternehmen, auf dessen Helgen die größten und schnellsten Schiffe ihrer Zeit entstanden. Der Vierschrauben-Turbinendampfer „Vaterland" (1913) und die „Europa" (1930) waren neben vielen anderen großen Passagier- und Frachtschiffen Erzeugnisse von *B & V.* Auch die 1927 erbaute „Cap Arkona", das Spitzenschiff im Südamerikaverkehr, gehörte zu ihnen.

A. Koch
Geheimer Admiralitätsrat, war von 1877–1879 Chefkonstrukteur der damaligen Kaiserlichen Marine. Er hatte schon seit 1870 unter seinem Vorgänger Elbertzhagen maßgeblichen Einfluß auf die Entwürfe der künftigen deutschen Kiegsschiffe genommen. Unter seinen Nachfolgern Dietrich und Rudolf nahm der deutsche Kriegsschiffbau auf deutschen Werften seinen Vormarsch, der das alte Deutsche Reich schließlich vor 1914 zur zweitstärksten Seemat der Welt machte.

Cassen Cassens und Klattendorf
beide Schiffsbaumeister, übernahmen 1875 die schon unter dem

Großen Kurfürsten von Brandenburg errichtete „Kurbrandenburgische Werft", die später in „Werft zum Preußischen Adler" mit Sitz in Emden umbenannt wurde. Die *C. Cassens-Werft* baute zunächst Holzschiffe für die Küstenfahrt und ging später zum Bau größerer Spezialschiffe über. Heute wird der Bau von Küsten-, Sonder- und Binnenschiffen gepflegt.

Johann Oelkers
war 1876 Gründer einer Schiffbauwerkstatt, auf der zunächst Boote und Barkassen für den Hafenverkehr entstanden. Später kam der Bau von Seeschleppern, Inspektionsbooten und kleinen Fahrgastschiffen hinzu. Die Werft ist heute noch in Familienbesitz und widmet sich vorwegend dem Klenschiffbau.

Gustav Wolkau
errichtete 1860 als Schiffbaumeister am Reiherstieg in Hamburg eine Werft, der später ein Reparaturbetrieb angeschlossen wurde. Besonders wurden Schiffe für die Binnenwasser- und Küstenfahrt gebaut.

Diedrich Georg Seebeck
gründete als Kupferschmiedemeister im Jahre 1876 die heutige *Seebeck-Werft*. Anfangs wurden in erster Linie Ausrüstungsgegenstände für den Schiffsbedarf hergestellt, dann folgte der Bau von größeren Booten. Im Jahre 1879 wurde das erste Boot mit einer Dampfmaschine, die Barkasse „Minna" erbaut. Dies war der eigentliche Anfang eines Werftbetriebes, auf dem zunächst noch Fischereifahrzeuge, später aber auch größere Seeschiffe hergestellt wurden. Heute ist die *Seebeck-Werft* ein Tochterbetrieb der 1872 gegründeten *AG Weser*.

Alwin Hilger
ein Duisburger Bankier, übernahm um die Jahrhundertwende die 1898 als „Schiffswerft Thomas" im Duisburger Kaiserhafen errichtete heutige *Meidericher Schiffswerft*. Im Jahre 1907 wurde Oberingenieur Jakob Graff alleiniger Geschäftsführer. Als Familienunternehmen nahm die Werft rasch einen bedeutenden Aufschwung, der sich bis heute fortgesetzt hat.

Die deutschen Schiffswerften

(Mitglieder des Verbandes Deutscher Schiffswerften)

Abeking & Rasmussen, Yacht- und Bootswerft, Lemwerder (Oldb.)
Aktien-Gesellschaft „Weser", Bremen
Aktien-Gesellschaft „Weser", Werk Seebeck, Bremerhaven
Arminiuswerft GmbH, Bodenwerder/Weser
E. H. Arp, Schiffswerft, Laboe-Kiel
Atlas-Werke AG, Bremen
Barthels & Lüders, Hamburg
Schiffswerft Fritz Bausch, Köln-Deutz
Bayerische Schiffbaugesellschaft m. b. H., Erlenbach/Main
Josef Becker KG, Oberspay/Rhein
Beckmannwerft, Cuxhaven
Gustav Behren's Schiffswerft, Hamburg
Schiffswerft Daniel Bergsiek, Rinteln/Weser
Ewald Berninghaus, Duisburg
Ewald Berninghaus, Kölner Werft, Köln-Deutz
Binot & Reincke, Köln
Ernst Blankau, Hamburg
Blohm & Voss AG, Hamburg
Bodan-Werft, Motoren u. Schiffbau GmbH, Kreßbronn/Bodensee
Böbs-Werft, Bootsbauwerkstätten, Lübeck-Travemünde
Schiffswerft Hans Boost Trier, Trier/Mosel
Heinrich Brand KG, Schiffswerft, Oldenburg (Oldb.)
Brandt & Voss, Hamburg-Wilhelmsburg
J. Braun KG, Schiffswerft, Speyer/Rhein
Bremer Vulkan, Bremen-Vegesack
Schiffswerft Brockmann & Dorowski, Bodenwerder/Weser
Büsching & Rosemeyer, Schiffswerft, Vlotho-Uffeln
Büsumer Werft GmbH, Büsum/Nordsee
Heinrich Buschmann & Söhne, Hamburg
Werft Theodor Buschmann, Hamburg-Wilhelmsburg
C. Cassens, Schiffswerft u. Maschinenfabrik GmbH, Emden
Hinrich van Cölln, Bootswerft u. Schiffszimmerei, Hamburg-Finkenwerder

Deggendorfer Werft u. Eisenbau GmbH, Deggendorf
Howaldtswerft-Deutsche Werft AG, Hamburg und Kiel
Julius Diedrich, Schiffswerft, Oldersum/Ostfrl.
Dortmunder Schiffswerft Fritz Figge, Dortmund-Hafen
Herbert Düvelshaupt, Hamburg
Philipp Ebert & Söhne, Schiffswerft, Neckarsteinach
Carl Robert Eckelmann, Hamburg
August Eckhoff, Schiffswerft, Hoopte/Elbe
Eckmanns Werft, Hamburg-Finkenwerder
Gebr. Elfring, Schiffswerft, Haren/Ems
Elsflether Werft AG, Elsfleth/Weser
Evers-Werft, Niendorf/Ostsee
Karl Feltzt, Bootswerft, Hamburg-Finkenwerder
Wilh. Fleischhauer, Schiffswerft, Zons am Rhein
Flensburger Schiffbau-Gesellschaft, Flensburg
M. A. Flint, Hamburg
Föhrtmann & Behne, Hamburg
Schiffswerft Gebr. Friedrich, Kiel-Pries
Schiffs- und Yachtwerft Hein Garbers, Hamburg
Heinrich Grube, Schiffswerft, Hamburg-Kirchwerder
Julius Grube, Schiffswerft u. Maschinenfabrik, Hamburg-Billstedt
Gutehoffnungshütte Sterkrade AG, Rheinwerft Walsum, Walsum/Niederrhein
Alfred Hagelstein, Schiffswerft, Lübeck-Travemünde
Hamburger Motorenfabrik Carl Jastram, Hamburg
Fritz und Heinrich Harbisch, Schiffsreparaturen, Duisburg
Ernst Hatecke, Yacht- u. Bootswerft, Dornbusch b. Stade
Carl Heidelmann, Schiffswerft, Lauenburg/Elbe
Hilgers Aktiengesellschaft, Rheinbrohl
J. G. Hitzler, Schiffswerft u. Maschinenfabrik, Lauenburg/Elbe
Theodor Hitzler, Hamburg
Schiffswerft Hitzler, Regensburg
Heinrich Hopfgarten, Hamburg
Howaldtswerke-Deutsche Werft, Werk Ross, Hamburg
Johann Hupp, Schiffswerft u. Maschinenbau, Eibelstadt/Main
Husumer Schiffswerft, Husum
Jadewerft Wilhelmshaven GmbH, Wilhelshaven

Martin Jansen, Schiffswerft u. Reederei, Leer
Kieler Howaldtswerke Aktiengesellschaft, Kiel
Ferdinand Kleinholz, Duisburg-Ruhrort
D. W. Kremer Sohn, Elmshorn
Gebr. Kröger, Hamburg
Krögerwerft Rendsburg, Rendsburg
Wilhelm Krooss, Schiffswerft, Wischhafen
Louis u. Walter Lexau, Hamburg
Motorenfabrik Heinrich Liesen KG, Duisburg-Ruhrort
Paul Lindenau, Schiffswerft, Kiel-Friedrichsort
Heinrich Lohbeck, Schiffswerft u. Maschinenfabrik GmbH, Duisburg
Lübecker Flender-Werke AG, Lübeck
C. Lühring, Brake
N. & J. Lührs, Schiffswerft, Hamburg
Fritz Lünnemann, Schiffswerft KG, Duisburg-Ruhrort
Fr. Lürssen Werft, Bremen-Vegesack
Lütgens & Reimers, Hamburg
Gebrüder Luwen, Schiffswerft, Duisburg-Ruhrort
Matthiessen & Paulsen, Arnis/Schlei
Meidericher Schiffswerft GmbH, Duisburg-Meiderich
Schiffswerft Rudolf Meier & Söhne, Hamburg-Altenwerder
Herbert Menck & Co., Hamburg
Ernst Menzer, Schiffswerft, Hamburg-Bergedorf
Ernst Menzer-Werft, Geesthacht
Jos. L. Meyer, Schiffswerft, Papenburg/Ems
„Midgard“, Deutsche Seeverkehrs-Aktiengesellschaft, Nordenham
Mondorfer Schiffswerft, Heinr. Bröhl & Söhne, Mondorf
Mützelfeldtwerft GmbH., Cuxhaven
Nassauische Eisenschmiede, Schiffswerft, Oberlahnstein/Rhein
„Neckarwerft“, Schiffs- u. Maschinenbau, Neckarsulm
Neckermann & Hofmann, Schiffswerft, Würzburg
Wilhelm Neumann, Schiffswerft, Hamburg
Niederrheinische Schiffswerft, Abt. der Winschermann GmbH, Duisburg-Ruhrort
Norddeutscher Lloyd, Werftbetrieb, Bremerhaven-Kaiserhafen
Norderwerft Köser & Meyer, Hamburg

Johann Oelkers KG, Hamburg-Wilhelmsburg
Orenstein-Koppel–Lübecker Maschinenbau-AG, Lübeck
August Pahl, Schiffswerft, Hamburg
Schiffswerft Hugo Peters, Wewelsfleth
John Heinrich Petersen, Hamburg
Arthur Poew, Schiffswerft, Hamburg
Pohl & Jozwiak, Hamburg
Karl Putzker, Bremen
Schiffswerft H. Rancke, Hamburg-Neuenfelde
Friedrich Rasche, Schiffswerft, Uffeln-Vlotho/Weser
Schiffswerft Rasche KG, Lohnde über Hannover
Rheinstahl-Nordseewerse, Emden
Rheinwerft GmbH & Co., Mainz-Mombach
Rickmers Werft, Bremerhaven
Rolandwerft, Bremerhaven-Hamelingen
Friedr. Krupp, Schiffswerft, Duisburg-Ruhrort
Christof Ruthof GmbH, Schiffswerft, Mainz-Kastell
Christof Ruthof, Schiffswerft, Regensburg
Scheel & Jöhnk, Hamburg-Harburg
F. Schichau GmbH, Bremerhaven
Schiffbau-Gesellschaft Unterweser, Bremerhaven-Lehe
Schiffswerft Germersheim GmbH, Germersheim/Rhein
Schiffswerft Gustavsburg, Gustavsburg/Mainz-Kastel
Schiffswerft Hameln W. Müller KG, Hameln
Schiffswerft Oberweser GmbH, Bodenwerder
Schiffswerft Oberkassel Wilh. Schmidt & Söhne, Beuel-Ramersdorf
Schiffswerft Oberwinter, Oberwinter/Rhein
Schiffswerft Rönnebeck Christian Pape, Bremen-Blumenthal
Gebr. Schlömer, Schiffswerft, Oldersum/Ostfrsl.
Schlichting-Werft, Lübeck-Travemünde
Heinrich Schmidt, Schiffswerft, Hoopte über Winsen/Luhe
Schottel-Werft Josef Becker KG, Oberspray/Rhein
Gebr. Schürenstedt KG, Schiffs- u. Bootswerft, Bardenfleth/Weser
Schulte & Bruns, Schiffswerft, Emden
Georg Schwartz, Schiffs- u. Bootsbauerei, Haseldorf/Holstein
Fr. Schweers, Schiffswerft, Bardenfleth/Weser

Heinrich Siegfried, Boots- u. Yachtwerft, Eckernförde
Schiffswerft u. Maschinenfabrik Max Sieghold, Bremerhaven-Fischereihafen
J. J. Sietas, Schiffswerft, Hamburg-Neuenfelde
Stader Schiffswerft GmbH, Stade
Otto von Strünk, Duisburg-Ruhrort
Ernst Stüven, Schiffswerft, Hoopte über Winsen/Luhe
Heinrich Sunkel, Hamburg-Veddel
Paul Tänzler, Schiffswerft u. Maschinenbau, Hamburg
Triton-Werft GmbH, Duisburg-Meiderich
Wagner & Abicht, Hamburg
Werft Nobiskrug GmbH, Rendsburg
„Weserwerft" Schiffswerft u. Maschinenbau Gesellschaft, Minden/Westf.
Gustav Wolkau, Hamburg-Wilhelmsburg
F. Wüstenberg, Yacht- und Bootsbau, Hamburg
Hellmut ulf, Schiffswerft, Wilhelmshaven
Yacht- und Bootswerft Burmester, Bremen-Burg
Hermann Zehbe, Schiffswerft, Hamburg-Wilhelmsburg
Schiffswerft Ziefle GmbH, Kehl/Rhein

WAS DIE STATISTIK BESAGT

Der deutsche Schiffbau im Jahre 1968

Die deutschen Werften haben im Jahre 1968 einen neuen Rekord aufgestellt. Mit einer Neubautonnage von 1,344 Millionen BRT setzten sie sich an die zweite Stelle im Weltschiffbau.

Den ersten Platz nimmt Japan mit einer Neubautonnage von 8,644 Mill. BRT ein. Nach der Bundesrepublik folgen Schweden mit 1,097 Millionen BRT und Großbritannien mit 0,915 Millionen BRT.

Auch die Lieferung von Schiffsneubauten an ausländische Reedereien seitens der deutschen Werften hat sich weiter verstärkt. Von insgesamt 215 neuen Seeschiffen gingen 90 mit etwa 880 000 BRT ins Ausland. Hauptabnehmer war Großbritannien mit 12 Schiffen von zusammen rund 397 000 BRT vor dem lange Zeit besten Auslandskunden Norwegen, das 16 Schiffe

mit rund 135 000 BRT auf deutschen Werften bauen ließ. Großbritannien erhielt hauptsächlich große Tanker. Trotz dieser günstigen Entwicklung macht die ausländische Konkurrenz den deutschen Werften weiterhin arg zu schaffen, so daß äußerst scharf kalkuliert werden muß.

Die Beteiligung der einzelnen deutschen Werften an den Ablieferungen für das Inland und das Ausland im Jahr 1968 zeigt die nachstehende Statistik:

Für deutsche Rechnung

Werft	Zahl	BRT
Howaldtswerke/Deutsche Werft AG	15	482 733
AG Weser	9	282 946
Rheinstahl Nordsee-Werke	8	175 284
Bremer Vulkan	9	98 177
Blohm & Voss	8	68 837
Lübecker Flender-Werke	5	54 677
Flensburger Schiffbau-Ges.	4	49 761
Rickmers-Werft	5	15 196
J. J. Sietas	13	13 161
Schiffbau-Ges. Unterweser	4	12 819
Lübecker Masch.-Bau-AG	1	10 487
Fr. Lürssen	4	9 725
Werft Nobiskrug	4	9 259
Jos. L. Meyer	6	7 121
P. Lindenau	4	6 332
Kröger-Werft	6	5 195
Büsumer Werft	4	4 918
Elsflether Werft	6	4 734
J. G. Hitzler	7	4 993
Schichting-Werft	5	4 381
Roland-Werft	5	3 895
Husumer Schiffswerft	8	3 096
Martin Jansen	4	3 795
Heinrich Brand KG	2	3 198
Schulte & Bruns	5	3 191
C. Lühring	2	2 098

Werft	Zahl	BRT
Ernst Menzer	2	1 998
Jadewerft	6	1 850
Ferd. Schichau	3	1 757
D. W. Kremer Sohn	6	1 633
Schiffswerft Oberwinter	4	1 496
Atlas-Werft	3	1 135
Gebr. Schürenstedt	2	998
Max Sieghold	2	914
Rheinwerft Walsum	4	870
Hugo Peters	2	798
Mützelfeldtwerft	5	734
H. Rancke	2	598
Bayr. Schiffbau-Ges.	1	499
Norderwerft	2	669
Ruhrorter Schiffswerft	3	469
D. Pape	1	424
A. Pahl	1	369
C. Cassens	3	227
Stader Schiffswerft	1	—
Gebr. Schlömer	4	199
J. Diedrich	2	175
Scheel & Jöhnk	1	118

Für ausländische Rechnung

Werft	Zahl	BRT
Howaldtswerke/Deutsche Werft AG	8	378 509
AG Weser	8	273 626
Rheinstahl Nordsee-Werke	6	83 785
Bremer Vulkan	5	50 451
Blohm & Voss	1	13 325
Rickmers-Werft	3	9 828
J. J. Sietas	4	8 602
Schiffbau-Ges. Unterweser	1	3 929
Lübecker Masch.-Bau-AG	1	10 487
Fr. Lürssen	4	9 725
Werft Nobikrug	2	5 271

Werft	Zahl	BRT
Jos. L. Meyer	3	4 910
P. Lindenau	1	1 999
Krögerwerft	4	4 947
Büsumer Werft	4	4 918
Elsflether Werft	2	402
Schlichting Werft	1	550
Roland-Werft	2	2 398
Husumer Werft	4	1 990
Martin Jansen	2	1 997
C. Lühring	2	2 098
D. W. Kremer Sohn	4	1 343
Schiffswerft Oberwinter	4	1 496
Atlas-Werft	2	636
Rheinwerft Walsum	1	200
Mützelfeldtwerft	2	326
H. Rancke	2	598
Ruhrorter Schiffswerft	3	469
Gebr. Schlömer	1	199
C. Cassens	1	80
J. Diedrich	1	54

Die deutsche Seeschiffstonnage nach Altersgruppen

(Stand 1. Juli 1968)

Das Durchschnittsalter der deutschen Seeschiffe hat sich gegenüber 1966 nicht verändert. Es betrug 1968 nach wie vor zehn Jahre. Von der Tonnage gehören 33 % in die Altersgruppe bis zu fünf Jahren und 29 % in die Altersgruppe fünf bis zehn Jahre, so daß immerhin 62 % der Gesamttonnage jünger als zehn Jahre sind. Verglichen mit der Welthandelsflotte, die nur 54 % mit jünger als zehn Jahren ausweist, schneidet die deutsche Handelsflotte damit relativ gut ab.

Jahre	Schiffszahl	BRT
unter 5	237	1 960 565
5 bis unter 10	288	1 729 439
10 bis unter 15	372	1 667 498

Jahre	Schiffszahl	BRT
15 bis unter 20	135	442 936
20 bis unter 25	20	71 840
25 und mehr	23	92 021

Durchschnittsgrößen deutscher Seeschiffe

Beschäftigungsbereich	Durchschnittsgröße in BRT		
	1968	1967	1966
Linienfahrt	4 846	4 657	4 579
Trampfahrt	5 027	4 559	4 534
Tankfahrt	12 478	11 282	9 005
Kühlschiffahrt	3 482	3 203	3 043

(Aus obiger Statistik geht der Trend zum größeren Schiff deutlich hervor.)
(Nach einer Mitteilung des Verbandes Deutscher Reeder).

Die deutsche Seeschifftonnage nach Größenklassen
(Stand Juli 1968)

Größe in BRT	Zahl der Schiffe	insgesamt BRT
bis 500	105	46 901
501–1000	109	94 744
1001–2000	168	258 926
2001–4000	220	636 614
4001–6000	151	750 993
6001–8000	87	585 868
8001–10 000	99	897 370
10 001–15 000	62	702 773
15 001–20 000	24	425 666
20 001–30 0000	23	536 196
30 001–40 000	19	637 150
40 001–50 000	5	222 368
über 50 000	3	168 821

(Die Schiffsgrößen beweisen, wenn auch die Zahl der Schiffe geringer geworden ist, einen ständigen Anstieg der Einzel-Tonnage.)

Die Antriebsarten der deutschen Seeschifftonnage

Der Motorenantrieb herrscht heute allgemein vor. Die nachfolgende Tabelle zeigt, daß Motorschiffe weiter im Vormarsch sind. 82,4 % der Gesamttonnage bestand 1968 aus Motorschiffen, 16,9 % aus Turbinenschiffen. Dampfschiffe mit Kolbenmaschinen spielen kaum noch eine Rolle.

Antriebart	Zahl der Schiffe 1967	Gesamttonnage in BRT
Turbinenschiffe	47	1 005 173
Dampfschiffe mit Kolbenmaschinen		
mit Ölfeuerung	18	41 837
mit Kohlefeuerung	1	187
Dampfschiffe gesamt	66	1 047 197
Motorschiffe	1 009	4 917 193

Die Verteilung der Handelsflotte auf die Fahrbereiche

Beschäftigungsbereich	Zahl der Schiffe	Gesamttonnage in BRT
Passagierschiffahrt	7	97 334
Linienfahrt	424	2 039 193
Trampfahrt	391	1 155 495
Massengutfahrt	66	1 243 833
Tankfahrt/Erzfahrt	106	1 401 803
Kühlschiffahrt	76	277 010

(Die deutsche Handelsflotte hatte Mitte 1968 die 6-Millionen-Grenze überschritten.)

Die wetsdeutschen Werften lieferten im ersten Halbjahr 1968 Schiffe mit 191 437 BRT an deutsche Reeder ab. Aus der DDR kamen zwei Neubauten mit 8066 BRT. Dagegen stellten ausländische Werften für deutsche Rechnung nur 3 Neubauten fertig.

Zum Vergleich mit der vorhergehenden Statistik über die deutsche Handelsschiffahrt eine Darstellung der allgemeinen Situation im Weltschiffbau.

Am 30. 4. 1968 befanden sich 1933 Schiffe (nur Tank- und Massengutschiffe sowie Trockenfrachter über 1000 BRT) mit insgesamt 70 366 000 Tonnen Tragfähigkeit bei Werften in der ganzen Welt im Bau oder im Auftrag. Dies bedeutete nicht nur einen neuen absoluten Rekord, sondern gegenüber dem Stand vor drei Jahren eine Verdoppelung der Auftragsbestände. Ausschlaggebend für diese enorme Zuwachsrate der Tonnage war der sogenannte „Tankerboom“, d. h. die im Gefolge der Schließung des Suezkanals erfolgte Vergabe von Bauaufträgen für Supertanker der 200 000-Tonnen-Klasse. Am 30. 4. 1968 lagen Bestellungen für 120 derartige Riesenschiffe vor. An der Auftragstonnage von 70 Millionen tdw waren Tanker mit 63 % beteiligt.

Der Trend zum Groß-Schiff zeigt sich neben der Tankfahrt besonders auch in der Massengutfahrt, die mit fast 25 % am Auftragsvolumen beteigilt ist. Die Massengutschiffe sind durchschnittlich 40 110 tdw groß, die Tanker 89 040 tdw und die Trockenfrachter 8591 tdw. Führende Auftraggeber sind die Schiffahrtsländer Liberia, Großbritannien, Norwegen, Japan und die Sowjetunion, die insgesamt 57 % aller Schiffsbestellungen und 60 % der Tonnage auf sich vereinen.

Die Bundesrepublik lag mit 69 Schiffen und 1,052 Mio. tdw erst an 13. Stelle der Rangliste aller Bestellernationen. Nur 3,5 % aller Schiffe und nur 1,5 % der bestellten Tonnage gehen an deutsche Reeder. Nach Beschäftigungsbereichen steht die Bundesrepublik in der Tankerbestellung erst in 17. Stelle, in der von Bulkcarriern an 9. und in der von Trockenfrachtern an 7. Stelle. Die Durchschnittsgröße der von deutschen Reedern bestellten Tanker liegt bei etwa 24 000 tdw, darunter zwei Tankern zu 100 000 tdw und zwölf unterhalb der 3000-tdw-Grenze. Dagegen sind zwei von den insgesamt im Ausland für deutsche Rechnung bestellten Massengutfrachter 82 000 tdw groß.

Welttankerflotte am 1. Juli 1968

(in 1000 tdw)

Land	reine Tanker	Erz-Öl-Schiffe
Liberia	26 087	3 179
Norwegen	16 422	1 924
Großbritannien	14 490	256
Japan	11 321	1 651
USA	7 099	17
Panama	4 883	13
Frankreich	4 515	139
Sowjetunion	4 437	—
Itailen	3 950	459
Holland	3 476	96
Schweden	2 530	960
Griechenland	3 178	84
Bundesrepublik	2 342	119
Dänemark	2 013	7
Spanien	1 740	

Tonnensalat

In den vorhergehenden Ausführungen ist die Größe der verschiedenen Schiffe teils in BRT (Brutto-Register-Tonnen), teils in tdw (tons dead weight) angegeben worden. Das liegt daran, daß die Bauwerften vielfach unterschiedliche Vermessungsarten für ihre Neubauten wählen. Dem Verfasser blieb demnach nichts anderes übrig, als sich nach den jeweils überlassenen Unterlagen zu richten. Um aber Unklarheiten beim nicht fachlich orientierten Leser zu vermeiden, sei folgendes gesagt: Für jedes Schiff gibt es drei verschiedene Maße, je nach seiner Größe und seiner Tragfähigkeit. Den Nichtfachmann interessiert in erster Linie die Größe eines Schiffes in BRT, denn sie ermöglicht ihm am ehesten Vergleiche mit anderen Schiffen.

Die BRT-Tonnage gibt als Raummaß den *gesamten Inhalt* der umbauten und geschlossenen Räume eines Schiffes an, ungerechnet den Doppelboden, die Luken und Aufbauten (1 Register-Tonne = 2,8316 Kubikmeter).

tdw bezeichnet die *Tragfähigkeit* eines Schiffes. Sie ist wirt-

schaftlich von besonderer Bedeutung, denn sie gibt das Gewicht an, das ein Schiff tragen kann. Hierunter fallen auch die Brennstoffvorräte und andere Vorräte (tdw = tons dead weight – totes Gewicht), gemeint ist jeweils die britische Gewichtstonne von 1016 Kilogramm).

Neben diesen beiden Maßen gibt es noch die *NRT (Netto-Register-Tonne)*, die den sogenannten *verdienenden Teil* eines Schiffes anzeigt. Von ihm sind die Maschinenräume und die Unterkünfte für die Besatzung abgezogen. Die NRT-Tonnage ist wichtig, da nach ihr die Abgaben in den Häfen und auf den Kanälen berechnet werden.

Dies alles gilt für Handelsschiffe. Für Kriegsschiffe rechnet man nach ihrer jeweiligen *Wasserverdrängung*. Sie wird mit *Tonnen (ts)* bezeichnet.

Die *Länge über alles* gibt die größte Länge eines Schiffes an.

Mit *Knoten* (kn) bezeichnet man seine Geschwindigkeit in Seemeilen (internationales Längenmaß = 1852 Meter) pro Stunde.

Literatur

Pagel, K.	Die Hanse
Daenell, E.	Die Blütezeit der Hanse
Hoeckel, R.	„Wappen von Hamburg"
Pöhnl, H. H.	Von der Galeere zum Atomschiff
Bürkner	Erinnerungen eines alten Kriegsschiffbauers
Schwarz	Die Entwicklung des Kriegsschiffbaues
Radunz	100 Jahre Dampfschiffahrt
Bessel, G.	100 Jahre Norddeutscher Lloyd
Gröner	Die deutschen Kriegsschiffe 1815–1945
Szymanski	Die alte Dampfschiffahrt in Niedersachsen
Weber-Lindner	Oldtimer der Rheinschiffahrt
Most	Die deutsche Binnenschiffahrt
Chirila, Dipl.-Ing.	Ein Schiff entsteht
Reisbeck, U.	Die Geschichte der Kühlschiffahrt

Claviez, W.	50 Jahre Deutsche Werft
Kuntze, P. H.	Volk und Seefahrt
Mayer, A.	1000 Jahre Seefahrt
Steinweg, G.	Die deutsche Handelsflotte
Szymanski	Brandenburg-Preußen zur See
Röhr, A.	Handbuch der deutschen Marine
Brockhaus	Konversations-Lexikon
Knaur	Lexikon
Meurer	Seekriegsgeschichte
Vogel, W.	Geschichte der Seeschiffahrt
Lehmann-Wilke	Schiffsgröße nach Maß
Rehm, A.	Schiff und See
Prochnow, G.	Deutsche Kriegsschiffe
Kroschel-Evers	Die deutsche Flotte 1845–1945
Giese, F. E.	Kleine Geschichte der deutschen Flotte
Giese, F. E.	Kleine Geschichte der deutschen Handelsschiffahrt
Schwadtke, K. H.	Die deutsche Handelsflotte
Legahn, E.	Sozialistische Seeschiffahrt
Baasch, Dr. E.	Beiträge zur Geschichte des Schiffbaues

Gutehoffnungshütte in zwei Jahrhunderten
100 Jahre Köln-Düsseldorfer Rheindampfschiffahrt
Chronik der Schiffswerft D. W. Kremer Sohn-Elmshorn
Chronik der Bayerischen Schiffbau-Gesellschaft-Erlenbach
Chronik der Meiderischer Schiffswerft
Chronik der Schiffswerft Oberwinter
Chronik der Fr. Lürssen-Werft-Bremen
Chronik der Werft Blohm & Voss-Hamburg
Chronik der Flensburger Schiffbau-Gesellschaft
Chronik der Lübecker Flender-Werke
Chronik der Rickmers-Werft-Bremerhaven
Chronik der Rheinstahl-Nordseewerke-Emden
Chronik der Hamburg-Amerika Linie
Chronik der Hamburg-Südamerikanischen Dampfschiffahrtsgesellschaft

Chronik der Deutschen Dampfschiffahrtsgesellschaft „Hansa“
Taschenatlas der Seefahrt
Taschenatlas der Weltmeere
Koehlers Flottenkalender, versch. Jahrgänge
Weyers Flotten-Taschenbuch, versch. Jahrgänge
Werft-Informationen des Verbandes deutscher Schiffswerften
Schiffahrtsbriefe des Verbandes deutscher Reeder
Nauticus, versch. Jahrgänge
Hansa, 100 Jahre Schiffahrt, Schiffbau, Häfen
Zeitschrift Hansa, versch. Jahrgänge
Zeitschrift Kehrwieder, versch. Jahrgänge
Zeitschrift Die Seekiste, versch. Jahrgänge
Zeitschrift Wehr und Wirtschaft, versch. Jahrgänge
Zeitschrift Schiffbau-Technik in der DDR
Zeitschrift Seeverkehr der DDR
Zeitschrift Schiffbauforschung des Instituts für Schiffbau-Rostock
Einzelinformationen zahlr. Schiffswerften
Schiffahrtsmeldungen der Tagespresse

NAMENSREGISTER

SCHIFFSREGISTER

BILDNACHWEIS

Die Abbildungsvorlagen wurden vom Verband deutscher Schiffswerften und deren Mitgliedern zur Verfügung gestellt bzw. dem Archiv des Autors entnommen.